新潮文庫

ノーザンライツ

星野道夫著

版

目次

地図／ＴＵＢＥ
写真／星野道夫

ノーザンライツ

ジニーとシリアの空

九月も半ばを過ぎると、フェアバンクスには晩秋の気配が漂ってくる。太陽の沈まぬ光に満ちた夏は遠く去り、美しい秋色も色褪《いろあ》せた。が、それを悲しむにはまだ早い。来《きた》るべき冬を待ちながら、風に舞う落葉を眺め、カサカサと枯れ葉を踏みしめる、不思議に穏やかな日々がまだそこにある。満ち潮が押し寄せ、再び引いてゆく前の、つかのまの海の静けさのようなとき。人の一生にも、そんな季節があるだろうか。

約束の時間が過ぎ、あわてて家を飛び出ると、冷えきった夜の帳《とばり》につつまれた。シルエットに沈んだトウヒの木々の間から、青白い炎が天空に向かって揺らめいている。いつのまにこんなに早く日が暮れていたのだろう。もうすぐ、長い夜が支配する季節がやって来る。

アラスカ大学を過ぎ、ファーマーズ通りに入ると、オーロラはすでに北の空に広がっていた。この光はきっと強くなり、やがて全天に舞い散るだろう。冬の到来をきっぱりと告げる九月のオーロラ。ゆっくりと眺めていたいが、今夜はシリアとジニーが待っている。アラスカのひとつの時代を生きたこの二人から、この土地を吹き抜けた古い物語を聞き始めてゆく。色褪せたアルバムのページをめくり、過ぎ去った時をもう一度旅することができたなら……。

大学の裏通りを抜け、しばらく丘を上ってゆくと、シラカバの木々に囲まれた二人の暮らす古い丸太小屋がある。重いドアの小さな窓から、一本のロープが垂れ下がり、それを引くと中のラッチが外れて開く仕掛けになっている。この家には鍵《かぎ》というものがないので、ロープさえ外に出ていれば、二人がいなくてもいつでも中に入ることができる。〝私たちがいない時、必ずロープが外に出ていることを確かめて帰るんだよ〟と、いつもシリアに言われていた。

ぼくはこのロープを引く瞬間が好きだった。コトッという音がし、ドアが開くと、薪《まき》ストーブ、焼きたてのサワドウパン（ゴールドラッシュの時代に偶然生まれた、寒さに強いパン生地で焼くパン）、たくさんの古びた本、そして歳月をへた丸太小屋がかもしだす懐《なつ》かしい匂《にお》いがした。とりわけ二人のいない薄暗い小屋に足を踏み入れると、時の流れに吸い込まれ、遠いアラスカの時代に迷いこんでゆく気がするのだった。

「フロンティアというのはね、二つの種類の人間を魅《ひ》きつけるところなの。新天地を求めて人々がヨーロッパからアメリカ大陸へ渡った時、西部を目指した時、そしてアラスカもね……。二種類の人間とは、実に魅力的な人々と、悪人たち……両方とも、生まれ育った世界に溶け込めず、何かから逃げてきた人間たちだからね」

シリアは熱い紅茶をカップに注ぎ、ジニーはストーブに薪をくべている。無愛想な年老いた犬、ジャックが、テーブルの下に寝そべりながら、時々上目使いでまわりを見渡している。そういえば、チェナ川の畔《ほとり》に広がるフェアバンクスの町も、何もない原野に一人の詐欺師《さぎし》が現われたところから始まったのだ。

一九〇一年、一攫千金《いっかくせんきん》を夢見て、ゴールドラッシュの匂いがし始めたアラスカへやって来た商人バーネットは、蒸気船の船長アダムスを口説き、かつてどの船も行き着けなかったタナナ川上流の原野へと向かっていた。金の夢に取りつかれた男たちを相手に、積んできた山のような物資でひともうけしようと考えていたのである。

しかし、ユーコン川を七百マイル旅し、さらにタナナ川を二百マイル上ったところで、船は川底に乗り上げてしまう。冬が近づき、水位が下がってきたのである。

アダムスはバーネットとひとつの契約を交わしていた。それ以上進めなくなった場所で、運んできた物資と共に船を降りなければならないと。けれども、バーネットはインディアンから聞いていた話を持ち出し、再びアダムスを説得する。ここから少し下流に流れ込むチェナ川を上ってゆくと、目的の土地へ抜ける川に出られるかもしれないと。

そして船はまたも座礁《ざしょう》してしまう。冬はもうそこまで来ていて、越冬の不安に駆られた船長アダムスには選択の余地がなくなった。原野の真ん中で物資と共に降ろされたバーネットは、次の夏までそこで過ごさなければならない。蒸気船が去ってゆき、川岸では妻が泣いているわきで、バーネットはトウヒの木に最初の斧《おの》を入れた。それがフェアバンクスの始まりである。

この男は運に見放されなかった。しばらくすると、向こう岸の森の中から一人の男が現われる。蒸気船の煙を見つけ、何か手に入る物資はないかと、何マイルも山の中を走って来たという。その男の名は、フェリックス・ペドロ。このイタリア人の探鉱者の話から、他にも金を求める男たちが付近の原野に散らばっていることを知る。バーネットは、しばらくはこの男たちを相手に商売ができることに、胸を撫《な》でおろすのである。

そして次の夏が来て、この原野を離れようとする直前、ペドロが砂金を掘り当ててしまうのだ。原野は一夜のうちにブームタウンと化し、やがてバーネットは最初の町長となり、ついには銀行さえ設立するが、一九一一年、百万ドルの未払いを残したまま姿をくらましてしまう。

フェアバンクスの歴史の中で、かつてバーネットほどの詐欺師はいなかったとされているが、そんな男が町の創始者であることがアラスカの面白さなのかもしれない。詐欺師、悪漢、ごろつきをこの土地ではクルックと呼ぶが、そんな人間たちもまたアラスカという土地を共に作りあげてきたのである。

ジニー・ウッドは、一九一七年、オレゴン州のモロに生まれる。人口わずか三百人の小さな町。そして二年後、シリア・ハンターがワシントン州の田舎町アーリントンで産《うぶ》声《ごえ》を上げた。バーネットがアラスカから姿を消してからまもない頃である。

世界は平和であった。アメリカもまた第一次大戦のもたらした好景気に酔いしれていた。ある日、外で遊んでいた八歳のシリアは、家の中でラジオを聞いていた母親が飛び

ジニー・ウッドは1917年、人口わずか三百人の小さな町、オレゴン州のモロに生まれた。

その二年後、ワシントン州の田舎町アーリントンで、シリア・ハンター（右）は産声を上げた。

出してきた光景を今でも覚えているという。

「リンディがやった！　リンディがやった！」一九二七年、リンドバーグが大西洋無着陸横断に成功した日のことである。

その二年後、ドイツの飛行船ツェッペリンが世界一周に成功し、全世界に飛行船による定期航路が開かれるのではないかと考えられていた。それに比べて飛行機の発達はまだ夜明けの時代だった。夜の神秘に果敢に挑む郵便機のパイロットを描いたサン＝テグジュペリの『夜間飛行』は、ちょうどこの頃のことである。

シリアもジニーも、初めての飛行機との出会いはバーンストーマーである。バーンとは納屋《なや》。ストームは嵐《あらし》。その名のとおり、農家の納屋をスレスレに飛んでくる飛行機野郎たちのことである。

第一次大戦が終わり、金は無いが、空を飛ぶことが何よりも好きな男たちがいた。彼らは空軍からボロボロの練習機を安く買って修理をし、アメリカ中の農場に突然現われては商売をしていたのである。

五ドルで五分の空の散歩……。わずか五歳のジニーは「お母さんには絶対に内緒だよ」と約束させられ、父親のひざで抱えられながら初めてのバーンストーマーに乗る。

「コックピットも何もないむきだしなんだからね、子どもだったけれど、ものすごい爆音と、顔に当たる切れるような風の感触は忘れられない」

そしてシリアもまた同じ頃、母親のひざに乗せられて、初めての空を体験するのである。

アメリカはやがて大恐慌《だいきょうこう》を迎え、シリアの育った家も貧しかったが、十七歳で教師になった母親から彼女は多くのことを学んでゆく。

「母は私に、この世に生まれてきたということは誰もが可能性をもち、必要とされているのだということを教えてくれた。貧しかったけれど、たくさんの良い本に巡り合わせてくれた。女性パイロットのパイオニア、アメリア・イアハートは私の憧《あこが》れだった。今でも当時のスクラップブックを大切に持っているわよ……。母自身も、きっといろいろな可能性をもった人だったと思う。でも、古いアメリカの伝統的な良き女性の道をそのまま歩んでいった。自分の人生に何かをしかけるのではなく、人生が自分に与えてくれるままに生きた人だった。でも私は別の道をとったの」

高校を卒業し、近くの製材所の事務員となったシリアは、ある日、いつも会社に行く途中でそばを通る小さな飛行場で足を止める。そして、まるで何かに導かれるように、飛行訓練の申し込みにサインしてしまう。初めての単独飛行で危うく命を落とす事故になりかけるのだが……。

「とっても緊張していたの、滑走路はわずか五百メートル。北の端は土手になっていて、十五メートルほどの高さで電線が走っていた。飛行機はその電線スレスレに着陸してくるの……。スロットルを押し出し、プロペラが力強く回転し始めると飛行機は走り始めた。ところがどうしても尾翼がうまく動かない。離陸をどうしようか迷っていた瞬間、数メートル頭上を何かが通り過ぎていったの。後ろを振り返ると、インストラクターが尾翼にまたがってしがみついていた。つまり私は他のものが何も目に入らなくて、ちょうど着陸してくる別の飛行機を全く見ていなかったのよ。インストラクターはそれに気がついて、あわてて滑走路を走ってきて尾翼に飛びついたというわけ……」

そんな初めてのソロフライトにもかかわらず、その後シリアは民間の航空学校をトップの成績で卒業していった。

「ちっとも怖くなかったの。あの頃、単独飛行には言葉では説明のつかない精神《スピリット》があった。飛行機を洗う仕事を十時間すると、一時間タダで乗ることができる。飛行機に乗れるのなら何でもやったのよ。空を飛ぶということは、何か魔法のようなものだった」

青春時代のジニー・ウッドは、山とスキーに明け暮れていた。週末にはスキーパトロールの仕事もかねて、仲間たちとマウントベーカーの山小屋で過ごしていた。ジニーにとっての青春の山である。

ある日、いつものように山をスキーで下ってくると、仲間の一人が信じられぬニュースを伝えに来た。

「日本軍が、パールハーバーを爆撃した……」

誰もが押し黙ったまま、お互いの顔を見つめていた。自分たちは間違いなく時代に巻き込まれてゆくだろう。ひとつの青春が終わろうとしていた。

「チャクソンアームに登ろう！」

突然、仲間の一人が沈黙を破った。それは皆が好きだった小さな雪のピークで、これが最後のスキーになるはずだった。スキーを担《かつ》いで頂上に登ると、いつもと変わらぬ素晴らしい銀世界が広がっていた。雪の上に腰かけ、クッキーをかじり、熱い紅茶を飲んだ。ジニーはずっと考えていたという。一体何人が生きて帰ってこられるだろうと……。そして共に滑り降りた十二人の仲間のうち、二人は再びマウントベーカーに戻ってはこなかった。

ジニーは当時すでに大学の飛行クラスを終えてパイロットライセンスをもっていた。第二次世界大戦は、シリアとジニーに当然のごとく空軍への道を選ばせる。一九四三年当時、WASPと呼ばれる約百五十人の米空軍女性パイロットが養成された。彼女らの仕事は、工場で作られた戦闘機をそのままアメリカ中の基地へ運ぶことだった。

P36、P47、P51、それは当時アメリカのもつ最新鋭戦闘機だった。しかしたった一人のパイロットの席しかない戦闘機では、飛行訓練を受けることもできず、彼女たちは工場から出来上がったばかりの新品の飛行機を、頭の中で覚えたマニュアルを反芻《はんすう》しながら、次々に初めてのフライトでこなしてゆかなければならなかった。そうやって命を

子供の頃から自然への憧れが強かったジニーは、山とスキーに明け暮れる青春を送った。第二次大戦前夜のマウントベーカーにて。

落としていった仲間もいたという。

女性パイロットたちは、当初編隊を組んでアメリカ中の基地へ飛行機を運んでいた。しかしある時、二十機の編隊が方角を間違えてメキシコに着陸してしまい、それをメキシコ政府から取り戻すのに三カ月もかかって以来、それぞれのパイロットが単独飛行することになった。飛行禁止区域以外は、コースも高度もパイロットの自由な判断に任されたのである。シリアとジニーにとって、それは躍り上がるようなニュースだったに違いない。

多くの女性パイロットは山岳地帯を嫌い、安全な平原を飛ぶことを好んだが、シリアとジニーは逆だった。二人の基地は違ったが、時折顔を合わせるたび、互いに同じような血が流れていることに気づいていた。

「グランドキャニオンの谷や、シエラネバダ山脈を出来る限り低空飛行して飛ぶの。そうすると風景が風のようにビュンビュン飛んでくる。なにしろ最新鋭の戦闘機だからものすごく速い。そして高度を上げて、ふっと雲海の上に出ると、言葉では言い尽くせない静けさがあるのよ」

戦争はいつも背後にあったが、シリアとジニーはもうひとつの時間も生きていたのだった。やがて第二次世界大戦は終わり、ＷＡＳＰは解体され、女性パイロットたちは職を失ってゆく。男たちが次々に戦場から戻ってきて、もう彼女たちを必要としなくなっ

シリアの育った家は貧しかったが、母親はたくさんの良い本にめぐり合わせてくれた。冒険への想いは本の中で養われていった。

第二次大戦中に組織されたWASPを志望したのは、空を飛ぶことに憧れる女性たちだった。

たのだ。

シリアとジニーの心には、ひとつのことがずっと気にかかっていた。彼女らはアメリカ中に飛行機を運んだが、アラスカだけは除外されていたのである。なぜなら、フェアバンクスのアラスカ空軍基地には女性用の施設が何もなかったのだ。憧れは次第に募ってくる。

そんなある日、ジーン・ジャックという男が二人の前に現われ、アラスカへ古い飛行機を運ぶ仕事が舞い込むのだ。それがどれほどボロボロの飛行機かを知る由《よし》もなく、シリアとジニーはこの話に飛びついてゆく。そしてジーン・ジャックもまた、アラスカという土地にたまらなく魅かれていた一人の詐欺師だったのである。

アラスカの空

フェアバンクスの雪は、空から地上へと、梯子《はしご》を伝うようにいつもまっすぐ降りてくる。雪の世界の美しさは、地上のあらゆるものを白いベールで包みこむ不思議さかもしれない。人の一生の中で、歳月もまた雪のように降り積もり、辛《つら》い記憶をうっすらと覆《おお》いながら、過ぎ去った昔を懐《なつ》かしさへと美しく浄化させてゆく。もしそうでなければ、老いてゆくのは何と苦しいことだろう。

冬の日の午後。暖かな丸太小屋でシリアとジニーの話を聞き続けていた。外はマイナス三〇度。暖炉の薪がパチパチとはじけている。

「さて、どこまで話したっけね？」

「ほら、第二次大戦が終わり、初めてアラスカへ飛び立つ前夜までのことだよ」

雪が止《や》み、短い冬の陽が雲間から顔をのぞかせている。シラカバの小枝に積もった粉雪がこぼれ落ちるたび、逆光の中でキラキラと宝石のように輝いた。

「中国の古い諺《ことわざ》でね、〝どんなに長い旅路も最初の一歩から始まる〟というのがあるの。私たちの第一歩は、ただアラスカへ飛んでゆきたいという強い憧《あこが》れだった。確信していたのね。本当にやりたいことを想《おも》い続けていれば、いつかその夢はかなうって。その時私たちに無かったのは飛行機とお金だけだった……。そしてわずか一ペニーの切手が、ある日私たちに飛行機を与えてくれたの」

ちょうどその頃、シリアの友人で、中古の飛行機を集めて商売を始めたジョージという男がいた。シリアは一通の手紙をジョージに出していた。誰か飛行機をアラスカに運んでほしい人がいたら知らせてくれないかと……一週間もすると、ジーン・ジャックという男から電話がかかってきた。

「おまえさんかい、アラスカへ飛行機を運んでくれるっていうのは？　本気なんだろうな？」

「イャーッ（もちろん）！」

しばらくすると再びジーン・ジャックから連絡が入った。

「実はもう一機、古い飛行機を手に入れたんだ。誰かもう一人そいつをアラスカまで飛ばせる奴《やつ》を知らないか？」

「もちろん！　ジニーっていう友達がいるの。絶対大丈夫！」

というわけで、ジーン・ジャックはシリアとジニーに会う前に、この大仕事を二人に任せてしまったのである。結局飛行機は三機となり、その一機はジーン・ジャック自身が飛ぶことになった。

シリアもジニーも有頂天であった。シリアは以前から働いていた製材会社の秘書として最高のポジションを与えられていたが、別の人生を求めていた彼女はこの話に飛びついてゆくのである。

「アラスカという土地が、私たちに何か新しい世界を与えてくれるのか、それとも失望させるのか、何にもわからなかったけどね」

　と、今シリアは苦笑する。

「それはジーン・ジャックだって同じだったと思う……。アラスカはゴールドラッシュの影はひきずってはいたけど、まだ本当のフロンティアだった。当時コッツビューというエスキモーの村に〝キング・オブ・コッツビュー〟と言われたアーチー・フィガーソンという白人の男がいて、レストランやロードハウス（宿泊所）をもち、川沿いのエスキモーの村にはたくさんの交易所の網をめぐらせ、まさにその土地の経済を仕切っていた。そう、いわゆるクルック（詐欺師《さぎし》）だけどね、いや、あの当時アラスカを目指した男たちは誰もが詐欺師だった。ジーン・ジャックは、自分もひともうけしようと、アーチー・フィガーソンに対抗しようとしていたのね」

　後談になるが、結局ジーン・ジャックは、力をもったアーチー・フィガーソンに徹底的に締め出され、あっという間にアラスカの舞台から姿を消してゆくのである。

　ともあれ、シリアとジニーにとって、アラスカは少しずつ近づいてきた。出発は九月。アラスカへの飛行としては理想的な時期だったが、その予定はどんどん延びてゆく。原因は飛行機がボロボロで、特にジニーが飛ぶスティンソンL—5（通称〝小さなイグルー〔氷の家〕〟）の機体はつぎはぎだらけの遺物に近く、ＣＡＢ（民間航空委員会）の飛行許可

シリアの飛行機から、ジニーの〝小さなイグルー〟を撮る。二機はずっと寄りそいながら、アラスカへ向かって飛び続けた。カナダのユーコン地方上空か。少しずつ、アラスカが近づいている。

がどうしても下りないのである。オーバーホールしたばかりのエンジンの調子は良かったが、機体の姿が検査官を無言にさせてしまったのだ。

出発が遅れた原因はそれだけではなかった。そもそも資金が無かったジーン・ジャックは、大風呂敷《おおぶろしき》を広げながら、シアトルの投資家の間を走り回っていたのである。これからアラスカへ飛ぶといううら若き二人の女性は、格好の宣伝材料として連れ回されたのだった。

この二人がなかなかの切れ者であることに気付いていったジーン・ジャックは、シアトルで待機している間、商売のためのさまざまな使いをさせてゆく。まったくシリアとジニーは忙しかった。飛行場に行っては整備士に仕事を急がせ、町中のありとあらゆる放出品の店を回っては旅の準備を進めていった。

リュックサック、寝袋、羽毛服、ペミカン（携帯食料）……斧《おの》、22口径の弾、プリマスストーブ、テント……その多くは何かがあった時、彼女たちが救出されるまでに必要なものだった。二人の気持ちは、もし旅がすべて無事にゆき、それらを使う機会がなかったら、ちょっとつまらないなあという思いだったという。

九月、十月は遠く去り、十二月の声を聞き始めると、誰もが焦《あせ》りだしていた。ジニーの飛行機〝小さなイグルー〟は、最後はジーン・ジャックの整備士が自信あり気に保証を受けあい、ＣＡＢはしぶしぶ許可を出さざるを得なかった。ジニーはといえば、飛行機の状態など何も気にしていず、飛行許可など面倒臭いかぎりだった。彼女はもっとひどい機体に乗ったこともあり、そんな飛行機をどのように操るかも知っていた。そしてCABが、その飛行機をアラスカまで飛ばすのが女性であることを知り、もう一度ストップをかけようとする直前、三人はシアトルを飛び立ってしまうのである。一九四六年十二月六日、午後二時四十五分だった。

実際機体そのものは見た目よりひどくはなかったのだが、旅の途中で他の欠陥がでてくるのである。まず〝小さなイグルー〟の速度計と高度計が壊れ、無線もいかれてしまったのだった。有視界飛行の中で二人は互いを見失わないように飛ぶが、やがてシリアの無線もおかしくなる。故障の組み合わせもややこしく、シリアの無線は送信ができず、ジニーのそれは受信ができなくなってしまったのだ。そして最悪なことは、ジニーの飛行機にヒーターが無かったのである。それが後に〝小さなイグルー〟と名付けた由縁だった。ちなみにシリアの飛行機スティンソンAT―19は通称〝カモメの翼〟、そしてジーン・ジャックのセスナUC―78は〝ダブル・トラブル（二重の問題）〟と呼ばれていた。

天候は初めから最悪で、ロッキー山脈東のクローズネスト峠で完全にスノーストームに捕まった。風速は八十メートル以上。機体は激しい気流の中で上下に翻弄《ほんろう》され、エンジンはミスファイア、フラッド（かぶり）をおこしながら黒煙さえ噴き始め、荷物は狭い機内で飛び交い、吹雪の中で操縦桿《そうじゅうかん》を握りしめながらただ機体を支えるのがやっとだった。いつのまにか、シリアとジニーは互いを見失い、そしてジーン・ジャックもすでにどこを飛んでいるのかわからなかった。

ところが、スピードがあり、最も性能の良い飛行機に乗っていたジーン・ジャックは、クローズネスト峠を一時間も前に越え、二人の遥《はる》か先を飛んでいたのだった。結局、シリアとジニーは、アラスカにたどり着くまで、二度とジーン・ジャックを見ることはなかった。

「すさまじい吹雪だったのよ。ジニーも見失ってしまったし、もうどんなに臆病者《おくびょうもの》と言われようと引き返そうと思った。キンブリングという場所に緊急滑走路があることを思い出したの。当時このようなイマージェンシィフィールドがあちこちにあった。視界の悪い中をやっとキンブリングにたどり着くと、何と眼下の小さな滑走路に〝小さなイグルー〟の機体が見えたのよ、あの時の嬉《うれ》しさは忘れられない」

その夜、二人が泊まったキンブリングの小さな宿にジーン・ジャックから電話がかかってきた。

「生きていたのか？　あの気流の中ではてっきり機体は粉々になってしまったと思ったよ。二人とも死んでしまったろうから、ちょうど家族に連絡しようと思っていたところだったんだ……」

それからは、二人はできるかぎり寄りそって飛ぶことを決める。〝小さなイグルー〟

寒さと悪天候で停滞が続いても、二人はその状況を楽しみ、スキーで山中のインディアンの村を訪ねたりもした。二人に共通するのは、どんな状況でも人生を肯定しようとする態度だった。

のチェックバルブもやがておかしくなり、どのくらい燃料が残されているかも勘に頼るしかなくなってくる。それに加え、冬のアラスカへ向かっているというのに、飛行機にはスキーが付いていなかった。つまり車輪では、どんな緊急事態でも、雪の少ない滑走路か道路以外には着陸できないのである。

悪天候は続き、長い停滞を強いられながらも、カルガリー、エドモントン、ドーソンクリークと、シリアとジニーは少しずつカナダを北上してゆく。そこで待っていたものは、観測史上始まって以来の寒気だった。クリスマスまでにはアラスカに入ろうとする当初の計画は破れ、十二月二十四日のイブの日、やっとフォートネルソンにたどり着くのだが、そこでも六日間の足止めをくらうのである。なぜなら、気温はマイナス六〇度まで下がり、飛行そのものが危険状態になったのに加え、カナダ航空局からも飛行禁止令が下りたのだ。

十二月三十一日、ワトソンレイク八時二十五分離陸、ホワイトホース十一時五分着。ジニーがいつまでも出てこないので、シリアが〝小さなイグルー〟に駆け寄ると、彼女は飛行機の中で凍りついていた。どうやっても体が動かないのである。やっとのことでシリアが運び出し、滑走路わきの建物の中でジニーの身体《からだ》を溶かさなければならなかった。

ジニーの飛行機にはヒーターが無かっただけでなく、足元には地上の風景が見えるほどの大きな穴が開いていて、ものすごい寒さの中、ペダルを踏む脚の感覚さえ無くなっていたのである。

今日はニューイヤーイブ。二人の最終目標は、一九四六年が終わるまでにアラスカに入ることだった。すぐに決めなければならなかった。天候は晴れ。日没までまだ時間がある。国境は近く、次のノースウェイまで飛べばそこはもうアラスカだ。二人は疲れ切っていたが、そのままホワイトホースを離陸してゆく。

この日の午後の飛行を、ジニー・ウッドはこんなふうに回想している。

「三〇〇〇～四〇〇〇メートルのセントエライアス山脈の雪山がまわりをぐるりと取り囲んでいた。残照の中で、山肌の雪は刻々とピンクに染まってゆく。山のピークにさしかかると、雪の中にシロイワヤギやドールシープが見えた。言葉では言い尽くせない美しさだった。この旅の中で、あの時だけ、私はゆっくりと考えることができた。広大なワルオーニ湖にさしかかると、高度をどんどんと下げ、私たちは凍りついた湖すれすれに飛んでいた。高度は十メートルほどだった。トワイライトの中、世界は限りなく静かだった。このままいつまでも飛んでいたかった。私たちはおとぎの国に入りこんでいた……」

ノースウェイに着いたのは日没後だった。あと少し遅れていたらもう何も見えなかった。とにかくシリアとジニーは、一九四六年最後の日にアラスカの土を踏んだのだった。

そして一九四七年。朝が明けた。フェアバンクスまであと少しだった。が、天気予報は吹雪が近づいていることを告げていた。

十一時三十分、ノースウェイを離陸する。天気が刻々と崩れてゆくのがわかった。シリアは途中でもう一度フェアバンクスの天気を確認し、それを伝えるため、近くに来るようジニーへシグナルを送った。シリアの無線は天気予報を受信できたが、送信の機能が働かず、ジェスチャーを送るしかなかったのだ。ジニーの顔がはっきりと見えるぐらい近づくと、シリアはゆっくりと指を動かした。

〝視界三マイル、千フィート……〟

安全にフェアバンクスに入るには、少なくとも二マイル、千フィートの視界が必要だった。そして天気はどんどんと悪くなっている。引き返すべきか、決断が迫られていた。シリアが見上げると、ジニーが手をまっすぐ前に向かって振っている。go（ゴー）……である。

フェアバンクスに近づくにつれ、視界は急激に落ちてゆき、吹雪の真っ只中《ただなか》に入ってしまった。白いベールの中から、かすかにアラスカ鉄道の線路が見え、それをたどって飛び続けた。もう町の中に入っているはずだったが、いつの間にか線路も何も見えなくなっていた。シリアとジニーはただひたすら飛行場の気配を捜していた。互いを見失わないよう、そしてぶつからないよう、二人は空軍で覚えたフォーメーション飛行をしていた。

突然、シリアが翼を何度も上下に振りだした。〝飛行場を見つけた！〟というシグナルである。吹雪の中から、赤と青の点滅を送る飛行場のタワーが見えてくる。二人は高度を下げてそのまま着陸態勢に入ってゆく。眼下にかすかに牛が見えたような気がした。あっと気が付くと、タワーだと思ったのはクリーマーズ農場のサイロだったのだ。が、まず初めにシリアが、そしてジニーがそのまま着陸していった。

「〝小さなイグルー〟はとても軽かったから、雪の中を滑走しながら、どんどん機体の後ろが持ち上がってくる。ああ、一回転してしまうと思った瞬間、思い切りアクセルを踏み込んだら、尾翼がゆっくりと下がり、飛行機は雪に埋もれながら止まったの……」

しばらくすると、二人の到着を知ったジーン・ジャックが怒りながらやって来た。

「おまえたちは何という日に着いたんだ！　今日は祝日だぞ。税関手続きをするのに今日は三倍の料金を払わなければならないんだ！」

当時、ウィングオブノース（北の翼）という町のラジオ番組があって、二人の女性がアメリカ本土からアラスカに向かって飛び続けているニュースを毎日のように伝えていた。フェアバンクスの人々は、だれもがシリアとジニーを待ち続けていたのである。

飛行時間二十七日間。距離三千マイル。まだ古き良きアラスカの、一九四七年一月一日のことだった。

SUPER-
CHARGER
OIL
HAND HOLD

フェアバンクスの町の人々が、シリア（右頁）とジニーの到着を今か今かと待っていたのを、二人は何も知らなかった。

幻のアラスカ核実験場化計画　一

先日、ある雑誌を読んでいて、ふと目が留まった。〝なぜ、ナチスは原爆製造に失敗したか〟というタイトルの書き出しである。

「……ご承知のように、原爆の発明は、シラードやテラー、アインシュタインなど、ヒトラーの台頭によってアメリカに逃れた、一群の亡命原子物理学者の働きかけで始まる。直ちにルーズベルトは、オッペンハイマーを責任者としてマンハッタン計画を発足させ、ロス・アラモスに原爆研究工場ができた……」

テラー。すなわちエドワード・テラーは、後に〝水爆の父〟と呼ばれた物理学者である。その名前を、どうしてもそのままスラスラと読みすごすことができなかった。会ったこともない人物なのに、ある痛みをもってアラスカのひとつの時代を呼び覚まさせられるからである。この物理学者の夢が、アラスカをこよなく愛した一人の生物学者（ぼくが最も尊敬する）の一生を変えてゆき、さらに大きな視点で振り返れば、アラスカという同じ原野で、一万年以上も個々に散らばって生きてきた先住民（エスキモー、アサバスカンインディアン）を共に立ち上がらせ、初めてひとつの輪につなげる引き金となったのだ。エドワード・テラーは、きっと、そんなことは何も知らずにこの世を去ったのだろう。アラスカ北極圏で、原爆の実験を目的とした人工港をつくろうとしたプロジェクト・チェリオットと呼ばれたその計画は、アラスカへ渡ってまもないシリアとジニーをも、やがてその中心に巻き込んでゆくのである。

アラスカは厳冬期に入っていた。フェアバンクスはマイナス四〇度の日々が続いている。アラスカでも一番気温が下がるこの町の冬がぼくは好きだった。

山から下りてきたムースが、パチン、パチンと水気のないヤナギの小枝をついばみながら、家の近くの森の中でじっと寒気に耐えている。アカリスが、凍りついたトウヒの木のてっぺんで、冬の日の短い太陽を浴びている。マイナス四〇度の大気の中、チッ、チッとさえずりながら飛んでくるコガラやベニヒワ。そんな苛《か》酷《こく》な冬の風景に魅《ひ》かれるのは、自然という鏡に映しだされた、自分自身の生命の姿がはっきり見えてくるからだろう。それは日々の暮らしの中で忘れている、生きていることの脆《もろ》さであり、いとおしさでもある。

シリアとジニーの家のバードフィーダー（餌台）には、極北の冬を越す小鳥たちが思い出したように今日もやって来て、ヒマワリの種をひとつひとつついばみながら、シラカバの木立の中へ次々と消えてゆく。

「あのね、ずっと昔、プロジェクト・チェリオット……があったでしょう？　もうアラスカでさえそのことを知っている人はわずかだけれど、あの出来事がずっと気にかかっていたんだ。一体何が起きたのか、あの頃のことを話してくれないか？　一度ちゃんと聞いてみたいと思っていたんだよ」

シリアとジニーは、ふっと顔を見合せ、一瞬沈黙が流れた。もう誰も口にしない、いやもう誰も知らない、アラスカの歴史の闇《やみ》の中に葬《ほうむ》り去られた言葉が、その時代を生きてもいないぼくの口からついて出たからだろう。

「プロジェクト・チェリオットね……」

理知的で、思慮深いシリアが、懐《なつ》かしそうにつぶやいた。

「まあ、何て昔の話だろうね！」

と、あけっぴろげで、オプティミスト（楽天主義者）のジニーが小さく叫んだ。

その言葉は、二人にとって、過ぎ去ったひとつの時代を呼び起こす力を今ももっていた。そして彼女らの胸の中には、アラスカを去っていった、一人の懐かしい生物学者の姿が想《おも》い浮かんだはずである。

「……きっと、あの時代のアラスカの風景を最初に話さなければならないだろうね……。そう、エスキモーの人々は太古の昔から綿々と続いてきた時間の中にまだ生きていて……世界は人間が想像もできなかった一歩を踏み出そうとしていた時代のことをね……」

ぼくは紅茶を飲み干し、床の上に座り込んだ。年老いた犬のジャックは、あいかわらず寝そべったまま上目使いであたりを見回している。窓の外は雪がちらついてきた。しばらく続いていた寒気はこれからすこし緩んでくる。シリアとジニーは記憶をたぐりよせながら、遠い時代へと向かっていた。プロジェクト・チェリオットは長い物語になるだろう。

アラスカ北西部の海岸線から、まるでモンゴロイドの遠い故郷を指さすかのように、チュコト海へ突き出た小さな半島がある。その半島から海をへだてた二百五十キロ先には北方アジアが横たわっているのだ。昔から人々はこの地方をティキラックと呼んでいた。エスキモーの言葉でまさしく〝人さし指〞という意味である。

冬になれば絶えずブリザードが吹きすさび、凍りついた海と陸地の境が消え、ただ白一色の荒涼とした世界と化すこの土地を旅したある気象学者は〝世界で最も不快な土地〞と言ったという。が、エスキモーの人々にとって、ティキラックほど豊かな土地はなかった。

チュコト海へ小さな防波堤のように伸びたこの半島は、ベーリング海から北極海へ移動してゆく、セイウチ、アザラシ、シロイルカ、シロクマ、そしてセミクジラなどの海洋動物を待ち伏せるため、人間が神から与えられたような場所だったのである。

一七七八年、この海を最初に航海したヨーロッパ人、キャプテン・クックは、低い草原からなるティキラックを見事に見落としてゆく。北アメリカの人間の歴史の中で、おそらく最も重要な意味をもつこの小さな草原を通り過ぎていってしまったのだ。

そして十九世紀に入り、この土地へはじめてたどり着いたのはイギリス人のキャプテン・ビーチェイが率いる探検隊である。彼らはティキラックの南の海岸線にそびえる岩壁地帯へ上陸し、そこをケープトンプソンと名付けた。ビーチェイはその海岸でエスキモーの人々と出会い、小さな集落を訪れている。その時の日記に、

「ケープトンプソンの崖《がけ》に登ってみると、眼下の草原に、地面が波のようにいくつも盛り上がり、そこから杭《くい》のようなものが森のように突き出た場所が見えた……」

と記されている。それは、彼が訪れた集落よりさらに古い、かつてティキラックに暮らしていた人々の住居跡だったのだ。杭とは、おそらく土のイグルーを支えるためのクジラのあばら骨だったのだろう。

余談になるが、ぼくがアラスカに移り住んだ一九七八年の夏、全く偶然にも、最初の旅で出かけたのがケープトンプソンだった。友人の生物学者と一緒に、その崖で営巣《えいそう》する北極圏の海鳥の調査に行ったのだ。今、覚えているのは、人の気配など何もない、数百万羽の海鳥が舞う、地の果てのような場所だった。そしてこのケープトンプソンこそが、プロジェクト・チェリオットの物語の舞台になってゆくのである。

杭が森のように突き出た……と記されていたティキラックの古い住居跡が見つかってからも、白人はこの荒涼とした土地に百年以上も興味を示すことはなかった。そして一九三九年、考古学者のルイス・ギディングたちが初めて調査にここを訪れた時、彼らは信じられない発見をするのである。

環境調査が行なわれた頃のケープトンプソン。大地には花が咲き、
オゴトラック川はチュコト海へと注いでいた。

当時すでにティキラックの古い住居跡は村人たちによって掘り起こされ、そこはまるで爆弾が投下された後のようだった。人々はそうして見つけた古い工芸品を、研究者や博物館に売ることで現金を得ていたのだ。ギディングらは、村人たちの助けも借りながらわずかに残された住居跡の発掘を続けていた。

ある日の夕暮れ、一日の仕事を終えたギディングは、シャベルを肩にかつぎながら、キャンプ地へ向かってトボトボと海岸線を歩いていた。真っ赤になって沈もうとする夕陽があまりに美しかったので、小さな丘の上でひと休みすることにした。ところが、じっと眺めていた草原の風景が何かおかしいのである。見わたすかぎりの海岸線の高台が、規則正しく起伏に富んでいるのだ。いや、あれは北極圏の夏と冬の気温差で、大地が収縮しながら出来上がった典型的なツンドラの地形に違いない……と自分に言い聞かせても、何か不思議な熱い想いがこみあげてくる。何度も自問自答を繰り返した末、〝何も失うものはない〟と決心をしたギディングは、その海岸線を掘ってゆくのである。

そして見つけたものは、何万年と手つかずのまま残されてきた、北極圏でも例のない、六百から七百戸に及ぶ壮大な住居跡だった。そしてベーリンジアの草原（約二万年前の氷河期、現在のベーリング海峡には幅千キロメートルもの陸地が存在し、アラスカはシベリアと地続きだった）が消えていったように、海は今もゆっくりと上昇をしながら、アラスカ北西部の海岸線を削り続けている。つまり、太古のティキラックの人々の住居

プロジェクト・チェリオットを語るエドワード・テラー(左端)。アラスカ大学地球物理学研究所にて。

跡は、すでにその九十九パーセントは海の底に消えてしまっているのである。ティキラック、すなわち現在のポイントホープ村は、人間が暮らし続けてきた北アメリカ最古の場所だった。それはピラミッドの時代さえ手が届かない、綿々と続いてきた人間の土地だったのだ。

一九四〇年から一九五〇年代のポイントホープ村の暮らしは、何事も大きく変わることはなく、太古からずっと続いてきた自然のリズムの中で過ぎていった。しかしもうひとつのフロンティア、地平線の向こうの科学技術の世界では、信じられぬほどのスピードで時代は変わろうとしていた。核融合の発見が、人類の未来へ輝かしい扉を開こうとしていたのである。

一九四五年七月十六日、午後五時二十五分、オッペンハイマー率いるマンハッタン計画に参加した物理学者たちは、かつて人間が見たことのない眩《まばゆ》い光の前で、そして〝今、我々は、悪魔の子どもになった〟という思いの中で、ただ呆然《ぼうぜん》と立ち尽くしていた。しかし、後に〝水爆の父〟と呼ばれるエドワード・テラーは別だった。

〝私は規則を破って、目の前の原爆をじっと見つめていた。特別なグラスをかけ、サンローションを肌に塗り、手袋をはめながら、私は目の中に映った怪物にただ打たれていた〟

そして同じ年の夏、広島、長崎と原爆は投下され、第二次大戦は終わりを告げた。戦後、マンハッタン計画に携わった多くの物理学者が大学に戻っていたが、テラーは原爆の開発に更に力を注ぐ重要性を主張し、新たな研究に突き進んでゆくのである。

そして二つのフロンティアは、ゆっくりと近づきつつあった。

中部太平洋ビキニ環礁《かんしょう》での実験を通し、国際世論の反対を受けたテラーは、新たな実験場所をアメリカ国内に求めていた。その条件は、地の果てであること、つまり、爆破の危険性を考えて、人間のあまり住んでいない場所ということだった。テラーを含むその委員会のメンバーは誰一人としてアラスカへ行った者はなかった。が、アラスカは選ばれた。やがてアメリカ地理学会の調査をへて、地図上でポイントホープ村南東五十キロのケープトンプソンという地名があげられた。

アメリカ地理学会のレポートが提出されてから四カ月もたったある日、ポイントホープ村のクジラ漁のキャプテン、ダニエル・リズバーンは、村の浜辺でウミアックを海に出そうとしていた。アゴヒゲアザラシ六頭の皮でつくった昔ながらのこのボートで、数カ月前に巨大なクジラを獲《と》ったばかりだった。が、今は八月もなかば、カリブーの狩猟シーズンである。ダニエルは村の若者二人を連れて、ケープトンプソンへ流れでるオゴトラック川へ向かうところだった。ダニエルの記憶のあるかぎり、人々はずっとオゴトラック川流域でカリブーを獲り続けてきたのだった。

二日後の夜、ポイントホープの村に戻って来たダニエルは、家の中で妻と旅の話をしていた。オゴトラック川沿いの谷でカリブーを見たが、とても遠すぎたこと、そして帰り道でカリブーを仕留めたこと、そこからあまり離れていない場所で六頭のグリズリーを見たことなど……それからふと思い出したように、ダニエルは妻に言った。

「あっ、そうだった。オゴトラック川の入江で、たくさんのテントとナラウミート（白人）たちを見た。一体、あんなところで何をやっているんだろう……」

その白人たちこそが、ケープトンプソンを実験場にと、アメリカ原子力委員会の命をうけてやって来た科学者たちだった。その中に、環境調査を任命された生物学者、若き日のビル・プルーイットがいた。彼の人生も、アラスカも、これから大きく変わろうとしていることに気づく者はまだ誰もいなかった。

幻のアラスカ核実験場化計画　二

プロジェクト・チェリオットが密《ひそ》かに進行していた時代に、ある医療チームが、アラスカのエスキモーの村々を極秘に訪れていた。村の人々は集会所に集められ、一人一人裸にされて大きな機械の中に入れられていった。けれども、それがどういう目的のためなのかを知る者はほとんどいなかった。身体《からだ》のなかの放射能の量を調べているらしいが、原野に生きてきた人々にとって、それは別世界の出来事だった。が、不思議なことに、機械は次々に異常に高い数値を示してゆく。

「あの日のことはよく覚えているさ。今思い返せば、最高値を示したのは、村の中で一番多くカリブーを食べている男だった」

昨秋、コバック川流域のエスキモーの村アンブラーを訪ねた時、古くからの友人はそう言った。

その出来事が何を意味しているか、当時、うすうす気付いていた一人の生物学者がいた。ビル・プルーイット。彼はプロジェクト・チェリオットという歴史的事件の主人公の一人だった……。

原爆実験を目的とした、人工の港をつくろうとする計画、プロジェクト・チェリオットの候補地に、アラスカ北西海岸の原野ケープトンプソンが選ばれたのは一九六〇年代のはじめだった。そこはカリブー、ムース、グリズリー、そして何百万という海鳥の営《えい》巣地《そうち》であると同時に、ポイントホープ村のエスキモーが何万年もの間自然の恵みを受けてきた土地だということは前章で書いた。アメリカ原子力委員会（ＡＥＣ）が、人間が住んでいないという条件で選んだ場所は、皮肉にも、北アメリカで最も古くから人間が暮らし続けてきた土地だったのである。

エドワード・テラーをはじめとするアメリカ原子力委員会のスタッフは、ジュノー、アンカレッジ、フェアバンクス……と、この計画が人間の未来にとっていかに大切なものか、アラスカの経済をどれだけ潤《うるお》してゆくのかを説いて回っていた。アンカレッジでの報道関係者を前にした会見で、

「もしあなた方の暮らしている地方の山の位置が気にくわなかったら、どうぞ一報を下さい」

と語ったテラーの冗談めいた言葉は、原爆の力を信じ切った彼の自信がよくあらわれている。

ＡＥＣのスタッフは、ノームやコッツビューなどのエスキモーの村にもやって来たが、その実験場から最も近いポイントホープ村へはなぜかいつまでたってもあらわれなかった。ケープトンプソンは村からわずか三十キロしか離れていず、そこは人々にとって大切な狩猟のホームグラウンドだというのに、この計画がもちあがった一九五七年から三年間、ポイントホープ村はまったくかやの外におかれていたのである。

研究の為、カリブーの角を運ぶビル・プルーイット。フィールドバイオロジストとして彼の右に出る生物学者はいなかった。

村人がもち帰るうわさやラジオの短波放送を通し、何か大変なことが降りかかろうとしている状況に村の人々は耳をすませていた。そして一九六〇年三月十四日午後、AECのスタッフが、ケープトンプソンからの帰り（すでにプロジェクト・チェリオットのためのキャンプが出来あがっていた）、セスナでポイントホープ村にやって来るといううわさが流れたのである。反対運動の芽はまずエスキモーの人々の中から育っていった。

　アメリカ原子力委員会のスタッフを乗せたセスナがポイントホープに着陸する頃、村の集会所では、すでに百人近い村人たちが肩を寄せ合いながら床に座って待ちうけていた。まず村長のデイビッド・フランクリンがイヌピアック語で三人のスタッフを紹介し、説明会は型通りに始まった。

「レイディス　アンド　ジェントルメン。我々原子力委員会が計画しているプロジェクト・チェリオットについて、これから説明します。ただしプロジェクトはまだ決定ではありません。あくまでも皆さんに被害が及ばないことが前提ですから、どうかご安心下さい。我々の実験計画とは……」

　当時、英語はエスキモー社会に広がり始めてはいたが、物理の専門用語がちりばめられたその話を理解する村人はほとんどいなかった。やがてひととおりの説明が終わると、この実験をモデルにした短い映画が上映されることになった。村人たちはただじっと耳を傾けていた。

タイトルが消え、奇妙な音楽が流れてくると、ナレーションと共に真赤な炎の球がスクリーンに映し出された。

「人類は今や計り知ることができない力を手に入れることができた……」

すると、突然、村人たちにとって馴染《なじ》み深いケープトンプソンの風景がアニメーションになって現われた。ゆるやかな起伏の草原はいつも人々がカリブーを待つ場所だった。海岸線の崖《がけ》は初夏にエッグハンティングによじ登る海鳥の繁殖地である。去年は村全体で一万個に近い卵をそこから集めたのだ。その風景が、次の瞬間、キノコ雲と共に消えてしまったのである。

「アーッ！」という叫び声が集会所全体にわきおこった。が、ナレーションは続いてゆく。

「このように大地は一瞬のうちに取り除かれると、海水が一斉にそこに押し寄せ、人工的な港をつくるための土台が出来あがる……」

フィルムが終わると、原子力委員会のスタッフが村人たちの質問を受ける時間をとった。

最初に立ち上がった男は、この集会が始まる直前までカリブーの解体をしていたらしく、パーカが真赤に血で染まっていた。

「この村は危なくないのか？　原子灰というものが降るといううわさを聞いたんだが

……」

なぜなのか、この日、原子力委員会の放射能専門の科学者は来ていなかった。

「私の知る限りでは、放出された原子灰のほとんどは数時間のうちに無害になるはずです。それから実験は風が原子灰を海側へ運んでゆく日を選んで行ないます」

ポイントホープ村の狩猟生活はむしろ海洋動物に依存していたのだが、依然、ほとんどの村人たちはじっと黙っていた。その後いくつかの質問が続いたが、さしたる盛り上がりもなく、説明会は終わろうとしていた。

「その他に質問はありませんか。もしなければ、今日はお集まりいただきありがとうございました」

と言った瞬間、一人の女の声が集会所の静けさを破った。それはキティ・キニバックという村の中でも不正に対していつも決然と立ち上がるおばさんだった。彼女のイヌピアック語を他の者が英語に訳さなければならなかった。

「ここに集まっている人たちは何もしゃべらないけど、みんな恐《こわ》がっているのです。あたしが聞きたいことは、その実験をすると、どんな影響があるのですか？」

「世界的な影響という意味ですか」

「いいえ、あたしたちが暮らしているこの村のこと……」

「質問の意味がよくわからないのですが……」

「原子灰というものがあたしたちに与える影響のこと……」

「ああ、あなた方エスキモーの人々に及ぼす影響のことですね……。それはもう全部今話したと思うのですが……」

「いや、何も話していない」

　とキティが叫んだ途端、部屋の中は一斉に人々の発するイヌピアック語であふれていった。

「あなたが説明すればするほど恐くなってゆくと彼女は言ってます」

　キティの言葉を英語に訳している村人が、あたりが静まってから付け加えた。キティはまだ話し続けていた。

「あなたの暮らしている土地を、他の人間が爆破することを、あなたは絶対嫌だと思うよ。たとえばポイントホープに住む私たちが、あなたのふるさとを爆破したら……」

「いや、まったくそのとおりで、よくわかります。わかりますが……」

　それからはさまざまな質問がイヌピアック語で飛び交っていった。たとえばそれは、中部太平洋ビキニ環礁《かんしょう》で行なわれた核実験についてであった。貧しい情報網の中で、エスキモーの人々は、世界の情勢をしたたかにもたくわえていたのだった。そして原子力委員会のスタッフは、村人たちの前ではっきりと言ったのである……中部太平洋における核実験は原住民の食べる海の魚に支障を及ぼさなかったこと、原子灰はポイントホープの村にはほとんど届かないだろうということ、原爆で生き残った日本の被爆者はすっかり回復に向かっていること、カリブーには何の影響も与えないだろうこと……。

当時、アラスカ北極圏で、世の中に普及し始めたばかりのテープレコーダーが飛ぶように売れていた。電話がまだ入っていなかったその時代、文字をもたなかったエスキモーの人々にとって、となり村の親戚《しんせき》や友人とメッセージを交わすために、自分の声を吹き込んだテープは手紙の役割を果たしていたのである。その日、AECのスタッフは、会場にテープレコーダーが用意してあったことを想像だにしなかったにちがいない。ポイントホープの村人たちは、アメリカ原子力委員会が言ったすべてを自慢のテープレコーダーに録音した。

若き生物学者ビル・プルーイットがアラスカにやって来たのは一九五三年だった。シートンを読みながら子供時代を過ごしたビルは、北方の自然に憧《あこが》れ、アラスカで野生動物の研究をするのが夢だった。博士号をとったばかりで、正式なスタッフとして迎えられたのではなかったが、とりあえずアラスカ大学のフィールドバイオロジストとして職につくことができた。フェアバンクスの電気も水もない小さな丸太小屋で暮らしながら、ビルはさまざまな動物調査の為《ため》、北極圏へと出かけていった。その中でも思い出深いのは、野生生物局から委託されたカリブーの季節移動の調査だった。ビルは犬ぞりを使い、その一年のほとんどを、北極圏でカリブーと共に旅をしていったのである。

ビルはまさに水を得た魚のようにアラスカの大自然の中で生きていた。大学のスタッフにならなかったことはむしろさいわいだった。ビルは生物学者というより、ナチュラリストであり、旅人だった。アラスカ大学の研究者たちは、誰もが、ビルのフィールドバイオロジストとしての実力に目を見張らされていった。

プロジェクト・チェリオットの環境アセスメントの委託を受けたアラスカ大学は、巨額な予算を手に入れるまたとないチャンスに酔いしれていた。そしてこの仕事をするためにビル・プルーイットのフィールドでの力が必要なことは、誰もがわかっていた。が、彼らがまだ気がつかなかったのは、この調査には、アメリカ原子力委員会の見えない巨大な力が初めからかかっていたことである。ビルは当時を振り返ってこんなことを言っている。

「多くの生物学者が北極圏の調査をやりたがっていた。彼らはあちこちの基金から少しずつ金を集めて何とか予算を作ってゆくんだよ。だから考えてもごらん。これだけ巨大なプロジェクトが目の前に出されたら、誰もが飛びついてしまうのさ。自分だってそうだった。優れた生物学者だったら、フィールドに戻ってゆけるのなら、どんなバカなこともやってしまうんだよ」

こうして、ビル・プルーイットを中心とする、ケープトンプソンにおける生物調査は

狩猟を終えて村へ帰る。人々は少なくとも二千年にわたって、ケープトンプソンでカリブーを狩り続けてきた。

ホッキョクグマの毛皮は、ユクラックと呼ばれる厳冬期にはくブーツに使われる。

始まっていった。

一九五〇年代後半から一九六〇年代はじめにかけて、北極圏の自然にかかわっていた世界中の生物学者たちは、どうしても説明のつかないある現象を調べていた。核実験後の放射能のほとんどは、成層圏流によって北半球の温帯圏に落ち、その量は北極圏の十倍に達する。にもかかわらず、カリブーの体内の放射能の量が、温帯圏の家畜と比べて異常に多いのである。それは、アラスカだけでなく同じ緯度圏に位置するスカンジナビア諸国においても同様だった。そして、各国で医療チームの調査が進むと、カリブーの肉を食べているエスキモーの身体にも放射能がそのまま移っていることが判明していった。

その原因は、カリブーが主食とする地衣類にあった。水分や栄養を地中から根を通して吸い上げる普通の植物と違い、根をもたない地衣類は、直接空中から雨などを通してそれを取り入れる。そのシステムは、何百万年もの間、少なくとも一九四五年まではそれでよかったのだ。しかし人間が原爆を手に入れてからは、地衣類は放射能を蓄積することができる最も理想的な生物になってしまったのである。

ビル・プルーイットは、地衣類と放射能の関係にずっと以前からうっすらと気が付いていた。ケープトンプソンでの調査が進むにつれ、ビルの頭の中は次第にそのことでいっぱいになっていった。プロジェクト・チェリオットが遂行されたなら、ポイントホープ村の人々だけでなく、アラスカ北極圏に生きる人々を含めた全生態系にどんな結果をもたらすのか、その未来の絵がはっきりと見え始めたのである。が、まだ見えていない未来もあった。それは、こよなく愛したアラスカから、追われるように一人で去ってゆくことになる自分自身の一生のことである。

そしてその頃、フェアバンクスの小さな丸太小屋で必死にタイプライターをたたいている女性がいた。彼女がキーをたたくその音が、反対運動を支えてゆくもう一つの小さな芽であった。

テーブルに置かれた前日の地元の新聞は、〝プロジェクト・チェリオットを支援してゆこう〟という大きな見出しで飾られていた。アラスカの財政を潤してゆくという魅力に、この土地の小さな政界、経済界はすっかりゆさぶられていた。若き日のジニー・ウッドは、その夜、新聞の投書欄に送るための、プロジェクト・チェリオット反対のメッセージを打っていたのだ。

ポイントホープ村、フェアバンクス、ケープトンプソンのフィールド。小さな反対運動が同時に何箇所かで芽生えつつあった。そしてジニーとシリア、ビル・プルーイット、ポイントホープ村の人たちの闘いが始まろうとしていた。

幻のアラスカ核実験場化計画　三

十一月の感謝祭が過ぎ、人々の心にクリスマスの足音が近づいてくると、アラスカはいつのまにか厳冬期に入っている。太陽もほとんど顔をださない暗闇《くらやみ》と、きびしい寒気の中で迎えるこの土地のクリスマスが好きだった。森の中の家々は小さな明かりで飾られ、その光が雪化粧した針葉樹をおとぎの世界のように淡く照らしだす。暗黒の中で光を求めるように、寒さもまた人の心を暖めるのかもしれない。

「ビルもアラスカの冬が好きだったわね」

シリアが懐《なつ》かしそうに呟《つぶや》いた。

「あの頃、ビルは生物学者というより、アラスカの雪の原野をいつも犬ぞりを駆って旅をしていたのよ」

ジニーも遠い昔を思い出すように相槌《あいづち》をうった。核実験の巨大な爆発力を利用してアラスカ北西海岸に港をつくろうとする計画、プロジェクト・チェリオットは着々と進んでいた。環境調査を依頼された若き生物学者ビル・プルーイットは、初めからゴーサインの出された原爆実験とは知らずに参加していたのだった。やがてビルはそのことに気付いてゆくが、こよなく愛したアラスカからいつしか追われ、自分自身の一生が大きく変わってゆくことなどまだ想像だにしなかった。

ビル・プルーイットは、ある種独特な個性の持ち主だった。それは、北方の自然に魅《ひ》きつけられる人間に共通するものかもしれないが、彼は特別だった。自立心が強く、頑固で、それでいて権威というものを頭から信じていなかった。が、その奥で、極北の自然に対する少年のようなロマンチシズムを持ち合わせていた。シートンに読みふけって子供時代を過ごしたビルは、動物学を天職とすることをずっと夢見ていたのである。

プロジェクト・チェリオットの環境調査をアラスカ大学が請けおった時、誰もがビル以上にこの仕事を成し遂げられるバイオロジストがいないことを知っていた。まだ教授にさえなっていないのに、ビルのフィールドバイオロジストとしての力は圧倒的だった。

アラスカにやって来たばかりの頃、カリブーの季節移動を調べることになったビルは、一年間カリブーと共に北極圏を旅したのである。父親になったばかりで、途中から家族もこの旅に加わり、原野に建てたキャンバステントで一緒に暮らしながら、ビルは犬ぞりでカリブーの調査に出かけていったのだ。夜になり、子どもが寝入ると、動物学を学んだ奥さんもテントの中で動物の解剖などのビルの仕事を手伝ったという。

「それまで、この土地でビルのようなやり方でフィールド調査をやった者は誰もいなかったのね。優れた生物学者というだけでなく、何か夢を誘うようなビル独特の世界があった。そして憎めない可笑《おか》しさもね」

シリアは当時のビルをこんなふうに回想している。

「アラスカ大学の動物学教室が耐えられない匂《にお》いで充満していると、それはビルが長いフィールド調査から戻ってきたしるしなの。持ち帰ったブリキ缶の中は拾い集めたジネズミやジリスなどの死骸《しがい》でいっぱいなのよ。それからカリブーの角とかオオカミの頭蓋《ずがい》骨《こつ》とかね。そして外はマイナス五〇度であろうと、研究室の窓を開け放しにして、切れるような寒い風を感じているのが好きだった。汗のしみついたエスキモーの毛皮のパーカを着てね……どうでもいい常識は何も持ち合わせていなかったけれど、アラスカの自然に誰よりも魅了されていた。そして極北の生態学に関して彼の右に出る者はいなかったのに、ビルはアカデミックな世界が嫌いで、フィールドにいる時が一番幸福だったと思う。そんな変わり者のビルを、学生たちは友だちのようにしたっていたのよ」

ネバダ大学からやって来たウィリアム・ウッドがアラスカ大学の学長になったのは、プロジェクト・チェリオットがはっきりと形を成し始めた一九六〇年のことだった。ネバダ州はアメリカインディアンの居留地がある砂漠地帯で、アメリカの最初の核実験場になったばかりだった。実験直後は放射能汚染がひどく、関係者も現場に近づけない状態であったという。が、ウィリアム・ウッドは、ネバダ大学とアメリカ原子力委員会との協力に大きな橋渡しをし、大学に莫大《ばくだい》な利益をもたらした。

核開発の信奉者だったウッドは、アラスカ大学に移ったあとも原子力委員会とのつながりを生かし、プロジェクト・チェリオットを支援することによってアラスカ大学に巨額の予算を引き込もうとしていた。さまざまな人脈をもち、国家権力をバックにしたウ

ボートを使って物資を運び、海岸沿いにある海鳥の繁殖地の調査をするビル（右から三人め）。

イリアム・ウッドは自信に満ちていた。この新しい学長の就任により、アラスカ大学は大きく変わってゆくのである。

ビル・プルーイットが何かおかしいと気付くのは、ケープトンプソンの生物調査が一段落して、アメリカ原子力委員会に最初のレポートを提出した時だった。データのいくつかの箇所が大学側によって削除されていたのである。

まず、ケープトンプソンで確認された哺乳《ほにゅう》動物のリストの中から、ジネズミなどの小動物はそのままなのに、ムース、グリズリーなど、人々の感情に影響を与える種が消されていたのである。

また、ポイントホープ村ではそのすべての家族がケープトンプソンにおけるカリブーの狩猟に依存しているのに、報告書はただ単に二十五家族と書き換えられていた。確かに村の構成員はわずか二十五家族に過ぎないが、その書き方はカリブーと人々との関わりが非常に希薄な印象を読む者に与えるのだった。

そして最も驚いたことは、地衣類とカリブーの食物連鎖を通して蓄積される放射能の危険性を示唆《しさ》した箇所がまったく削られていたのだ。それだけでなく、爆発による放射能の心配はほとんどないだろうという根拠のない安全性までが強調されていたのである。

今と違い、当時の一般大衆の核に対する知識は低く、多くの環境保護論者さえ、複雑な核科学の論争に入ってゆくことに足踏みする傾向があった。それだけでなく、自然破壊を引き起こすダム建設などに代わるものとして、むしろ原子力発電に大きな期待をかけていたのである。

ビル・プルーイットとウィリアム・ウッドは真向からぶつかり合った。しかしアラスカ大学の背後には、学長だけではない巨大な圧力が作用していることを感じ始め、ビルは事の重大さに改めて気付いてゆくのだった。なぜなら、ポイントホープ村だけにとどまらず、アラスカ全体を汚染するかもしれない核実験が、あと一年以内に予定されていることがわかったからである。

ある晩、ビル・プルーイットは、数人の仲間と共にシリアとジニーの丸太小屋に集まった。プロジェクト・チェリオットの真相を多くの人々に知らせ、その計画を中止させるために何ができるのかを夜更《よふ》けまで話しあったのだ。

「当時のフェアバンクスは今よりもっと小さな町だったから、どこかでみんなつながっていたの。あんなふうにビルと一緒に戦ってゆくとは思わなかったけれど、私たちは共通の友人をもった仲間だった」

シリアとジニーは、とりあえずビルたちのメッセージを載せたニュースレターを作ることを決めた。メンバーには、プロジェクト・チェリオットの環境調査に参加していたあと二人のアラスカ大学の研究者が加わった。植物学のレス・ベリック、そして人類学のドン・フットである。彼らのレポートもまた歪曲《わいきょく》されていたのだった。結果的には、

ケープトンプソン。北極圏ツンドラ地帯の典型的な風景である。

アメリカ原子力委員会に雇われていた三人の研究者がプロジェクト・チェリオットをつぶすために立ち上がることになったのだ。

やがて彼らには見えない力が近づいてきた。郵便物が何者かに開けられ、日々の行動が尾行され始めていたのだ。

その頃、ドン・フットがボストンの弟にあてた手紙がある。

「プロジェクト・チェリオットは大変な事態を迎えている。何か自分にトラブルが起きるかもしれない。ポイントホープ村であった男が、FBIかCIAのエージェントのような気がするんだ……本人はニューヨークから来たフリーランスのライターだと言っているが……」

その後友人たちの調査で、その男はFBIのエージェントだということがわかった。ドン・フットは、それから六年後、不慮の死を遂げるが、その死因に疑問をもった人々も少なくなかった。

やがてビル・プルーイットをはじめとする三人の研究者は次々とプロジェクト・チェリオットから解雇されていった。けれどもシリアやジニーが送り続けたニュースレターは、アメリカ本土で小さな渦をまきおこしていた。やがて大きな波となる渦である。そしてアラスカでは、彼らの行動がポイントホープ村の人々に大きな勇気を与えていたのである。

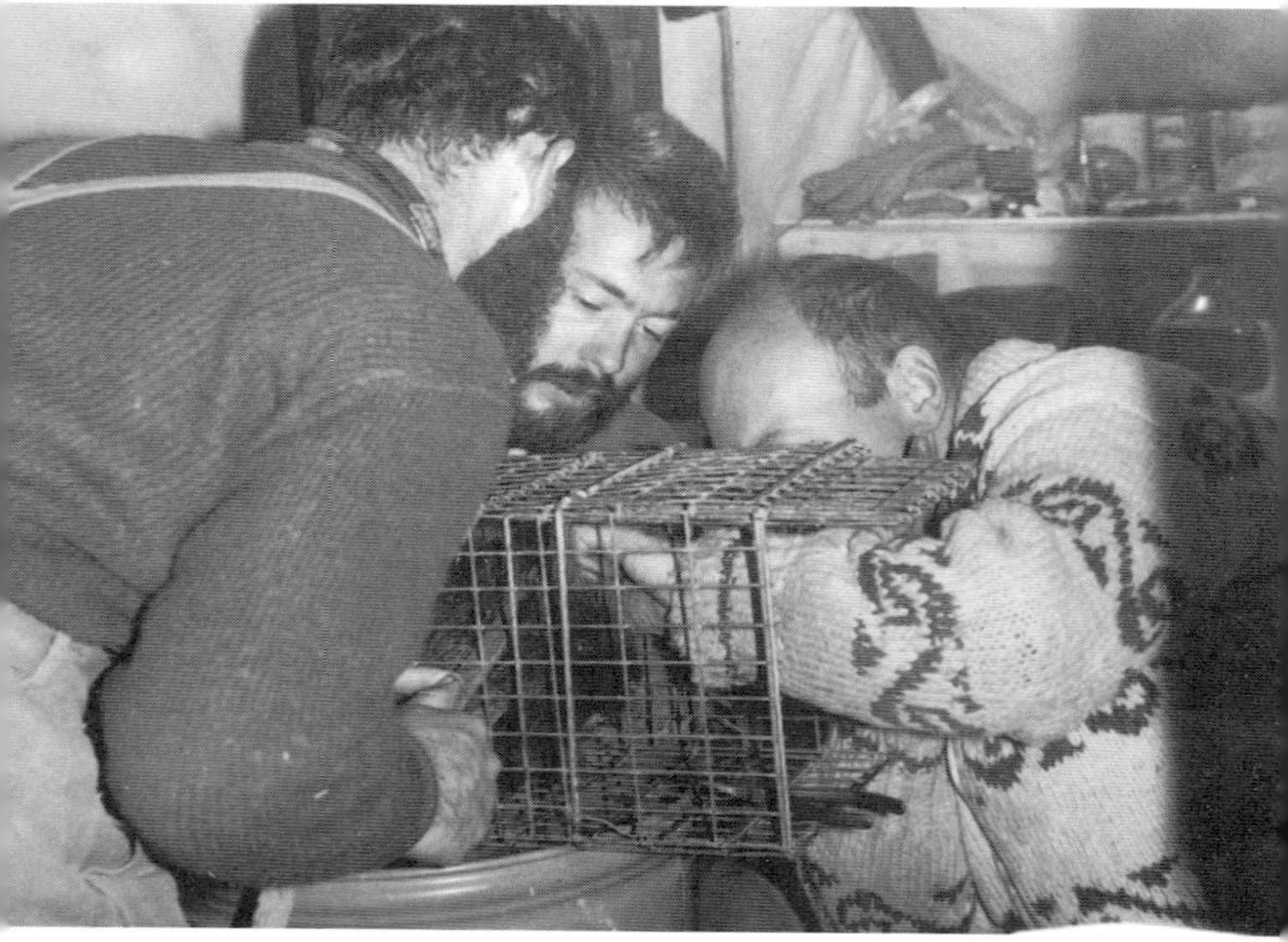

ケープトンプソンでの生物調査に明け暮れるビル・プルーイット。
バイオロジストとして莫大な予算を使って研究ができる大きなチャンスだった。

一九六一年春以降、アメリカ新大統領ジョン・F・ケネディは、めまぐるしく移り変わる歴史の真只中《まつただなか》にいた。ソ連のガガーリンによる人類初の宇宙飛行には遅れはとったものの、アメリカもまた宇宙への第一歩をしるし、やがて核戦争に怯《おび》えるキューバ危機がやってきた。この頃、ポイントホープ村の一人のエスキモーの女性が大統領に手紙を書いていた。おそらく、ケネディは手紙を見てはいないだろう。〝四季を通して、私たちは食べ物を自然の恵みから得ています。十二月から四月にかけては、ホッキョクグマ、アザラシ、セイウチ、カリブー、五月から六月はクジラ、イルカ、カモ、七月はケープトンプソンで海鳥の卵を集めるのです……私たちは村の近くで核実験が行なわれた後の子どもたちの健康をとても心配しています〟

当時、ケネディも、そしてこのエスキモーの女性も、核兵器の影に怯えていたのである。しかし、ケネディは冷戦という幻想の世界で怯え、その母親は日々の暮らしが今にも破壊される現実としての恐怖を感じていた点が違っていた。

その頃、アメリカ本土から一人のエスキモーが故郷のポイントホープ村へ戻って来た。ハワード・ロックという五十歳になるエスキモーの芸術家だった。彼はワシントン大学で美学を学んだが、その後、アルコール中毒によって精神分裂症になり、シアトルの貧民街の路上で浮浪者の毎日を送っていた。が、この男が人々の救世主になってゆくのである。

サケをさばくエスキモーの母親。人々は自然の恵みの中で生かされている。

幻のアラスカ核実験場化計画　四

前から、彼らは、ここで暮らしていた。

海岸で生活するエスキモーの家族たち。白人がやって来るずっと以

シリアとジニーの丸太小屋から近い、アラスカ大学の裏手の森の中に、プルーイット通りと呼ばれる小さな道がある。あたりには古くからフェアバンクスに住む人々の家が点在し、今も昔と変わらぬ静かなたたずまいを残していた。かつてビル・プルーイットの小屋があった小道である。

「水も電気もない小さな丸太小屋だったけれど、ビルはとても気に入っていたの。アラスカを去ってからも、三十年近くもあの小屋を人に貸していたのよ。二度と戻って来ないつもりだったのに、どうしてそんなに長い間誰にも売らなかったのかしらね……」

シリアは過ぎ去った昔を懐《なつ》かしむかのように言った。

「……あの頃は本当に皆でよく集まった。核実験の日は迫っていたし、私たちの小さな力でプロジェクト・チェリオットを止めることができるのか、とても緊迫していたの。今と違って、国の大きな計画に反対することが受け入れられない時代だったから……」

しかし、ビル・プルーイット、シリア、ジニーらのメッセージは、小さな丸太小屋から聞こえてくるタイプライターの音と共に、少しずつアメリカの世論に届きつつあった。やがてそのニュースレターは、アメリカインディアン協会を大きく動かしてゆくのである。そしてまた、エスキモーの世界からも一人の救世主が現われようとしていた。

ワシントン大学で美学を学んだエスキモー、ハワード・ロックは、その頃、シアトルの貧民街でアルコール中毒になって暮らしていた。一九六一年春、五十歳になったハワードは、生まれ故郷のポイントホープに帰る。生きる意欲をなくしていた彼は、氷上に出て死ぬつもりだったという。が、過酷な大自然の中で生きる人々と接し、子供時代を過ごした大地との想《おも》い出がよみがえるにつれ、ハワードは再び絵筆を持ち始めるのである。

その年の夏、アメリカインディアン協会代表のマディガン女史は、プロジェクト・チェリオットの調査の為《ため》にポイントホープを訪れた。シリアやジニーたちが送った、アラスカから助けを求める声が届いたのである。彼女は村で絵を描き続けるハワード・ロックに出会い、彼の強い人間性の中に、ポイントホープの村だけでなく、アラスカ先住民全体のメッセンジャーになりえる資質を見出《みいだ》していった。

村ではすぐに集会が開かれた。プロジェクト・チェリオットを阻止するためにアメリカ原子力委員会といかに闘ってゆくか、マディガン女史は村人たちに語った。

「アメリカがアラスカを買ったときに決められた最初の土地法によって、あなたがたの伝統的な暮らしが侵害されないように保証されています。いわゆる先住民権がまだ生きているのです。どうしてかというと、その後戦争をして土地を失ったわけではないし、土地所有権について新たな署名を国と交わしてもいません。もし裁判になったなら、費用はすべてアメリカインディアン協会で負担します。私たちはきっと勝つでしょう」

アメリカがこの土地をロシアから買って百年近くもたっているのに、議会はアラスカが一体誰の土地なのかという問題をずっと棚上げにしていたのだった。

ポイントホープの村人たちは初めて大きな力を感じていた。ハワード・ロックが村の代表として内務省へ抗議の手紙を書くことが決まった。なぜならハワード以外に正式な手紙を書ける者がいなかったのだ。村の運命が自分の書く手紙にかかっていると信じたハワードは、一週間をかけて何度も書き直してゆく。

「人々の暮らしはこの土地の自然の恵みに依存しています。アメリカ原子力委員会はなぜそこを爆破する権利があるのでしょうか。こんな手紙を書くのはとても残念ですが、私たちの生活が危険にさらされています……」

人々と自然の関わりを切々と訴えたハワードの手紙は、村人たちが願う以上にアメリカ内務省スタッフの胸をうったという。そして彼の心の中にはもう一つの夢が芽生えていた。自分たちの暮らしを守ってゆくこの闘いに、アラスカ中の村をまきこんでゆければと考えていたのである。

その頃、ポイントホープよりさらに北のエスキモー村、バローでも大きな問題が持ち上がっていた。一人の村人がケワタガモを撃って逮捕されたのである。長い冬の間クジラの肉を食べてきた海岸エスキモーにとって、営巣《えいそう》の為に南から飛んでくる渡り鳥は、待ちに待った春の恵みなのである。もしクジラが捕れていなければ、渡り鳥は恵みどころか生存に関わってくる。人々はそうやって極北の地で暮らしてきた。

しかし一九六一年、アメリカ、カナダ、メキシコの間で国際渡り鳥条約が施行され、狩猟は営巣が終わる九月以降に限られた。アラスカ北極圏で、湖に氷が張り始める九月までうろうろしているむこうみずな渡り鳥はいない。この条約はエスキモーたちの暮らしを無視して、白人のスポーツハンティングのことを考えて作られていた。

数日後、バローの警察官の家の前に、片手にカモをぶらさげた百人以上の村人が逮捕される為に集まった。エスキモーは傷つき、怒っていた。同じアメリカの中で、ずっと向き合うことのなかった二つの文化がぶつかり始めていた。プロジェクト・チェリオット、そして国際渡り鳥条約は、エスキモーの人々に新しい時代が来つつあることを予感させたのである。

一九六一年十一月十五日、バローの村の集会場はさまざまな村からやって来た二百人以上の人々で埋まっていた。それは歴史的な日であった。なぜなら、太古の昔から、何千年、何万年と、極北の原野に散りぢりになって生きてきたエスキモーが、有史以来初めてひとつの目的のために集まったのだ。プロジェクト・チェリオットは、アラスカ先住民を核という世界的な問題に直面させただけでなく、これまで考えたこともなかった土地の権利という意識を芽生えさせていった。それは同時に、アラスカは一体誰のものかという素朴な疑問を国に投げかけてきた。モンゴロイドがベーリング海峡を渡って以来、アラスカでこれほど大きな歴史的な出来事はなかったろう。そこに行ったこともなく、ただ地図を広げて核実験を行なおうとしたエドワード・テラーの夢は、時代を思わぬ方向へ一人歩きさせ始めたのである。

　エスキモーの団結だけでなく、プロジェクト・チェリオットに反対する草の根の輪はアメリカ全体に広がりつつあった。メディアの中では、〝地衣類を食べるカリブーが核実験の障害となるかもしれない〟という見出しで飾られたニューヨークタイムズの記事が大きな影響を与えていた。そして何よりもハワード・ロックが書いたポイントホープからの手紙はアメリカ内務省トップの心を深くとらえていた。さまざまな場所から湧《わ》き出た小さな流れは、今や止めようもない大河となって動いていたのである。

　一九六二年一月、アメリカ原子力委員会へ一通の手紙が内務省から届いた。ケープトンプソンにおける環境調査を見直し、プロジェクト・チェリオット進行の是非に内務省も介入してゆくという通告だった。エスキモーが遠い昔から狩猟をしてきた土地で、果して核実験をすることができるのか、アメリカ内務省は大きな疑問を持ち始めていたのである。

　同年八月、アメリカ原子力委員会は記者会見を行なった。プロジェクト・チェリオットはつぶれたのである。

「それは嬉《うれ》しかったわ。長い闘いだったからね。何よりもエスキモーの人々の勝利だった。でもね、ビルの人生はそれから大きく変わってゆくの。深い傷を負いながらね……」

シリアの言葉にうなずきながら、ジニーが付け加えた。

「つまりね、ビルはブラックリストに載ってしまったということ……」

ビル・プルーイットは追われてゆく。大きな力をもち、アメリカ原子力委員会との深いつながりもあった当時の学長ウッドは、ビルをアラスカ大学のスタッフから外したのだ。アラスカを去ることを決心したビルは、アメリカ本土の大学に職を求めてゆくが、行く先々で見えない圧力がかかってくる。それはアメリカ原子力委員会の圧力だった。もうこの国で研究者として働くことはできないと知ったビルは、アラスカだけでなく、アメリカを捨ててゆくのである。

「その頃にはね、ビルはもう私たちにさえ行き先を教えなかったの。誰かにずっと追われているような気持ちだったのでしょうね。ヴァージニア州の農場で暮らすビルの年老いた母親の許《もと》にさえ、FBIが訪ねて来たというから……」

ビル・プルーイットがカナダへ移住し、それから三十年の歳月が流れ、プロジェクト・チェリオットは歴史の片隅に忘れ去られている。そしてアラスカも大きく変わっていった。僕はビルに会いたかった。会って話したいことがたくさんあった。一九九四年十一月、僕はアラスカからカナダの「北の町」ウィニペグへ向かった。

〝エスキモー・エキスプレス〟。ノームという町の当時のタクシーのようなものだろう。

幻のアラスカ核実験場化計画　五

バンクーバーを飛び発《た》ち、飛行機はカナダの「北の町」ウィニペグへ向かっていた。アラスカを追われ、やがてアメリカを去ったビル・プルーイットは、三十年という歳月をへた今、マニトバ大学の動物学部の教授になっていた。時代はめぐり、プロジェクト・チェリオットはすでに遠い昔の物語である。

ずっと以前からビル・プルーイットに会いたかった。話したいことがたくさんあった。そのことをシリアとジニーに話すと、二人はビルに手紙を書いてくれ、アラスカから三千キロも離れたウィニペグで、ぼくたちは明日会うことになっている。窓ガラスからカナダの原野を見下ろしながら、さまざまな思いがめぐっていた。会ったこともないのに、いくつかの偶然が、この生物学者を古い友人のように感じさせていたのである。

一九七八年、アラスカに移り住んだ最初の夏、ぼくはアラスカ北極圏のケープトンプソンにいた。地の果てのようなこの海岸で、ある鳥類学者と二人で海鳥の調査をしていたのである。ビル・プルーイットの話がどこから出てきたのか、今はもう覚えてはいない。誰もいないケープトンプソンの美しい入江に、赤錆《あかさ》びた古い建物が散在していたのを不思議に思ってぼくが聞いたからなのか、それともまったく別の話からだったのか……。とにかくその鳥類学者とビルは同じ生物学者として知り合いだった。夜になると、北極海の波の音を聞きながら、彼が語るさまざまなアラスカの昔話に耳を傾けた。中でも、プロジェクト・チェリオットに関わりアラスカを去ったある生物学者の物語を、深い尊敬の念をこめて話していたのを覚えている。

ぼくの好きなアラスカの生物学の古典〝Animals of the North（北国の動物たち）〟の著者、ビル・プルーイットと、その生物学者が重なるのはそれから一年も後のことだった。それは生物学の本というより、アラスカの自然を詩のように書きあげた名作である。当時すでに絶版になっていたこともあり、ぼくは宝物のように大切にしていたのだった。

〝旅をする木〟で始まる第一章。それは早春のある日、一羽のイスカがトウヒの木に止まり、浪費家のこの鳥がついばみながら落としてしまうある幸運なトウヒの種子の物語である。さまざまな偶然をへて、フェアバンクスを流れるチェナ川沿いの森に根づいたトウヒの種子は、いつしか一本の大木に成長する。長い歳月のなかで、川の浸食は少しずつ森を削ってゆき、やがてその木が川岸に立つ時代がやって来る。ある春の雪溶けの洪水にさらされたトウヒの大木は、チェナ川、タナナ川、そしてユーコン川を旅し、ついにはベーリング海へと運ばれてゆく。そして北極海流は、アラスカ内陸部の森で生まれたトウヒの木を遠い北のツンドラ地帯の海岸へとたどり着かせるのである。木のないツンドラの世界で打ち上げられた流木はひとつのランドマークとなり、一匹のキツネがテリトリーの匂《にお》いをつける場所となった。冬のある日、キツネの足跡を追っていた一人のエスキモーはそこにワナを仕掛けるのだ……。一本のトウヒの木の果てしない旅は、原野の家の薪《まき》ストーブの中で終わるのだが、燃え尽きたあとの大気の中から、目には見えぬが、生まれ変わったトウヒの新たな旅も始まってゆく。この本全体に流れている極北の匂いに、どれだけアラスカの自然への憧《あこが》れをかきたてられただろう。

しかし歳月は、プロジェクト・チェリオットも、ビル・プルーイットの名も、人々の記憶の奥底へ沈めていった。が、歴史はひょんなことからくすぶり始め、再び今の時代へと引き戻されるのである。

三年前の夏、プロジェクト・チェリオットの記録を調べていたアラスカ大学の図書館員が、古い資料の中から誰も知らなかった事実を見つけ、アラスカ中に大騒動を引きおこしていった。当時、計画が中止になった後も、極秘のうちに核廃棄物が実験的にケープトンプソンに埋められたままになっていたのである。そしてその実験さえも忘れ去られてしまっていたのだ。埋められた核廃棄物が、たとえ少量であったとしても、SFのようなこの出来事は、周辺のエスキモーの村をパニックにおとしいれていった。

そして二年前、人々の耳に、プロジェクト・チェリオットを思い出させるもうひとつのニュースが入ってきた。ビル・プルーイットの長年にわたる極北の野生動物の研究業績に対し、カナダ科学アカデミーがその年の最高賞を与えたのだ。さらに同じ年、アラスカ大学もまた長年の負い目を返すように、ビルを卒業式に招待し、名誉博士号を与えることを決めたのである。

かつてビルが住んでいたフェアバンクスの丸太小屋。アラスカを追われたあとも三十年近く手放すことはなかったのだが……。

一九九三年五月三日、長い髭《ひげ》をはやし、小柄でがっちりとした一人の老人がフェアバンクスの空港に降り立った。ロビーではシリアやジニー、そして若き日を共に過ごした仲間たちが出迎えた。しかし、三十年という歳月に誰もが年老いていた。老人は一瞬、シリアとジニーに気が付かなかった。が、〝ビル！〟という懐《なつ》かしい声に、老人はしばし言葉を失い、二人を見つめる目にみるみる涙があふれていった。そして何を語ることもなくただ抱き合っていた。

卒業式では、来賓のビル・プルーイットの名が呼ばれると、拍手は波のように広がり、やがて全員が総立ちになった。長い歳月をへてビルの負った傷はやっといやされつつあった。そしてアラスカ州議会もこの時メッセージを送っていた。

〝……ジェントルマン、あなたは正しかった。自分の仕事を賭《か》け、信念を曲げずに闘ったことに、アラスカ州民は大きな借りがある。私たちは、謙虚に、感謝を伝えたい〟

しかしビルは、三十年ぶりに帰って来たアラスカに、一週間も滞在することなくカナダへ戻っていった。それはこよなく愛したアラスカから受けた傷の深さなのか、シリアもジニーもわからないと言った。

マニトバ大学は、ウィニペグ郊外に広大なキャンパスを持っていた。バスを降り、学生たちにたずねながら、やっと動物学部の建物が見つかった。長い間会いたいと思い続け、その気持ちに疲れてしまったのか、心の中はなぜかシーンと静まり返っていた。それはぼくにとって、ちゃんと話が出来るという心地良い前ぶれだった。ぼくはビル・プルーイットに何かをインタビューするために来たのではない。ただどうしても会いたかっただけなのだ。

約束の時間に研究室のドアをノックすると、扉が開き、そこにビル・プルーイットが立っていた。一瞬、ぼくはビルの顔を確かめるように見つめ、ビルもまたじっとぼくの顔をながめていた。が、それは含羞《がんしゅう》のある微笑《ほほえ》みというのだろうか。何もかもわかっている。心配するなとでも言われているような気がした。そして、その目の中に、鋼《はがね》のような意志と子供のような純粋性を感じていた。

「シリアとジニーは元気かい？」

「ええ、来年、北極圏の川を一緒に下ろうと計画しているんです。ブルックス山脈から流れるシーンジェック川か、ノアタック川です」

ビルは嬉《うれ》しそうに何度もうなずいた。そこはかつて若き日のビル・プルーイットが犬ゾリを駆って旅をした原野のはずだった。ぼくはまるで長い間会えなかった古い友人に積もる話を聞いてもらうように、これまでの自分のアラスカの旅をビルに語り始めていた。特にカリブーの話は尽きなかった。ビルもまたカリブーを追った遠い日の思い出をよみがえらせていた。それは実に楽しい時間だった。お互いにどれだけ極北の自然に魅《ひ》かれているか、それを説明する必要のない人間にめぐり合えた嬉しさを感じていた。

話はふとシートンに及んだ。ビルもまたシートンに憧れながら子供時代を過ごしたのだ。そしてぼくたちは、真の野生を求めて北極圏のピース川からマッケンジー川へと旅するシートンの紀行文が素晴らしかったと意気投合した。そして驚いたことは、ビルは若き日にシートンの足跡をたどって同じ川を旅し、その古いキャンプ地の跡を見つけたかもしれないという。なぜならその細かい風景がシートンのスケッチと何もかもが酷似していたからだ。それをきっかけにして、ビルとシートンの子供たちとの交流も始まっていった。

研究室で昼食を食べながら、ビルは同じ部屋にいた大学院の学生を紹介してくれた。ビル・プルーイットのもとで研究論文に取り組んでいる若者たちだった。彼らがこの年老いた教授を心の底から慕っているのを感じ、嬉しかった。

「へえー、アラスカからわざわざプルーイット教授に会いに来たんですか？」

なぜ今ビル・プルーイットがカナダにいるのか、学生たちは知る由《よし》もない。彼らがまだ生まれる前の出来事だったのだ。そしてビルもまた何も語ってないのだろう。

ビルの机の前の壁に一枚の大きなモノクロームの写真が貼《は》ってあった。それはケープトンプソンの吹雪の中で犬ゾリを走らせている若き日の自分自身の姿だった。その上にビルの好きなある探検家の言葉が書かれていた。

現在、教授を務めているマニトバ大学の動物学教室で。ビルは学生たちにとても慕われていた。

Give me a winter（私に冬を与えてくれ）
Give me dogs（私に共に旅をする犬を与えてくれ）
And you can have the rest（あとはすべておまえにあげる）

「ミチオ、今度ウィニペグに来た時は一緒にフィールドに出かけよう、ここからずっと北の原野に私たちの小さな小屋があるんだ。オオカミやハイイログマが通り過ぎてゆくすばらしい場所だ」


　いつの日かそんな旅ができたら何てすてきなのだろう。

　もう帰る時間が迫っていた。ぼくはふとプロジェクト・チェリオットの話を聞いてみたい衝動に駆られた。が、そのことは何も聞くまいと自分自身に約束してきたのではないか。ただアラスカの自然を共に語りたいと思ってやって来たのではなかったか、もうそれだけで十分ではないか。

「ビル、会えて本当に嬉しかったです」

「また会おう。シリアとジニーにもよろしく伝えてくれ」

「今度アラスカに来るときは是非知らせてください」

　ビルは笑ってうなずいた。が、ビル・プルーイットはもうアラスカには二度と戻って来ないような気がした。

外に出ると十一月の風が冷たかった。天気がゆっくりと変わり始め、ピーンと引き締まった大気に冬の匂いを感じていた。

ぼくはひとつのことがずっと引っ掛かっていた。それはアラスカを去ったビルが、なぜ三十年もの間、フェアバンクスの丸太小屋を誰にも売らずに手放さなかったのかということだ。二年前、ビルはその小屋をやっと他人に譲ったのだ。

プロジェクト・チェリオットはある種のスキャンダルである。しかしそれはビル・プルーイットをはじめとする一部の人々のヒーロー・ストーリーでもなければ、物理学者エドワード・テラーの狂気を糾弾する物語でもない。それは私たちが通り過ぎた人間の歴史であり、後戻りができない歴史は、当事者の思惑を越えてさらに新たな時代へとつながってゆく。

今振り返れば、プロジェクト・チェリオットはアラスカのエスキモーにとって歴史的な出来事となった。なぜなら、一万年近く極北の原野に散り散りに暮らしていた人々が、有史以来初めてひとつの民族として団結し、外部の力と闘ったのである。それは後に、アラスカを大きく揺るがすことになる原住民土地請求権の闘いへとつながってゆく。そしてつぶされたプロジェクト・チェリオットも、その姿を変えながら世界中に散らばっていった。

夕暮れの町に出ると、感謝祭が終わったばかりの街並みは、すでにクリスマスの気配さえ感じさせていた。同じ「北の町」でも、ここはどこかアラスカとは違う。買い物客でにぎわう通りを歩きながら、ビルはずいぶん遠くまで来てしまったのだなと思った。

ぼくはふと、ビルが若き日に書いた本の第一章〝旅をする木〟を思い出していた。あの一本のトウヒの木のようにビルもまた長い旅をへてここにたどり着いたのだ。〝燃え尽きたあとの大気の中から、目には見えぬが、生まれ変わったトウヒの新たな旅も始まってゆく〟。その目に見えぬものが、次の世代が受け継いでゆくメッセージなのだろう。

雪がちらつき始めていた。人々はコートの襟を立てて足早に家路を急いでいた。町は少しずつ冬景色に変わっていった。

マッキンレー山の思い出

岩と氷の巨大な針峰、ムーストゥースから月が昇ってきた。闇《やみ》の中に沈んだマッキンレー山もかすかに淡く浮かび上がっている。広大なルース氷河源流の雪原に夜の影が射《さ》し始めていた。

ベースキャンプからスキーで一気に氷河へと下りてゆく。毎年やって来るルース氷河だが、こんな美しい月の夜はじっとしてられない。四〇〇〇から六〇〇〇メートル級の高山に囲まれた夜空はまるでプラネタリュームのようだった。その壮大な無機質の世界の中で、雪を滑るスキーの音だけが聞こえている。

三十分ほど下ったところでスキーを止めた。ここから先は波うつような雪原が続いている。深雪の下に無数のクレバスが隠されているのだ。

軽ザックをおろし、テルモスのコーヒーをカップに注いだ。夜の氷河はシーンと静まりかえり、ぼんやりと眺める暗黒の夜空を流れ星が落ちてゆく。時おりどこからか雪崩《なだれ》の音が聞こえていた。この氷河に来るたびに、ジニー・ウッドが語ってくれた遠い昔のある登山のことを思い出す。

今から四十年前の一九五四年、このルース氷河を四人の若者が通り過ぎ、難攻不落とされたマッキンレー山のサウスバットレスへと向かっていた。彼らはまだ誰も成し得なかったマッキンレー山を南面から登り北面へと抜けるルートを捜していたのである。

四人のアラスカの若者は、エルトン・テイラー、ジョージ・アーガス、レス・ベリック、そしてモートン・ウッド（通称ウディ）、つまり結婚したばかりのジニー・ウッドの夫である（余談になるが、レス・ベリックは、後にビル・プルーイットと共にプロジェクト・チェリオットと闘い、アラスカ大学を追放されてゆく植物学者である）。

パーティのリーダーはエルトン・テイラー。彼はマウント・ヘスの初登をした屈強のクライマーだった。約一カ月半をかけて南面からの登頂に成功するこの登攀《とうはん》は、マッキンレー登山史上に歴史的な足跡を残すことになるのだが、この若者たちにはそんな野心など何も無かった。ジニー・ウッドは当時を振り返ってこんなふうに回想する。

「彼らはただ誰も足を踏み入れたことがないルース氷河の源流を出来る限りたどってみたかっただけなの。マッキンレーの頂上に立つことさえどうでもよかったのよ。当時不可能とされていたサウスバットレスもどこまでゆけるか試してみたかったのね。とにかく歴史的な登山をしようなどという気持ちなどまるでなかった。むしろ自分たちの登山がニュースになることをとても避けていた。あの悲劇的な事故さえなければ、彼らはあの登山をどこにも発表することなく思い出の中にしまっておいたかもしれない……。とりわけエルトンは山に対してスピリチュアルな繫《つな》がりを心の中に秘めていた男だった」

一九五四年四月十七日、四人の若者たちはアラスカ鉄道を降り、まだたっぷりと残雪に覆《おお》われた早春の原野をルース氷河に向かって歩き始めた。五日後にルース氷河のベースキャンプ予定地点にたどり着き、そこでジニー・ウッドが残りの一カ月分の食料をセスナからフードドロップすることになっていた。

四月二十二日、ルース氷河を約束の場所に向かって飛んでいたジニーは、途中の雪原に大きくＳＡＴと書かれた文字を見つける。彼らは氷河にたどり着く前に、早春の川の渡渉などで苦戦を強いられ、ベースキャンプにたどり着くのは予定より二日遅れた土曜日になるとのサインだった。

四月二十四日早朝、再びルース氷河に飛んで来たジニーは、無事ベースキャンプを氷河上に見つけ、午前中に二度のフードドロップをする。

「あの日、アラスカ山脈は雲ひとつ無く晴れ上がり、マッキンレーの巨峰が青空の中に浮かび上がっていた。セスナでルース氷河に入ってゆくと、切り立った両側の山々をおおう氷が手の届きそうな距離で青く輝いていて、何か現実の世界とは思えなかった……」

迷路のように口を開けたクレバス、不意に襲ってくる大雪崩……。若者たちは未踏のルース氷河源流を少しずつつめながら、やがて不可能とされていたサウスバットレスに取り付いていった。

「最後のフードドロップをした後も、何度かベースキャンプを空からチェックしに行ったの。戻って来てはいないかと思ってね」

記録へのこだわりなどない。四人の気持ちはみな同じだった。左からモートン・ウッド、エルトン・テイラー、レス・ベリック、ジョージ・アーガス。

サウスバットレスは彼らが想像していた以上に険しく切り立っていた。氷の状態も不安定で、アイゼンをけり込むには固過ぎ、ビレイのピトンを打ち込むには柔らか過ぎた。その日その日のテントを立てるだけの平らなスペースさえ見つからなかった。しかし若者たちは蜘蛛《くも》のようにはりつきながらマッキンレーの南面を登ってゆく。何度か吹雪が襲ってきたが、彼らは寒さの中で身を守ってゆくことに関しては誰もがエキスパートだった。そしてエルトンの妻、バーニーが、この登山のために作った手製のテントは頑丈であった。

やがて三週間も過ぎようとする五月十日、彼らはサウスバットレスの稜線《りようせん》を目の前にして最大の難関にぶつかってしまう。両側がすっかり切れ落ち、目の前には巨大な雪庇《せっぴ》が覆いかぶさるように立ちはだかっていたのだ。彼らはそんな雪庇をこれまで見たことがなかった。それは雪ではなくて氷なのだ。つまり小さな氷河が空からぶら下がっているのである。

リーダーのエルトンはもうここまでだと思った。なぜならこの氷の雪庇を越えなければ稜線に出ることは出来ず、そんなことは不可能だったからだ。が、さらに登って巨大な雪庇の下に近づいてゆくと、何ということだろう。まるで誰かが導いてくれるように、そこに小さな氷のトンネルが続いていたのである。

彼らはキツネにつままれたような思いでその氷のトンネルに入ってゆく。ある箇所はザックを押しながらはいつくばって進まなければならないほど狭かった。が、ある箇所は大きく開け、まるで氷の鍾乳洞《しょうにゅうどう》のような世界が広がっていた。やがて光が強くなってくると、突然眩《まばゆ》いばかりの太陽を浴び、彼らはサウスバットレスの稜線の上に立ったのだった。そこからしばらく進むと、目の前にはマッキンレー山の北面が切れ落ちていた。南面から登った初めての人間がマッキンレーの稜線に立ったのだ。

翌日は穏やかな一日となった。午前七時、軽ザックに昼食を入れてキャンプを出たパーティは、午後二時にはマッキンレー山頂に立ち、四時半にはキャンプに戻っている。それはまるでハイキングのような一日だった。なぜなら、彼らはあまりに長い間山を登っていた為《ため》、すっかり高度順化が出来上がっていたのである。

五月十六日、稜線上のキャンプをたたみ、彼らは北面のマルドゥ氷河の下降を始めた。それは決して難しいルートではなかった。遥《はる》か下界には懐《なつ》かしいマッキンレー国立公園の原野が広がっていた。ただひとつの気がかりは、エルトンのアイゼンが外れやすくなっていることだった。そのうえ急峻《きゅうしゅん》な氷河上の雪の状態も不安定だったのである。その時、ザイルのトップはジョージ、そしてウディ、レス、エルトンと続いていた。

突然、エルトンが滑り落ちた。目の前を落ちてゆくエルトンを見ながら、誰もが瞬時に確保の体勢に入った。が、アイスアックスを打ち込む氷の状態は悪く、残りのパーティ全員が次々に引っ張られながら落下していった。

一体どれだけの時間を落ち続けたのだろう。ウディは雪の中をものすごいスピードで滑り落ちながら、何度か空を飛び、やがて深い雪の中にたたき込まれて止まったのを覚えている。しばらくして意識が戻ったウディは、雪まみれの中で叫びながら仲間を捜した。少し上部でレスを確認し、ジョージもケガをしているようだが生きている。そしてエルトンは？

雪壁からザイルにぶら下がっていたエルトンはすでに息絶えていた。ウディは深い絶望感に襲われる。が、とにかく動き出さなければならなかった。夕暮れが迫っていたのである。軽傷ですんだレスと共に散らばった装備を集め、やっとテントを立て、骨盤を外したらしいジョージをその中に横たわらせた。彼らはジョージが少しでも動けるようになるまで一週間をテントの中で過ごしたが、回復の見込みはなさそうだった。何度かジニーのセスナの爆音が聞こえたが、彼らの場所を見つけることは出来なかった。
「私は山の稜線上を十メートルぐらいの高度で飛びながら彼らを捜していたのよ。何かが起きたことはわかっていたから。でもね、アラスカという土地はとても大きいの、ルートを外れてしまったらもうなかなかわからないのよ」

ウディとレスは、エルトンの遺体をそこに残してゆくことに心が痛んだが、ジョージを寝袋で包み、氷河をすべりおろしながら脱出することを決める。無数のクレバスが散らばる氷河をそんな状態で下降してゆくことは危険に満ちていた。が、彼らは驚くべき

この歴史的登山を空からサポートしたジニー・ウッド。

執念でマッキンレー北面を下りてゆくのである。

しかし下りるスピードはなかなか上がらず、食料と燃料が底をつくのも時間の問題だった。二人はマルドゥ氷河下部で、ジョージを残りの食料と共にテントに残し、出来る限りのスピードで山を下りて助けを求めることにした。そして二日後、ほとんど眠らない状態でマッキンレー国立公園側にたどり着いたウディとレスは、即座に救援隊を組み、再びマルドゥ氷河に向かうのである。

そしてジョージ・アーガスは救出された。しかし、まだ未明のマッキンレー登山史上におけるこの決死の救出行は、南面から北面への初横断の成功と共に、若者たちの思惑を離れ、『タイム』や『ライフ』の雑誌が大きく取り上げながら全米へと報道されていった。

「エルトンをあの場所から引き下ろすことだけは出来なかった。リスクが大き過ぎたの。それにね、エルトンはマッキンレーで眠っているのを望むだろう、と誰もが思ったの」

その後、マッキンレーの南面をこのルートから登った者は誰もいない。あまりに困難で危険過ぎるのだ。彼らのたどった足跡も時の流れの中に埋もれていった。

その事故から四十年の歳月をへた秋の日のことである。マッキンレー山の麓《ふもと》にあるロッジ、キャンプ・デナリの客の中に一人の年老いた女性がいた。この歴史的なロッジは、遠い昔にシリアとジニーが建てたもので、現在はオーナーが替わっているが、二人は毎

屈強のクライマー、エルトン・テイラーは、純粋に山を愛した男だった。マウント・ヘスの初登を果たしたほどの登山技術がありながら、これが彼の最後の登山となってしまった。エルトンの魂は今もマッキンレーに眠っている。

夏キャンプ・デナリを訪れている。そしてたまたまこの夜、ジニー・ウッドはそこに居あわせていた。が、ジニーはその年老いた女性が誰なのかは知る由《よし》もなかった。

「実は今、エルトンの未亡人、バーニーが来ているの……」

と耳打ちされたジニーは、一瞬その言葉を信じることができなかった。そして二人は四十年ぶりの再会を果たすのである。

キャンプ・デナリでは、夕食が終わるとそれぞれの客が皆の前で自己紹介をするのが恒例だった。しかし、今日は特別な夜である。ジニーがこの一人の老婦人を皆に紹介することになった。

「今夜、ここにとても大切な人を迎えています……」

どのようにあの事故を語ってよいのかわからなかったジニーは、あのパイオニア登山と、エルトンがいかに山を愛していたかだけを話し、後はバーニーに譲った。彼女が立ち上がり、思いつめていたものをゆっくりと吐き出すように話し始めると、ロッジの食堂はしだいに静まり返っていった。

夫のエルトンの遭難の後、バーニーはすぐにアラスカを去っていった。すでに妊娠をしていた彼女は、やがて子どもを生み、エルトンの思い出に一切の封印をした。なぜなら、妊娠していることを知らなかったにせよ、子どもを残して山などで逝《い》ってしまった夫を世間は非難し、成長した息子が父親をなじることを恐れたからである。

バーニーの人生には辛《つら》い出来事が重なっていた。幼い頃の両親の死、夫の遭難、そして不慮の事故により他人の子どもをひき殺してしまった過去。彼女の精神は晩年になって破綻《はたん》をきたしていた。やがて精神科医に最後の助けを求めたバーニーは、自分のこれまでの人生の出来事と本当に向き合ってきたかを問われてゆく。そして夫のエルトンの死にさえしっかりと向き合わなかったことに気付くのだ。そして四十年ぶりにアラスカに戻ったバーニーは、今日、エルトンが今なお眠るマッキンレー山の氷河の上を初めて飛び、若き日のままの夫と語り合い、空から花を落としてきたのだった。

ロッジの食堂は水を打ったように静まり返っていた。その夜の泊まり客だけでなく、コックやウエイター、そしてロッジで働くすべての人々が一人の老婦人の心の軌跡を分かち合っていた。

ジニーはバーニーを誘ってロッジの外に出た。ここからはマッキンレー山の全容が目の前に見えるのだった。残照がエルトンの眠る北面の氷河を赤く染めていた。歳月は二人を老いさせはしたが、今夜だけは遠い若き日の思い出の中にいた。

「アラスカに戻って来て、エルトンのそばにゆけて本当に良かった……でもね、ジニー、私の人生の中でひとつだけどうしても悔やまれることがあるの……それはね、エルトンが父親になることを知らないで死んでしまったこと……」

バーニーはそのことをずっと考えてきたかのように呟《つぶや》いた。ジニーはその意味がすぐにはわからず、少しの間遠い記憶をたどった後、はっきりと言った。

「バーニー、それは違う。あの日、ルース氷河で最後のフードドロップをした時、いくつかのメッセージを入れておいたの。その中であなたが妊娠したことを私は確かに伝えた。だからエルトンは自分が父親になることを知って死んでいったのよ」

バーニーは一瞬言葉を失い、長い沈黙が流れた。やがて彼女の目からは止めどもなく涙があふれていった。

またどこからか雪崩の音が聞こえていた。ぼくは冷えたテルモスのコーヒーを飲み干しながら、月光に照らし出されたマッキンレー山を見上げていた。ルース氷河は、何一つ動くものはなく、ただ限りなく静かな世界だった。

伝説のロッジ、キャンプ・デナリ　一

シリアとジニーにいつか聞いたことがある。アラスカの中で自分の心が離れがたいほど懐《なつ》かしい場所をひとつ選ぶとしたら、それはどこかと……。

「マッキンレー国立公園だろうね」

二人は一瞬考えた後、何の迷いもなく答えたものだった。アラスカ中を飛び回っていたブッシュパイロットの時代が終わり、シリアとジニーの青春はマッキンレー山の麓《ふもと》に広がってゆくのである。

初めてアラスカにやって来た頃、ぼくは夏になるとマッキンレー国立公園（現在のデナリ国立公園。昔からこの土地のインディアンはこの山をデナリと呼んでいた）の山や谷をただひたすら歩いていた。この壮大な国立公園は、アラスカの扉を開いたばかりの自分にとって格好のホームグラウンドだった。国立公園の奥へと入ってゆくにしたがい、マッキンレー山がその容姿を刻々と変えてゆく様は素晴らしかった。サベージ川、サンクチュアリ川、テクラニカ川、トクラット川を越え、広大な峡谷を網の目のように流れるマッキンレー川が見え始めると、あたりをとりまく風景もすっかり変わってくる。

トウヒやアスペンの柔らかな森は消え、アルパインツンドラと呼ばれる木のない世界がどこまでも続き、その空間の広がりにただ圧倒されてしまう。荒々しい灰色の川の流れは氷河の気配を感じさせ、真白なアラスカ山脈の屛風《びょうぶ》のような連なりがどんどん近づいてくる。やがて国立公園奥に位置するワンダー湖にたどり着くが、ここまで来るとマッキンレー山はもう目の前にそびえているようだ。実際はまだ遥《はる》か彼方《かなた》なのに、この山の大きさがそう感じさせるのだろう。そしてこの巨峰はアラスカのどこから見るかによってまったくその姿を変えてゆくが、ワンダー湖からの眺めに優《まさ》るものはない。

もう十六、七年前のある秋の日のことだった。ぼくはワンダー湖からさらに奥へと入り、国立公園の境界線も越えて、紅葉のツンドラをどこまでも歩いていた。ムースクリークという小さな川を渡ってしばらくゆくと、右手の山の上に点のようないくつもの山小屋が見え始めた。何だろうと思いつつ、急な山道を登ってゆくと、一時間ほどで麓から眺めていたなだらかな山の斜面に出た。そこは十数戸の丸太小屋が点在する古いロッジであった。

何と質素で、安らぎをもったたたずまいなのだろう。山小屋の前の小さな池にマッキンレーの白い巨峰が映し出されていた。冬を前に山小屋を閉めるときだったのか、客が泊まっている気配はなかった。しばらくあたりを歩き回っていると、ロッジのオーナーらしき人がやって来た。一体どういう経緯でそうなったのかは、今はもう思い出せないが、お金などないぼくをその晩泊めてくれることになったのだ。そこがパイオニア時代からのアラスカの歴史的なロッジ、キャンプ・デナリであった。そしてそのロッジを建てたのがシリアとジニーだと知るのはそれからずっと後になってからである。

「あの山小屋の前に小さな池があるでしょ。あれがそもそもの始まりなのよ」

そう、すべては一九五一年、シリアがマッキンレー国立公園にジニーを訪ねたある秋の日に始まった。すでにジニーは結婚をしていて、夫のウディはレインジャーをしていたのだった。国立公園とは言っても、当時、地の果てのようなこの場所を訪れる人など数えるほどだった。マッキンレー国立公園未明の時代の話である。

九月のある週末、シリアはフェアバンクスから愛機スノーグース（ハクガン）に乗って、ワンダー湖でレインジャーをしているウディとジニーを訪ねた。素晴らしい紅葉の中、三人はハイキングに出かけることにする。ムースクリークを越えたあたりから、何だか眺めの良さそうななだらかな山の斜面に向かって登り始めた。天候が変わり始め、小雨が降り出してきたが、高度をかせぐにつれて広がってゆく眺望に三人は圧倒されていた。しばらく登ると、ゆるやかな起伏が続く草原に出た。何だか夢心地で歩いてゆくと、紅葉したツンドラの中に何とも可愛《かわい》らしい池を見つける。三人はその池のほとりに腰をおろし、眼下に広がる壮大な風景に見入っていた。双眼鏡をのぞくと、秋の旅を急ぐ小さなカリブーの群れを確認できた。アラスカ山脈の方角はすっかりガスがかかっていた。

「素晴らしい場所だな」

「ここからマッキンレー山が見えるかな」

キャンプ・デナリからマッキンレー山を見る。キャンバステントからスタートしたキャンプ・デナリは、やがてアラスカを代表するロッジとなってゆく。

「もしそうだったら、この池に山が映るのかしら……」

シシリアもジニーも、そしてウディも、この時同じ夢を描いていた。もしここからマッキンレー山が見えるのなら、この場所を手に入れて山小屋を建てよう。将来、この山を見に来る人たちのために、アラスカらしい山小屋を建てよう。

が、その後何日も天気は回復せず、三人はマッキンレーの姿を確認できぬまま国立公園を去らねばならなかった。ウディとジニーは南西アラスカに広がるカトマイ国立公園の初めてのレインジャーに任命されたのである。

しかし三人は、もう一人の友人のレインジャー、レス・ベリックにメッセージを残しておいた。天気が良くなったら、ムースクリークの上の山に登って、そこからマッキンレー山が見えるかどうか確かめるようにと……。レス・ベリックは当時大学を出たばかりの若者だったが、後にウディらと共にマッキンレー山の登山史に残る南面から北面へ抜けるルートを開拓し、さらにはビル・プルーイットと共にプロジェクト・チェリオットと闘い、アラスカ大学を追放されてゆく植物学者である。余談になるが、レス・ベリックは晩年アラスカの植物学の父となり、現在もフェアバンクスで暮らしている。

さて、十月のある日、カトマイ国立公園にいるジニーとウディのもとへ、レス・ベリックから一通の短い手紙が届いた。

〝マッキンレーの眺望、素晴らしく、あの池にも美しく映っていた……〟

三人が思い描いた夢。それは、マッキンレー山を見にくる人々のために、アラスカらしい山小屋を建てることだった。道標を前に、夢をかなえた若き日のジニーとウディ、そしてシリアがいる。

そしてこの山小屋づくりの夢を実現するために行動を開始するのである。シリアは当時のことをこんなふうに回想する。

「今とは時代が違い、それはビジネスというより冒険だったの。誰があの頃、あんな山奥でロッジを始めると思う？　自分たちの力がすべて試されたわ。誰も助けてくれなかったもの。私たちは大工であり、水道管工事の職人であり、医者であり、山を案内するガイドだった」

現在のキャンプ・デナリを考えると、その当時シリアとジニーのもっていたビジョンにただ感服するしかない。あのムースクリークの上の何でもない山の斜面が、半世紀をへようとする今、この地を訪れる人々にとってどれだけ貴重な場所になっているかは言うまでもない。

「キャンバステントからスタートしたのよ、今でも覚えてるわ。一九五二年六月十九日、最初の客がやって来たの。ジュノーからの三人の女性だった。キャンプ・デナリはまだ作っている途中で……というより二十年間いつも途中だったわね……夕方近くまで仕事をしていて、ふと振り向くと三人の客が後ろで立っているの。どうしたのかと思って、突然気がついたのよ。ああ、夕食をつくってもらうのを待っているのかって。あわててプリムスのストーブに火をつけてお湯をわかし始めたの。そんなことまでまだ考えてなかったの……」

彼らは、大工仕事、水道工事、医者、山のガイド……考えられるすべてのことを自分たちの力でこなしていった。クマから食料を守るための貯蔵小屋も丸太を積み上げて建てた。

アコーディオンを弾くウディと、ホッキョクジリスとたわむれるシリア(右頁)。彼らの選んだこの場所は、この地を訪れる人々に、アラスカの大自然の息吹を感じさせてくれる。それは今でも変わらない。

しかしキャンプ・デナリは、シリア、ジニー、ウディだけでなく、友人たちをはじめ、客さえもいつのまにかスタッフになりながら、さまざまな人間を巻き込んでゆくのである。つまりこの小さな山小屋は、まだ未明のアラスカで、さまざまな人々の出会いの場所となっていった。そしてキャンプ・デナリの渦に巻き込まれた人々の輪が、後になって、キラキラと光るアラスカのひとつの潮流となっていったような気がしてならないのだ。

今は亡《な》きアラスカの伝説的な動物画家、ビル・ベリーは、キャンプ・デナリの最初のコックであった。彼はビル・プルーイットの書いた極北のナチュラルヒストリーの古典“Animals of the North”のさし絵も描いている。そして何度も書いたが、レス・ベリックはビル・プルーイットと共に、アラスカの歴史の大きな転換期となった、プロジェクト・チェリオットをつぶす中心人物になってゆく。『マッキンレー山のオオカミ』の著者であり、アラスカの生物学におけるパイオニア、ミュリー兄弟。マッキンレー山域の初めての地図を作成した著名な地理学者、ブラッドフォード・ウォッシュバーン。アラスカ山脈の伝説的な山岳パイロット、ドン・シェルドン……彼らもまたキャンプ・デナリの渦の中にいた人々である。

そしてローカルなことで言えば、フェアバンクスの山道具屋の老主人クレム。この年老いたアルピニストほどフェアバンクスの若者たちに慕われた人はいないだろう。きびしさとありあまる優しさをもったクレムを誰もが愛し、ぼくたちは何でもクレムに相談に行ったものだ。

「こんな高いものは買う必要はない。うちではなくて、他の店にもっと安いものがあるから」

などと、相手の目をじっと見つめて、いつもその人間のために的確なアドバイスをしてくれた。クレムの店はフェアバンクスの人々の誇りなのである。

そのクレムもまた、若者だった遠い昔、ドイツから憧《あこが》れのマッキンレー山に登りに来た年、キャンプ・デナリのジープを運転していたジニーに、ヒッチハイクをしている時拾われたのだ。ジニーはその日のことをこんなふうに思い出す。

「小さなジープには、スタッフも、これからキャンプ・デナリに行く客も乗ってたの。クレムは英語もほとんど話せなかったけど、皆がとても気に入ってしまって、この男をキープしようということになったのよ」

そしてクレムはそのままキャンプ・デナリのスタッフとなってひと夏を過ごし、ドイツに帰ることなくアラスカに移住してしまうのである。

とにもかくにも、キャンプ・デナリの最初の年、一九五二年は何とか終わっていった。以下はその年の客たちに送ったクリスマスカードである。

愛機スノーグース、操縦するのはもちろんシリア。ワンダー湖が着水場所となる。

キャンプ・デナリを建て始めた頃、野営をしているのはジニー。

〝メリークリスマス
私たちの長年の夢だったキャンプ・デナリがやっと現実となりました。原始的なもてなしではありましたが、皆さんがそれを楽しんでくれたことを感謝しています……今年はハーバード大学山岳部をはじめ、六つの登山隊の世話もしましたが、山好きなウディにとってはとても辛《つら》かったようです。とうとうウディはがまんが出来なくなり、ホストであることも忘れ、カナヅチとノコギリの代わりにアイゼンとピッケルを手にし、ハーバード大学山岳部のメンバーと共にサンセット氷河のピークCの初登を果たしました……今はもう極北の冬がやって来ていて、長い夜をオーロラが舞っています。一九五三年にまた会いましょう、お元気で。
キャンプ・デナリ
シリア、ウディ&ジニー〟

シリアはよく言っていた。自分は最初環境保護論者でも何でもなかったと……その彼女が、やがてアメリカの経済政策の中に組み込まれながら開発か自然保護かで激動の時代を迎えてゆくアラスカでリーダー的な存在になっていった。そしてさまざまな活動をへて、一九七六年、シリアは女性として初めて、アメリカで最も権威のある自然保護団体、ウィルダネスソサエティの会長に就任して中央の舞台に出てゆくのである。その背景には、このキャンプ・デナリでの二十数年間の中で培《つちか》われたアラスカの自然への想《おも》いがあったように思う。

が、今はまだ、アラスカが大きく揺れ動いてゆく前の、古き良き時代の中のキャンプ・デナリの物語を続けたい。

伝説のロッジ、キャンプ・デナリ　二

三機のセスナが、それぞれの高度からアラスカ山脈を覆《おお》う雲の切れ間を捜している。ヘッドフォンからパイロットたちの声が聞こえていた。

「今、高度二千メートルを飛んでいる……」

「入れそうか？　こっちはまったく閉ざされてしまった！」

「雲がどんどん動いている。もう少し時間がたつと、短い間だが雲がわずかに切れるかもしれない。トライしてみるか？」

「オーケー、高度を上げてゆく……」

岩と氷の針峰群がガスの間から現れては消えてゆく。山が迫ってくると、真っ青な氷河の断面が、手が届きそうな距離でたれ下がり、岩壁はまっすぐ数千メートルの高さで切れ落ちている。後部座席の子どもたちを振り返ると、二人とも窓ガラスに顔をつけたままあたりの風景に圧倒されている。ぼくは隣に座るパイロットのジェイとマイクで話していた。

「無理だろうか？」

「雲が切れてルース氷河が少しでも見えれば入ってゆけるだろう」

アラスカ山脈の核心部へ近づいてゆくと、ガスが次第に薄くなり、懐《なつ》かしいルース氷河源流の広大な雪原が眼下に見えてきた。セスナは大きく旋回しながら、まだたっぷりと雪に覆われた氷河上のスロープへ着陸していった。

　毎年三月、日本の子どもたち十数人をアラスカ山脈のルース氷河へ連れてくる。夜の氷河でキャンプをしながら星やオーロラを見るのだ。四〇〇〇～六〇〇〇メートルの高山に囲まれたルース氷河源流に降り立つと、そのスケールの大きさに子どもたちはどうしていいかわからない。そして三月とはいえ、ここはまだ極北の高山の冬である。

「スゲエナー！」

「ここ氷河の上なの？」

「あれ、あんなところに小屋があるよ……」

「これからみんなでベースキャンプをつくるところだよ。昔、このアラスカ山脈を自分の庭のように飛んでいたあるパイロットが建てたんだ……」

　アラスカで会ってみたかった人がいた。が、ぼくは間に合わなかった。一九七五年、彼はガンでこの世を去ってしまったのだ。ドン・シェルドン……マッキンレー山域でひとつの時代を築き上げた伝説のブッシュパイロットである。

　シリアとジニーが山小屋、キャンプ・デナリでその青春を送っていた時代、マッキンレー山をはさんだ反対側の町、タルキートナにドン・シェルドンがいた。タルキートナは当時からすでにマッキンレー山を目指すクライマーたちの登山基地であった。ひとつの山をはさんで、同じブッシュパイロットであった彼と彼女らは、深い尊敬と仲間意識

N40237

雲を抜けてマッキンレーに向かうドン・シェルドンが操縦する飛行機。どんなところにでもランディング（着陸）することができたドン・シェルドンは、天性の飛行センスをもっていた。しかし、ときには危険をかえりみず、深雪にはまってしまうような失敗もあった。

で結ばれていた。

「ドンはよく冗談で言っていたわ、〝マッキンレー山の北面はおまえたちの世界だが、南面はオレの世界だからな〟って。でも私たちはとても信頼し合っていて、何か困ったことがあるといつもお互いに助け合っていた。ドンは空を飛ぶために生まれてきたような男で、飛び抜けて優秀な山岳パイロットだったの。そして人を魅《ひ》きつける強い力をもっていた……」

優れたブッシュパイロットとは、その飛行技術だけでなく、さまざまなレベルの客の気持ちや体験をどれだけ同じ立場に立って、その苦しみや感動を互いに分かちあうことができるかのような気がする。客を運ぶために飛ぶだけのパイロットならいくらでもいる。しかしドン・シェルドンには人を思いやるという強い力があったのだろう。だからこそ彼と飛んだたくさんの人々がかけがえのない想《おも》い出をもちえたのだ。

一九三八年、ドン・シェルドンがタルキートナにやって来てから、彼がこの世を去るまでの三十七年間、マッキンレー登山の多くはこのパイロットによってサポートされた。それはこの山にとって、そしてクライマーたちにとって何と幸福なことだったろう。リカルド・カシン率いるイタリア隊のマッキンレー南壁初登、ライオネル・テレイ率いるフランス隊のハンティントン初登……彼らはドン・シェルドンの温かな視線を背後に感じながら登っていたに違いない。そしてこの山で起きた無数の悲劇。そこにもまたドン・シェルドンがいたのである。

一九七二年六月、ドン・シェルドンは五人の日本の女性隊をカヒルトナ氷河に運んだ。彼女たちは女性だけによる初めてのマッキンレー登頂を目指していた。山のような荷を担《かつ》いで氷河上を歩き始めた小さな彼女たちを、ドン・シェルドンは上空から見下ろしながら一抹の不安を感じたという。天候が崩れた時のこの山の寒さ、風の強さを彼女たちは本当に理解しているだろうか。〝東洋からやって来た五つの小さな花〟と彼が呼んだほど、彼女たちは壊れやすい小さな人形のように見えたのだ。そして一週間後、最後の頂上アタックに向かった三人が行方不明になり、遺体が見つかるまでの十日間、ドン・シェルドンは毎日のように目をこらしながら彼女らがたどったルートを飛び続けた。その飛行時間は、残された二人が払い切れないほどの莫大《ばくだい》な捜索費用となってしまった。遭難という精神的重圧の中で苦しむ二人を支えながら、ドン・シェルドンは妻のロバータと相談し、その費用を一切請求しないのである。

シリアはこんなふうにも回想している。

「ドン・シェルドンは偉大なパイロットだったというだけでなく、山や空という無機質な世界をヒューマニズムの世界に変えていた。つまり彼がいることで、マッキンレー山もその空も生き生きと輝いていたのね」

短かったドン・シェルドンの生涯の中で、最も大きな出来事は、科学者ブラッドフォ

マッキンレーの空を飛び続けたドン・シェルドン。なし遂げた偉業の数々を知るだけで、いかに彼が優れた山岳パイロットであったかがわかる。しかし、人々がドン・シェルドンの名を残そうとした理由は、彼がルース氷河のような懐の深い心を持った魅力的な人物だからかもしれない。

ード・ウォッシュバーンとの出会いだろう。ウォッシュバーンはハーバード大学一年生の時すでに、フェアウェザー登山隊のリーダーとしてアラスカにやって来ていて、一九三六年までに五回のアラスカ遠征隊を率いていた。その中にはマウント・クリロン初登、セントエライアス山脈を真冬に犬ゾリで横断するという足跡も残している。つまり一九五一年夏、ドン・シェルドンが初めて彼に会った時、ウォッシュバーンは科学者というだけでなく、一流のクライマーだった。余談になるが、マッキンレー山初の女性登頂者バーバラ・ウォッシュバーンは彼の妻である。

当時ウォッシュバーンは科学者としてのひとつの夢を抱いていた。それはまだ誰もやっていなかったマッキンレー山域の詳細な地図を作るということである。その為《ため》にはこの山域のあらゆる未踏の氷河、高山の斜面に着陸しながら測量を繰り返すことが必要だった。これは十五年という歳月を要する壮大なプロジェクトになるはずだった。ウォッシュバーンはこの計画を共にやり遂げるパイロットを捜していた。

その夏の日、初めてドン・シェルドンという若者に出会ったウォッシュバーンは、ルース氷河への飛行をし、この若者の天性の飛行技術に魅せられてゆく。空気が極めて薄い、高山での飛行は特別なセンスが要求された。が、ドン・シェルドンはウォッシュバーンが望むどんな場所へも冷静にランディングしていった。

ルース氷河源流に着陸したドン・シェルドンは、小さな岩峰の上に腰かけながらウォッシュバーンの夢に耳を傾ける。そこは後にドン・シェルドンが小さな岩小屋を建てることになる彼の最も愛する場所だった。その日の夕暮れ、タルキートナに戻った二人は、それぞれが互いに無言の結論を下していた。ウォッシュバーンはずっと捜していたパイロットを見つけたのだ。優れた飛行技術だけでなく、この若者が彼の夢に限りない興味を示したのを感じとったのである。そしてドン・シェルドンもまた、この優れた科学者から山岳飛行の為に必要な膨大な知識を吸収できるのではないかと感じていた。

その夜、アンカレッジに戻ったウォッシュバーンは、旧友のボブ・リーブにドン・シェルドンのことをこう語っている。

「あの若者のことはずっと耳にしていたが、あいつはいつか山で命を落とすか、そうでなければ信じられないほどの優れたパイロットになってゆくだろう」

ボブ・リーブは、氷河への着陸に初めて成功したアラスカの山岳飛行のパイオニアだった。そしてドン・シェルドンは後に彼の娘ロバータと結ばれるのである。

マッキンレー山の歴史の中で、ウォッシュバーンとドン・シェルドンが組んで残した仕事ほど大きなものはないだろう。あらゆるピークの標高を測り、あらゆる氷河を測量し、現在私たちが見ているマッキンレー山域の地図を作り上げたのである。そしてシリアとジニーのキャンプ・デナリもまた、この当時彼らの大切なベースキャンプになっていた。

ドン・シェルドンは三十七年間マッキンレー山域を飛び続け、一九七五年一月、わずか五十三歳でこの世を去った。タルキートナの墓地に彼が埋葬された冬の朝、ずっと雲に覆われていたアラスカ山脈の雲が切れ、マッキンレー山が紺碧《こんぺき》の空に浮かんでいたという。牧師の弔辞が終わった瞬間、どこからか爆音が聞こえてきたかと思うと、アラスカ民間飛行協会のパイロットたちがすばらしい編隊を組み、墓地の上を低空飛行で通り過ぎていった。そしてちょうどタルキートナ駅を出ようとするアラスカ鉄道のオーロラ号も、汽笛を三度鳴らしながら、このブッシュパイロットと別れを告げた。

当時のアラスカ州知事ジェイ・ハモンドは、この日アメリカ連邦議会にマッキンレー山域のどこかにドン・シェルドンの名前を残すことを申請している。そして彼がこよなく愛し、小さな岩小屋を建てていたルース氷河源流にドン・シェルドンの名前が与えられたのだ。

ぼくはドン・シェルドンに会うことはできなかった。けれども、ひょんなことから彼の未亡人ロバータと知り合っていた。日本の子どもたちの為に、ルース氷河源流のシェルドン小屋を使わせてもらえないかと相談に行ったのがきっかけだった。

ドン・シェルドンがそうだったように、ぼくにとってもルース氷河はマッキンレー山域の中で最も好きな場所だった。毎年三月になるとここにやって来た。いつしかこの体験を誰かと共有したいという思いが抑えがたくふくらんできた。夜の氷河でキャンプを

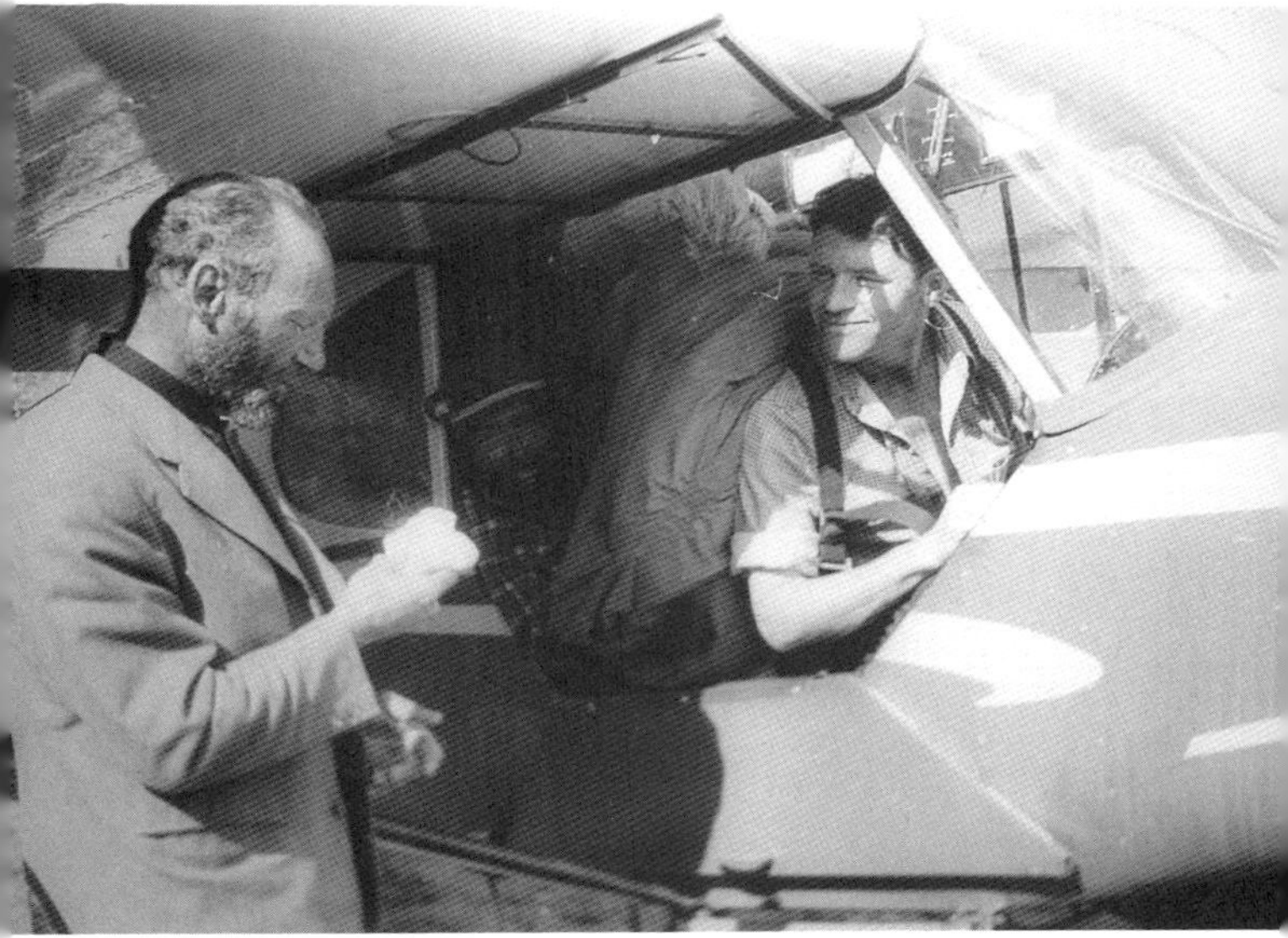

南壁初登頂後、成功を喜びあうイタリア屈指のクライマー、リカルド・カシンとドン・シェルドン。

しながら、ぐるりと高山に囲まれた夜空にオーロラや降るような星を見る……そんな夜を子どもたちに体験させられないだろうか、こんな場所に、それも極北の冬の高山に子どもたちを連れてくるのは危険過ぎるだろうか。いや、大丈夫だ。ドン・シェルドンの小屋があるではないか、天候がどうしようもなく荒れたら、この小屋に逃げ込めばいいではないか。そしてロバータと何度も話し合った後、この小屋を使わせてもらうことになったのだ。

生前会うことができなかったドン・シェルドンを、ぼくはロバータを通して少しずつ近く感じ始めていた。ロバータの中にドン・シェルドンの影が深く落ちていたからだ。

「ドンが死んだ後、誰もが、私がタルキートナを去ると思っていたのね。タルキートナは田舎だし、私は都会育ちだったから……でも私はここで骨をうずめるの。ここからはマッキンレー山が見えるし、町へ戻ることなど考えたこともなかった」

十数人の日本の子どもたちがルース氷河源流の雪の斜面を登ってゆく。小さな岩峰上にある山小屋までもうひと息だ。視界はどんどん開け、広大な氷原を眼下に見下ろしている。ムーストゥース、マウント・バレル、そしてマッキンレーがあたりをぐるりと取り囲んでくる。四〇〇〇～六〇〇〇メートル級のすばらしい岩と氷の高山だ。どこかで雪崩《なだれ》の音が聞こえている。極北の風がほおを撫《な》でてゆく。私たちは焦《あせ》る気持ちを抑えながら、シェルドン小屋の扉を今年も開けてゆく。

タルキートナの町にあるドン・シェルドンの飛行機格納庫。

タクシードライバー

ボートのエンジンを切ると、秋の原野のしみいるような静けさに包まれた。漂い始めたボートのすぐわきを、三十センチほどのグレイリング（カワヒメマス）が悠々と泳いでゆく。極北のこの美しい魚は、太古の昔から釣り針というものを見たことがないのかもしれない。

ジャケットを着込み、ミトンをはめ、毛糸の帽子を深くかぶり直す。九月のコバック川を吹き抜ける風は切るように冷たい。数百羽のカナダヅルの群が空高く弧を描きながら南へと向かっていった。

ぼくは西部アラスカ北極圏を流れるコバック川を下っている。ブルックス山脈にその水源を発し、チュコト海へと流れ込む全長五百キロにも及ぶこの川沿いには、わずか五つのエスキモーの村が散在するだけだ。ノルビック、カイアナ、アンブラー、ショグナック、コバック……その人口はきっと千人にも満たない。

「早春の頃、雪解けと共にこの川が流れ始めるだろ。その時の風景がすさまじいんだ。押し合いながら流れてゆく氷の上に、時おりカリブーが取り残されていることがある。春の季節移動でちょうど川を渡っている時に氷が動き始めてしまったのさ。カリブーは氷の激流に飛び込むことも出来ず、その流れの中で呆然《ぼうぜん》と立ち尽くしているんだ。いつかあの風景をミチオに見せてあげたいよ」

川が大きく蛇行するたびに動いてゆく秋の原野を眺めながら、この土地で生まれ育った友人のセス・キャントナーのことをふと思い出していた。この川を下り始める数日前、エスキモーの町コッツビューで、久しぶりにセスと会っていたからだ。変わりゆくアラスカで、この原野の未来に想《おも》いをはせるセスの気持ちを痛いほど感じていた。いつの日か近代化の波がこの土地にも押し寄せ、今自分が眺めている未踏の原野の広がりは伝説となるだろう。そんな時代の足音に耳をすませながら、ぼくは秋になるとカリブーを求めてコバック川流域を旅してきた。そしてどうしてもセスとこの原野の未来が重なってしまうのだ。ぼくはセス・キャントナーほど、遠い昔のエスキモーの心をもった若者も知らなかった。が、セスはエスキモーではなく、白人だった。

一九六五年、セスはアンブラーの村から三十キロほど下流の原野で、ハウイ・キャントナーの次男として生まれた。ツンドラの土で作ったイグルーの中でである。アラスカ大学を卒業したばかりの両親は、狩猟だけによる原野の生活を求め、コバック川流域に移住してきたのだった。エスキモーの暮らしも大きく変わりつつある時代の中で、キャントナー一家は人々が捨てていったこの土地の古い価値観を受け継いでいった。コバック川流域のエスキモーは、この家族の暮らしを不思議な思いで見つめていたに違いない。

しかし十年前、脳腫瘍《のうしゅよう》を患《わずら》った母親のアーナは寒い土地で暮らすことが出来なくなり、父親のハウイと共にハワイ島へと移住していった。何年か前、ぼくは二人をハワイへ訪

エスキモーの暮らしが大きく変わる。セスの両親がアラスカ大学を卒業してコバック川流域に移住したのはそんな時だった。エスキモーたちが捨てた伝統的な暮らしを白人のキャントナー一家が受け継ぐ。写真はセスが生まれた土のイグルー(右頁)、そして左側にいるのは父ハウイ。

ねたが、狩猟民が農民になっただけで、自然の中でシンプルに生きる暮らしは何も変わってはいない。

長男のコールも原野を去り、それまで一度も学校というものへ行ったことがなかったのに、アラスカ大学へ一番の成績で入学していった。その時のフェアバンクスの新聞社のインタビューを思い出すと今でも笑ってしまう。

「君は一体北極圏の山の中で今まで何をしていたのですか？」

ぼくとつなコールは質問の意味がよくわからなかったのか、

「……生活をしていました」と答えるのである。

コールは大学卒業後、ピースコア（アメリカの青年海外協力隊）に参加し、アフリカへと渡っていった。

そしてコバック川の原野にはセスだけが残された。誰よりも狩猟民の血が色濃く流れていたセスは、この原野から離れられなかった。大地の恵みと共に生きる暮らしは、セスにとって夢でも理想でもなく、子供の頃からのただあたりまえの現実だった。何か特別なことがあるとすれば、セスがそのあたりまえの現実をこよなく愛していたことだった。

が、大人になるにしたがい、セスは自分の知らないもう一つの世界と向き合ってゆかなければならなかった。誰よりもエスキモーのように育ったのにエスキモーではなく、白人の顔をしているのに白人ではない。セスのジレンマは少しずつ膨らんでいった。子供の頃からのセスを知っているぼくはあらゆるものが変わりつつある時代の匂《にお》いを、どうしても世界と折り合いがつかぬ彼の苦悩の中に感じることができた。そしてセスの素晴らしさは、その苦悩を彼独特のユーモアに転化できる力だった。

もう何年も前、フェアバンクスにひょっこり出てきたセスは、何の因果からか、夏の一時期をタクシードライバーとして働いたことがあった。それは好奇心にあふれる子供が、見知らぬ世界を探検しようとするような行為だったのだろう。セスはその時の体験を初めてひとつの文章としてしたためた。それは乗り込んでくるタクシーの客を、エスキモーの精神世界をもつセスの視点で描きあげたものだった。

〝タイトなジーンズとコットンシャツを着た二人の白人娘が、ショッピングセンターの駐車場を風を切って駆けてゆく。ほんの数秒前まで、フェアバンクスの町の暮らしに嫌気がさし、北極圏の原野に今すぐ帰ろうと思っていたことを、おれはもうすっかり忘れている〟

という書き出しで始まるストーリーは、その最初の一文でセスの立場がよくあらわれている。白人は、白人の女性を決して白人の女性とは呼ばないからである。

〝映画の中のタクシードライバーのように、片ひじを窓わくにかけ、たった一本の指でハンドルを回している。車はミッドナイトサン・タクシー社18番。まあまあうまくやっている。足もとのアクセルとブレーキを間違えないよう、必死で気持ちを集中して運転していることを客が知ったなら、きっと内臓に弾をくらったカリブーのように飛び上がってしまうだろう〟

タクシー会社はどうやらセスが車を運転できるのかどうかも確かめなかったらしい。

〝すぐ隣に座る老婦人の客は片時もメーターから目を離さない。彼女は恐しく紅《あか》い口紅をつけ、頭はナンシー・レーガンのあの髪形だ。そしてこの手は絶対チップを払わない。この四週間でもうその見分けはつく……〟

セスは何かが違う自分のことを老婦人がうさんくさそうに見ているのを感じている。それらしい振る舞いをしようとすればするほど、なぜか泥沼に入ってゆくのだ。そしてセスはどうしてこの老婦人がいい顔をしていないのかを考え、老いてゆくことが無用な存在になってゆくアメリカ社会と、それが重要な存在になってゆくエスキモー社会との違いを感じてゆく。

ストーリーは、この老婦人をショッピングセンターで降ろした後、涙ぐましい努力であの少々飛んでいる二人の白人娘をタクシーの客として乗せることで進んでゆく。セスはガールフレンドが欲しかったのだ。この白人の娘がセスのことを振り向きもしないことがわかっていても、人間らしい言葉を交わしてみたかったのだ。その心の軌跡がセスのナイーブな感覚で語られてゆく。

しかし強い夏の日射《ひざ》しで良く見えなかったのか、乗り込んできた白人娘の一人は赤ん坊を抱えている。そればかりか、途中でボーイフレンドの家に立ち寄った二人は、わずかの間だがタクシードライバーのセスに赤ん坊のお守りを頼んでゆく。後部座席を振り返り、複雑な思いでその子をあやしていると、赤ん坊のひょんな動きから、娘の置いていったバッグの中の財布がこぼれ落ちてしまう。それを拾い上げようかセスが迷っている時、二人が戻って来ると、セスに思いもよらぬ嫌疑がかかるのである。その疑いが晴れた後も、気まずい空気の中でセスは二人を乗せてタクシーを運転してゆく。その途中、路上で酔いつぶれているエスキモーのわきを情けない思いで通り過ぎた後、あれは自分が子供の頃に世話になったアンブラー村の知り合いではなかったかと気付いたりする。

セスのストーリーには、白人社会とのギャップと、変わりゆくエスキモー社会に対する悲しみが、どちらにも属することができない自分自身の想いの中で生き生きと描かれていた。原野で育った自分と、目まぐるしく変わる世界との間に、どうしてもブリッジがかけられないのである。かつてその橋を捨て、ある理想をもってこの土地に入植した両親と違い、アラスカも時代もセスと共に動いてはいなかったのだ。

毎年夏、アラスカ中の著名な作家がシトカの町に集まるフェスティバルがあった。約一週間にわたり、詩、散文、小説が人々の前で朗読されるのである。ある年、シトカのフェスティバルから帰ったシリアが言ったことを今でも覚えている。

「今年一番素晴らしかったのは、原野で育った若者が恥ずかしそうに読んだタクシードライバーの話だった」

この話には余談があり、帰りの船の中で偶然セスと話す機会を得たシリアは、彼の父親のハウイと遠い昔に出会っていることを知る。三十年前、ハウイは原野に生きる仲間と共にマッキンレー山に登っていて、その時氷河の上にフードドロップしたのがシリアとジニーだった。シリアはキャントナー家のことを深い尊敬を込めて思い出していた。

セスは白人のステイシーと今年結婚した。二人は今、コッツビューで、セスはエスキモーの人々に野菜の栽培を教えながら、ステイシーは町の小さな図書館で、夏の一時期の仕事にたずさわっている。それが終われば、コバック川の原野の家に帰ってゆく。

九月のコバック川を下りながら、つい数日前、コッツビューの浜辺で暮らす二人のテントで過ごした夜のことを思い出していた。セスの言った言葉が忘れられなかったのだ。

「ミチオ、いつかコバック川の家を失うかもしれないな。国立公園のレインジャーが火をつけて燃やすことができる家のリストにずっと入っているんだ」

一九六〇年代における北極圏の油田発見は、アラスカは一体誰の土地なのかとエスキモーやインディアンの先住民の人たちが立ち上がることにより、これまであやふやだったアラスカの土地所有権の問題に火をつけていった。それはゴールドラッシュなど比較にならぬほどこの土地の歴史の中で大きな出来事となり、アラスカは激動の時代に入っ

コバック川流域のエスキモーたちは、何千年もの間、この川を渡ってゆくカリブーに依存して生活してきた。

ていった。十年近く揺れ動いた土地分割の末、アラスカの原野にはアメリカ合衆国、アラスカ州、先住民との間で見えない線が引かれてゆき、かつてのフロンティアは終わりを告げた。そしていつの間にかセスの生まれ育った原野の家は、地図上に新たに加えられた国立公園の境界線の中に入っていた。セスにとって国立公園ほど恐ろしい存在はなかったのだ。ぼくはコバック川を旅しながら、アラスカの大きな過渡期の渦に巻き込まれてゆくさまざまな人々の物語を聞いてゆきたいと思った。

さらに川を下り続けると、秋の旅で川を下ってゆくいくつかのカリブーの群れに出会った。冬を過ごす南の森林地帯へ向かっているのだ。ぼくの思いはまた雪解けの川の薄氷に立ち尽くすカリブーにもどっていた。なぜならセスもまた、時代という激流に巻き込まれながら、過去と未来という岸のはざまで立ち尽くしているような気がしたからだ。

雪原の郵便配達人

「この土地の古い物語を自分は共有できないんだよ……」

セス・キャントナーは苦笑しながら言った。どんな心の痛みもセスはとりあえず苦笑いしてしまうところがあった。子どもの頃からのセスを知っているぼくは、それがどれだけ彼の心を苦しめていることなのか、ある程度察することができた。

「長い牙《きば》がはえたカリブーの話、内臓を引きずりながら頭だけが泳いでいるホッキョクイワナの話、恐ろしく腕の力が強い原野に潜む小人イヌック、そいつはスヤスヤと寝ている狩人《かりゅうど》の首を絞めるんだ……。子どもの頃、遠い昔からこの土地に伝わるそんな不可思議な話が好きだった。誰だって生まれ育った土地の民話を本能的に自分のものにしているだろ。このコバック川流域のエスキモーの世界に誰よりも属しているはずなのに、それはやっぱり自分のストーリーではないんだ……」

セスがストーブにトウヒの薪を押し込むと、すぐに顔が火照《ほて》ってきた。秋も終わり、ブルックス山脈はもう新雪をかぶっている。さっき小便をしに外へ出た時、うすいオーロラが夜空を舞っていた。ぼくはコバック川のほとりにあるセスが生まれ育った原野の家を訪ねていた。

「本当に世界と隔絶して暮らしていただろ。だから普通の子どもがもつヒーローというものがいなかったんだ。あの頃出会ったコバック川流域のエスキモーの狩人たちをのぞ

セスとステイシーは、夏の間、コッツビューの浜辺にあるテントで、暮らしている。ここでの仕事が終わると、二人はコバック川の原野にある家へ帰ってゆく。

いてはね」

　この旅に出る前、コバック川のセスのところへ行ってくるんだ、とシリアに話した時、彼女はどこか懐《なつ》かしそうに目を細めていた。セスの父親ハウイとシリアは古い知り合いだった。

「セスは実にすばらしい若者ね。キャントナー一家はアラスカの一つの時代を生きた家族なの。自分たちが生まれ育った世界の価値観を捨て、移り住んだ土地に古くからあったそれを選んでいった……」

　ぼくはセスのことを考えると、少し胸が熱くなる。それは二十一世紀を迎えようとする今、彼がアラスカ北極圏の原野で特異な少年時代を過ごしてしまったからではない。白人の血が流れているのに精神的なある部分はエスキモーであることの葛藤《かっとう》、その二つの世界のどちらにも本当には属することが出来ないジレンマ、セスがもつ素朴さと優しさ、原野への離れ難い想《おも》い、そしてセスの想いとは裏腹にアラスカも世界も大きく変わってゆこうとしていること……。そんな様々なことがごちゃごちゃになってセスの未来と重なってくるからだろう。まるで、文明に取り囲まれながら最後の森の中で孤立してゆく少数民族のように……。

　が、セスがいることで、自分の中のアラスカはある輝きをもっていた。人と出会い、その人間を好きになればなるほど、風景は広がりと深さをもってくるように。その夜、ぼくはセスの子ども時代の思い出に耳を傾けていた。それは原野を旅してやって来る一人のエスキモーの郵便配達人の話だった。

「ヘイリー・ティケットのことを思い出そうとすると、きまって、吹雪の夜に雪まみれになってドアに現れた時の姿が浮かんでくる。家の中を黙ってのぞき込み、氷結したオオカミのフードをはらいながら入ってくるんだ。山のような手紙や小包のたばを抱えてね。

実際ヘイリーは郵便配達人なんかではなかった。彼の奥さんがアンブラーの村で郵便局の仕事をしていて……と言ってもヘイリーの小さな丸太小屋に村の郵便がすべて集まるだけの話だけどね……。冬になると父さんはまったく村には出かけなくなるから、小さな彼の小屋が我が家の郵便物でいっぱいになってしまい、ちょうどヘイリーの狩猟への想いが重なると、雪原を犬ゾリで旅するついでに持ってきてくれるのさ。村から五十キロ下流のこの原野の家にね。それは長い冬の間で二、三回のことだったけど、ぼくたちにとっては突然やってくるクリスマスのような出来事だった……」

同じ時代を生きているというのに、セスの話はいつも自分を遠い時代へとタイムトリップさせた。世界はめまぐるしく動いていたが、コバック川の原野で暮らすセスの家族だけが時の流れから降りてしまっていた。

「ヘイリーが黙って家の中に入ってくると、まず最初にマスクラットの毛皮を脱ぎ、ドアのわきに郵便物のたばを置くんだ。そこはとても寒いから、凍りついた郵便物が溶けてびしょびしょにならないからね。

ぼくと兄さんのコールはさっとカリブーの毛皮で作った靴をはいて足を隠してしまう。ヘイリーがいつもぼくたちの汚い足を笑うからなんだ。

そしてぼくたちは郵便物の山に身体《からだ》をすり寄せ、パッケージの中身を想像したり、手紙の差し出し人の住所を読みながら、その封筒が旅をしてきたまだ見たことがない町とか大都会というものに想いをめぐらせたものだった。なぜなのか、ヘイリーが帰るまで誰も郵便物を開けたりはしなかった。母さんがヘイリーにコーヒーを差し出し、まったく無表情に飲みほす彼のまわりにぼくたちはじっと座っていた。なぜ無表情かというと、ヘイリーの顔は寒さですっかり凍りついていて、筋肉がほぐれるのに少し時間がかかるんだ。

そしてヘイリーは必ず父さんにこんなふうに聞いた。

〝オオカミがやって来るかい？〟

すると父さんはすぐには返事をしないで、持っているコーヒーカップに目を落としてしまう。

父さんは二十代のはじめ、北極海に近いポイントホープの村で、シャーマンだったエスキモーの老婆《ろうば》と一緒に暮らしていたことがあった。狩猟をしながら、もう動けない老婆の生活を支えていたらしい。荒涼とした原野と氷海が父さんの心を捕らえ、大学で学んだ生物学なんかはどうでもよくなり、そういうアカデミズムの世界に背を向けていった。父さんはそのエスキモーの老婆から、大地を感じ、その声に耳をすますことを学んだと言っていた。

アラスカ大学で出会った母さんと結婚をし、出来る限り自然の懐《ふところ》で暮らしていこうと選んだのがコバック川流域だった。それからも狩猟は生活のすべてだったけれど、なぜなのか父さんはオオカミに特別な感情を抱いていた。冬になると、崖《がけ》っぷちに建つこの家から、凍った川を渡ってゆくオオカミの群れを見ることが出来た。犬ゾリの犬がたくさんいるアンブラーの村と違って、ここは原野の中の一軒家だったから、オオカミはきっとこの家を崖の一部ぐらいにしか見ていなかったのかもしれない。夜になるとオオカミの遠吠《とおぼ》えがよく聞こえてきて、父さんはそのことをとても愛《いと》しく思っていた。あの頃、自分にはまったくその気持ちが理解できなかった。ぼくはといえば、いつの日かオオカミを何頭も殺し、その噂《うわさ》がアンブラーの村に広まるのをいつも夢見ていたくらいだったからね」

アラスカに来てまもない頃、セスの父親、ハウイ・キャントナーに会えたことを、ぼくは今何と幸運に思っているだろう。彼に出会えたことで自分にとってのアラスカは、ハウイをとりまく人々の輪の中へ広がっていったからだ。

「父さんはヘイリーの質問に必ずこんなふうに答えていた。

〝ああ、オオカミのことか……。ずいぶん前に川の氷を渡っていったことがあったな〟

それがいつも可笑《おか》しかった。なぞって、ヘイリーの質問と父さんの答えの意味がほとんど同じなのさ。つまり父さんは限りなく漠然とした答え方しかしなかった」

ストーブの火は元気よく燃えていて、原野の静けさの中で、聞こえるのはセスの声とパチパチと薪がはじける音だけだった。

「ある冬の夜、ヘイリーが郵便物も何も持たずにドアを開けて現れたのは、自分がまだ六、七歳の頃だった。ヘイリーは雪の中をカンジキもはかずに何時間も歩いてきて、息絶え絶えに疲れ切っていた。オオカミを追ってスノーモービルで雪原を走っている時、エンジンが止まってしまったらしい。ヘイリーはもう犬ゾリを使ってはいなかったんだ。

肩にライフルをかけたまま、家の入口に座り込んだヘイリーの目はうつろで、原野を動物のように駆け回っていた自分のヒーローは消え失《う》せていた。人々は決して銃をマイナス四〇度の世界から家の中に持ち込まない。メタルは一瞬のうちに白く氷結し、それが溶け出す時は手がつけられないほど濡《ぬ》れてしまうからね。

言葉にはしなかったけれど、黙ってヘイリーの世話をする父さんの表情の中にいつもと違う何かを感じていた。ヘイリーがオオカミを追っていたのがその原因であることは子どもながらにわかっていた。

翌朝、父さんは犬ゾリでヘイリーをアンブラーの村まで送り、たまっていたたくさんのメールを抱えて帰って来た。小包の中にずっと待っていた乾電池が入っていて、もうすっかり嬉《うれ》しくなり、変わり果てたヘイリーの姿のこともすぐに忘れていった。

その夜、本当に久しぶりにラジオの音に耳を傾けた。ザーザーとした雑音でうまく放送が入らなかったこともあるけれど、外の世界は実にうつろで、ニクソンのことや、洪水でたくさんの人がどこかで死んだことを伝えていた。あまりにじっと耳をすましていて、小さなジネズミが顔の上を伝っていった時も微動だにしなかった。カントリーソングを聞きながら、この原野で狩人になって生きてゆくという気持ちを初めて忘れ、カウボーイになるんだと夢見たのを覚えている。笑うかもしれないけれど、もうそんな世界はアメリカから消えてしまっていることも知らなかったんだ」

ぼくはセスの話を聞きながら、この家を今も包み込む、人の気配など何もない、そして何千年前と何も変わらない、気の遠くなるような原野の広がりを感じていた。

「それから何年もたってから、父さんは犬ゾリに対する興味を急に失っていったんだ。一番優秀だった二匹のリードドッグが死んだのがその原因だった。初めてスノーモービルを買ったのに、ほとんど乗ることもなかった。それよりもカンジキを使って歩く静けさをずっと好んでいた。

ヘイリーはあの事件以来、村の中で過ごすことが多くなり、この家にも姿を現さなく

白人の血が流れていても精神的にはエスキモーであるセスは、どちらの世界にも属することができずにいる。世の中が変わろうとするなかで、セスだけがこのまま取り残されてゆくのだろうか。

なった。もう六十歳を越えていたし、白内障も進んでいたんだ。本能のように追い続けたオオカミもついにヘイリーの中で幻影のようになったのかもしれない。それでもヘイリーは村の暮らしを嫌っていた。彼の心はいつも祖先の人々がさまよった原野の中にあったと思う。

ぼくが十二、三歳になった頃だと思うけど、ヘイリーにライフルの弾をプレゼントしたんだ。自分が仕掛けた罠《わな》にかかったクズリをヘイリーがたまたま見つけ、殺してくれたお礼だった。ヘイリーはプレゼントをされるのが初めてだったらしく、それ以来とても可愛《かわい》がってくれるようになった。

アンブラーの村に行くと、必ずヘイリーの家に立ち寄った。孫たちと遊びながら、白人のつくるガラクタにいつも文句を言っていた。テレビ、カセットデッキ、CBラジオ、コーラ……。

〝オオカミを見たか、アカパリック？〟

ヘイリーはふと何かを思い出したように聞いてきた。アカパリックとは村人がつけたぼくのエスキモーの名前だった。

ヘイリーは古い昔のやり方を話すのが好きだった。

〝ブラックフィッシュはいつも堰《せき》が切れた流れの辺りを泳いでいる。じっと座ってカワウソやミンクの動きを見ろ。やつらが魚の居場所を教えてくれるから……〟

それは狩人が知らなければならない話だった。そして自分の子どもたちがもう耳を傾けることのない話だった。村の若者たちはぼくの家族が背を向けてきた世界に夢中だった。ヘイリーはそのことを知っていたんだ。

ある冬の夜、犬がけたたましく吠えるのに起こされたのはそれからしばらくたってからのことだった。父さんはてっきり冬ごもりにうまく入れなかったクマだと思い、銃を持って外へ出た。昔、そんなことがあったんだ。何かが近づいてくる音に耳をすませていると、闇《やみ》の中から現れたのはヘイリーだった。それも見るも無残に憔悴《しょうすい》し切って……。

ヘイリーはまた同じことをやらかしたんだ。コッツビューで新品のスノーモービルを買い、アンブラーの村までの二百五十キロの原野を一人で戻ってくる途中でオーバーフローアイスに突っ込んでしまったらしい。そしてマイナス四〇度の雪原をずっと我が家まで歩いてきた。

その夜、ヘイリーの寝顔を見ながら、本当に年老いてしまったことを感じた。寝息があんまり弱々しいんで、このまま死んでしまうのではないかと恐《こわ》かったよ。なぜだかわからないのだけれど、一晩中心配をしてから、ヘイリーは自分にとって特別な存在になった。つまり、昔我が家へメールを運んでくれた郵便配達人ではなく、友だちになったんだ。

翌朝、安否を気づかった村人たちがやって来て、ヘイリーをソリに乗せて帰っていっ

アラスカ北極圏の原野を大きくうねりながら流れる川。

た。雪原に消えてゆくヘイリーを見送りながら、もう二度と会えないような気がして悲しかった。もうぼくが聞くことができない大切なことを、ヘイリーはどんどん忘れながら、どこか遠くへ行ってしまうような気がしてならなかったんだ……」

ぼくは自分よりずっと年下のセスの話に耳を傾けながら、ふとエスキモーの古老から昔話を聞かされているような錯覚にとらわれていた。夜はとっぷりと暮れ、セスも話し疲れていた。ぼくたちはストーブに薪を足し、寝袋にもぐり込んだ。

つい数カ月前、国立公園の人間がアンブラーの村にやって来て、セスのことをいろいろ村人たちに尋ねていたらしい。この原野とセスとの関わりについてだった。まだセスの父親ハウイがここにいた頃、初めて国立公園の若いレインジャーがやって来て言ったという言葉を思い出していた。

「ここは新しい国立公園の境界線の中に入っています。つまりこの家は不法侵入ですので、私がいつでも火をつけて燃やすことができるリストにあげられています。もう二十一世紀なのですから、こんな暮らしは出来ないのですよ」

壮大なアラスカの自然のその裏で、少しずつ何かが変わろうとしていた。

最後の白人エスキモー

ドン・ウイリアムスが、アラスカ北極圏の原野に新しい人生を求め、コバック川流域を訪れたのは一九六〇年のことだった。セスの父親、ハウイ・キャントナー一家やキース・ジョーンズ一家と共に、川沿いに古いエスキモーのやり方で土のイグルーを建て、狩猟だけによる原野の生活に入ったのである。壮大な原野は誰のものでもなく、人々がかつて西部を目指したように、開拓生活を夢見る者は、北へ、北へと向かって旅をしてゆけば良かった。その後ドン・ウイリアムスはエスキモーのメアリーと結婚をして、現在のアンブラー村に落ち着いた。アラスカがその古き良きフロンティアの時代をちょうど終わろうとする頃だった。

シリアとジニーは、当時、コバック川流域の原野へ向かったその若者たちのことをよく覚えていた。まだアラスカ大学野生動物学部を出たばかりのハウイ・キャントナーは、マッキンレー山のパイオニア的な登山を果たし、氷河上にフードドロップをしながら助けたのがシリアとジニーだった。キース・ジョーンズ夫妻はスタートしたばかりのキャンプ・デナリで働いていた。そしてドン・ウイリアムスはマッキンレー国立公園のレインジャーだった。シリアとジニーは、自分たちとはちがう方法で、アラスカの大自然に新しい人生を賭《か》けていった彼らの生き方が印象深かったのだろう。

ぼくが初めてドン・ウイリアムスに出会ったのは、それから二十年近くもたった一九

若き頃のドンの姿。アラスカにやって来た当時、ドン・ウイリアムスはマッキンレー国立公園のレインジャーとして働いていた。彼もまたアラスカの大自然に、新しい人生を賭けていた。

八〇年の初めの頃である。カリブーの秋の季節移動を求めてコバック川を旅する時、必ずアンブラー村のドンの家で何日か過ごすことになっていた。そしてフェアバンクスに帰ると、シリアとジニーは、遠い昔、極北の原野に向かったその若者たちの消息をぼくに聞きたがった。

多くの若者たちが、原野の暮らしに憧《あこが》れ、この土地にやって来ては消えていった。極北の自然は歳月の中で彼らをふるいにかけ、素晴らしい理想さえも、やがてそこからこぼれ落ちてゆく。ある者は最初の冬で去り、ある者は何年かの貴重な体験を思い出に町の暮らしへと戻ってゆくのだ。

ハウイ・キャントナーの一家は、二十数年に及ぶ原野の生活の後、妻が脳腫瘍《のうしゅよう》を病んで寒い土地で暮らすことが出来なくなり、息子のセスを残して暖かなハワイ島へと移っていった。そしてキース・ジョーンズの家族も、さまざまな理由で長かった原野の暮らしを去り、若き日に夢を抱いてコバック川流域にやって来た仲間たちの中で、ドンだけがこの土地に残された。エスキモーのメアリーとこの村で家庭をもったドンには、もう帰る場所がなかった。さまざまなしがらみを背負い込み、アンブラーの村で生きてゆくしかなかったのである。

それはドンにとって淋《さび》しいことだった。時代も、アラスカも、そして彼をとりまくエスキモーの社会も大きく変わりつつあった。年老いてゆくにつれ、ドンは仲間たちだけでなく、何かから取り残されてゆく焦《あせ》りをどこかで感じていたのかもしれない。ある時期、奥さんのメアリーは、ドンが一人でアンブラーの村を出てゆくのをとても嫌がったという。もしかすると二度と戻って来ないのではないかという不安があったのだろう。

けれども、三人の子どもたちはすっかり成長し、とりわけ一人息子のアルヴィンはたくましい青年となった。白人の血を半分引いているとはいえ、アンブラーの村で育った子どもたちはまったくエスキモーだった。そんな歳月の中で、ドンは少しずつ何かを選びとっていったのだろう。人はいつの日かどこかで根を下ろさねばならないことを、ドンの憂《うれ》いを秘めた笑顔はいつもそっと教えてくれた。秋になると、ぼくはドンに会うのが楽しみだった。

コバック川の旅を終え、フェアバンクスへ帰る前の数日間を、今回もアンブラーの村はずれのドンの家で過ごしていた。この秋は多くのカリブーを見ることは出来なかった。季節移動が遅れているのだろうか、それとも別の原野を通り過ぎていったのだろうか、秋色はすっかり色褪《いろあ》せ、冬がもうそこまで近づいていた。

「ミチオ、アルヴィンが獲《と》ったブラックベアの脂肪だ。パンにつけてみろ！」

テーブルにはクロクマ、カリブーの肉、クランベリーのジャムなどが並び、私たちはこの土地の自然の恵みに舌つづみをうちながら、さまざまな積もる話に時を過ごしていた。話題の中心はセスの結婚式のことだった。この冬、そのささやかな結婚式は、セス

コバック川流域の厳しい自然のなかで、エスキモーの文化を継承し、生活していたウイリアムス一家。ドンは、エスキモーのメアリーと結婚して、アンブラー村に住むようになる。そして気がつくと、いまでもここに残る白人は、ドン一人になってしまった。

の両親が移住したハワイ島の浜辺で行われた。

「何とか連絡をとろうとしたけど、ミチオがどこにいるのかわからなかった」

メアリーが残念そうに呟《つぶや》いた。わかっていれば是非行きたかったが、あまりに突然だったので知らせが間に合わなかったのだ。が、ぼくはその時の写真を見ながら、暖かな結婚式の光景を想像することが出来た。アロハシャツを着たエスキモーのメアリーの姿には笑ってしまった。そしてぼくは、ドンの息子アルヴィンがセスの結婚式にハワイまで行ったことを知り、嬉《うれ》しかった。エスキモーの土地で生れ育ったセスにとって、アルヴィンはたった一人の親友だった。白人のセスとエスキモーのアルヴィンは、子どもの頃から兄弟のように育ってきた。アンブラーの村で、この二人ほど狩猟への強い想《おも》いをもった子どもたちはいなかった。大人になり、二人の道は大きく違ってきたけれど、セスとアルヴィンが今もどこかでしっかりつながっていることが嬉しかったのだ。

メアリーの焼いたパンを、アルヴィンが獲ったクロクマの脂肪に浸して口に含むと、それはとろけるようなうまさだった。ずっと以前、まだ十代だったアルヴィンと、ブラックベアの冬ごもりの穴を見に行ったある四月の春の日のことを思い出していた。

村から十キロ近く離れた雪原に、古いブラックベアの巣穴があることをアルヴィンは知っていて、もう出てくる頃にちがいないと、私たちは毎日そこに通ったのだ。が、待っても待ってもクマは現れず、冬眠から覚めた瞬間に出会うことなど何だか夢のような気がして、ポカポカと暖かい陽気の中で、その日、私たちは雪原の上でうつらうつら眠ってしまったのだ。それから一時間もたっただろうか、ふと目を覚ましたぼくは、白い雪原から黒い二つの耳が出ているのに気付き、あわてて隣で寝ているアルヴィンを揺り動かしたのである。大きな伸びをするように頭を雪の中から出したクマは、早春の大地をぐるりと見回した後、ゆっくり地上にはい上がってきたのだった。それは三頭の親子グマで、ぼくはただ呆気《あっけ》にとられながら、その春を告げる風景に見入っていた。ブラックベアの親子はそのまま巣穴に戻ってしまったが、銃を構えておそるおそるその中をのぞくアルヴィンの姿を昨日のように思い出す。

アルヴィンは今は家庭をもち、レッドドッグ鉱山で働いている。そこはコバック川がベーリング海へと注ぎ込む場所で、一九八〇年代に世界最大級の埋蔵量の鉛が発見されたのである。レッドドッグ鉱山のブームは、この周辺のエスキモーの若者たちの暮らしを大きく変えつつあった。仕事もなく、現金収入の機会がないこの土地で、多くの若者たちがレッドドッグ鉱山で働くことを夢見ていた。

エスキモーのアルヴィンの暮らしが急速に西欧化してゆく一方、白人のセスは時代を逆行するように原野への想いをつのらせ、幼なじみの二人の人生は大きく別の方向に進んでいた。が、セスは、古いエスキモーの価値観から離れつつあるアルヴィンの将来を心配しつつも、それは仕方がないということもわかっていた。

「新しい時代との狭間《はざま》で、アルヴィンだけでなく、エスキモーの若者たちはどうしていいかわからないんだ。彼らだって変わってゆきたいのだと思う。だから仕事があるということは、きっといいことなんだよ」

ぼくは、セスの暖かく大きな視線が好きだった。あらゆるものが変わり続け、同じ場所にはとどまってはいないことをセスは知っていた。もしかすると、新しい時代の中で苦しんでいるのは、セス自身かもしれなかった。

が、アルヴィンがレッドドッグ鉱山から久しぶりにアンブラーの村に戻って来ると、二人は今も子どもの頃のように、コバック川流域の原野へ一緒に狩猟に出かけるという。ハワイ島での結婚式では、お金などないセスのために、アルヴィンがリムジンを借り切ったり、大盤振る舞いをした話をぼくは可笑《おか》しく聞いていた。そしてドン・ウイリアムスも、そんな二人の友情を嬉しそうに見つめていた。

かつて同じ夢を求め、この原野にやって来た仲間たちが皆いなくなり、とりわけ親友のハウイ・キャントナーが去ったことはドンに大きな淋しさをもたらしていた。しかし、その息子のセスだけはコバック川の原野に残っている。そしてこの土地で生まれ育ったセスは、ある理想に導かれてここにやって来た自分たちとちがい、もっと強い本能的なつながりをこの原野にもっている。ドンはそのことを知っていて、ある希望のようなものをセスに託しているような気がした。

「セスの原野の家のことを、国立公園の人たちが調べているって本当？」

ぼくはずっとそのことが気にかかっていてドンに聞いた。

「ああ、彼らはあの家の存在が邪魔で仕方がないんだろうな」

セスの父親ハウイ・キャントナーが建てた家は、アンブラーの村から三十キロもコバック川を下った、壮大な原野の中にたった一軒存在する人家だった。

太古の昔から一九七〇年代にいたるまで、この極北の原野に小屋を建て、文明社会から遠く離れたロビンソン・クルーソーのような暮らしがしたいと思えば誰でもすることが出来た。アラスカはアメリカ合衆国に残された最後のフロンティアだったのだ。そしてハウイ・キャントナーもドン・ウイリアムスも、若き日の夢を抱いてこの原野にやって来た。が、一九六八年、北極圏における油田の発見は、この最後のフロンティアを根底から変えていった。漠然とした、気の遠くなるような広がりをもった原野に、見えない線が引かれていったのである。

アラスカは一体誰の土地なのかと立ち上がった原住民土地請求運動は、これまであやふやのまま置き去りにされていたアラスカの土地所有権の問題に対して、はっきりとした答を迫っていたのだ。その結果、アラスカは、アラスカ原住民、アラスカ州、そしてアメリカ合衆国の間で網の目のように複雑に分けられていった。壮大な原野の広がりは何も変わらないが、人々の心の中に、どうしても消し去ることができないラインが引かれていったのである。アラスカの歴史の中で、そのラインこそが、ゴールドラッシュよりも何よりも大きな出来事だった。国が選んだ三十二万四千平方キロに及ぶ土地は、新しい国立公園となってアラスカ中に現れ、父親から受け継いだセスの原野の家はいつの間にかコバック川国立公園のラインの中に入っていたのである。かつて、フロンティアへの夢を抱いてアラスカの原野に散らばった開拓者たちは、その見えないラインによって閉め出されようとしているのだった。

そしてそのラインは、エスキモーやインディアンの人々の土地に対する観念さえ変えつつあった。太古の昔から、土地は個人が所有するものではなく、ただいつもそこに存在するものだった。カリブーの大群が地平線から現れ、また別の地平線に消えてゆくような、自由で、とらえどころのない広がりをもつ世界だった。しかし、アラスカ原住民土地請求権解決法により、人々の間でもそれぞれの土地所有権が決まり、心の中に見えない線が引かれつつあった。ドンは、ある村人が、自分の土地で誰かが冬用の焚《た》き木を切っていったとこぼしていたという話を、信じられぬ思いでぼくに語ったことがあった。その土地とは、昔と何も変わらぬただ広大な原野なのである。ドンは、そんな時代の移り変わりを、ずっと生きてゆこうと決めたアンブラーの村でじっと見続けているような気がした。

その夜、突然、セスの父親ハウイ・キャントナーからドンの家に電話が入った。ハウ

もう帰る場所はない。さまざまなしがらみを背負い込んでいても、
ここで生きてゆくことをドンは選んだ。

イが、必ず毎週一度、ハワイから電話をかけてくることは聞いていた。コバック川流域のエスキモーの人々に慕われていたハウイは、妻が病で倒れなければ、今も狩猟生活をしながら遠い昔のエスキモーのようにこの極北の原野で暮らしていただろう。ハウイは二十数年にも及ぶその生活が忘れられないのだった。

ハウイが遠いハワイから電話をかけて聞いてくるのは決まって同じことだった。今の正確な気温、風のこと、コバック川の水位、カリブーの行方……何もかもが今のハウイの暮らしとは関わりのないことだった。が、ハウイは受話器の向こうで、じっとドンの話に耳を傾けているという。

翌朝、初雪となった。窓の外にしんしんと降る雪を見つめながらドンが呟いた。

「朝起きて、この窓から、コバック川の原野の美しい季節の移り変わりを見ていると、自分はもうずっとここで生きてゆくんだなと思うんだ。いや、ずっとそうしてゆきたいなと……そんな何でもないことから自分はもう離れられないんだよ」

誰もが、それぞれの人生の中で、何かを諦《あきら》め、何かを選びとってゆくのだろう。大きな決断などではない。そんな時が自然にやってくるのだろう。そしてアラスカもまた、人の一生のように、新しい時代の中で何かを諦め、何かを選びとってゆく。

晩秋のコバック川の原野は、ゆっくりと銀世界へと変わっていった。

苦悩するグッチンインディアン

初冬のある日、久しぶりにシリアとジニーを訪ねる。気温マイナス四〇度。日の出、十時三十二分。日没、十五時二十八分。太陽はわずかに地平線から顔を出し、朝陽はそのまま上に昇ることなく夕陽となり、あとは暗黒の夜が長い一日を支配する。太陽がほとんど沈まぬ夏の白夜も印象的だが、極北を強く実感するのは、やはり暗い冬の季節かもしれない。地平線をわずかにすべってゆくつかのまの太陽を見つめていると、可笑《おか》しな話だが、そのいとおしさに心が満たされてくる。そしてこの冬を越すたびに、何かが心の中に降り積もり、この土地から離れられなくなってゆくような気がするのだ。

紅茶をいれるジニーの手を見ていると、労働者のように太くたくましい指に、いつもぼくは目が釘付《くぎづ》けになった。その指に二人のアラスカの歴史を感じるからだった。シリアとジニーにとってはもう五十回目の冬なのだろうか。

「今朝の新聞読んだ?」

「ええ、また始まったわね。さて、今度はどうなるでしょうね」

「ちょっと心配だな。共和党がとても強い圧力をかけてきているからね」

あと数年で八十歳に手が届こうとするシリアとジニーだが、この話になると、二人はいつも娘のように目を輝かせてくる。それは北極圏野生生物保護区における油田開発の

グッチンインディアン。アメリカ人でさえ、この部族の名前を知る者はほとんどいなかった。

問題だった。アメリカの環境保護運動の歴史の中で、かつてこれほど大きな論争はなかったかもしれない。

アラスカ北東部に位置するこの壮大な原野は、太古の昔と何も変わることなくオオカミがさまよい、数十万頭にもおよぶカリブーの出産地でもあり、かつてアイゼンハワー大統領が、未来の世代のためにこのまま残しておこうと野生生物保護区に指定した場所だった。が、油田の発見の後、アメリカ最後の野生の地をそのまま手つかずにしておくか、それともアメリカの経済政策の中に組み込んでゆくか、それは人類が抱える環境問題のシンボル的な存在ともなってきた。揺れ動くアメリカ経済の中で、この土地は三十年近くにわたってアラスカを揺るがし続けているのである。

「先週、空港でグッチンインディアンのリンカーンとばったり会ったんだ。この問題に関するアラスカ先住民の会合がアンカレッジであったらしく、その帰りだった。とても肩を落としていたよ」

「今度はこれまでで最大の危機かもしれないからね」

ぼくが空港で会ったリンカーンは、グッチンインディアンの若きリーダー的な存在の一人で、古くからの知り合いだった。フェアバンクスの新聞に一年間ほどコラムを書いていたこともあり、彼のインディアンとしての自然観は、白人の読者さえ強く魅《ひ》きつけていた。そのリンカーンがいつになく元気がなかったほど、北極圏野生生物保護区の問題は差し迫っていた。もし油田開発が始まったならば、その影響をもろに受けるのは、カリブーの狩猟生活に大きく依存するグッチンインディアンだったからである。

同じアメリカ人でさえ、このインディアンの部族の名前を知っていた人はほとんどいなかったのではないか。彼らは北極圏油田開発の問題がなければ、東部ブルックス山脈の原野でひっそりと暮らしていただろう。そしてそれを望んでいたにちがいない。けれども、開発か自然保護かという、アメリカ中を揺るがした論争の中でさえ、グッチンインディアンの人々は忘れられ続けていた。油田開発に反対するシエラクラブをはじめとするさまざまな環境保護団体も、それは白人の視点に立った自然保護運動だった。グッチンインディアンの人々は心のどこかでそのズレを感じ続けていただろう。だからこそ極北の原野から自分たちの声で叫ばなければならなかったのだ。

〝ちょっと待ってくれ。おれたちの想《おも》いは、あなたたちの考えている自然保護とは少しちがうんだ。おれたちは季節と共に通り過ぎてゆくカリブーを殺し、カリブーと共に生きている。自然は見て楽しむものではなく、おれたちの存在そのものなんだ〟

カリブーの壮大な季節移動に魅かれ、十五年近くその旅を追ってきたぼくにとっても、北極圏野生生物保護区は特別な土地だった。この地球上からさまざまな伝説が消えていった中で、カリブーの旅は、自分が何とか間に合って見ることができた大切な世界だった。そしてカリブーと共に生きる狩猟民の暮らしを知ってから、自分の中で新しい旅が始まっていった。狩猟民から見たカリブーの世界を追いたかったのである。グッチンインディアンとの出会いはそれがきっかけだった。

冬の午後、シリアとジニーとアラスカ北極圏の将来を語りながら、真夏の一週間を過ごした、オールドクロウ村でのグッチンインディアンの集会を思い出していた。アラスカとカナダの国境沿いの原野に点在するグッチン族の村で、二年に一度その集会は開かれる。たくさんの人々がポーキュパイン川を何日もかけて旅しながら、今年はカナダ側のオールドクロウ村にやって来たのだ。

一週間の間、村の人口は二倍にもふくれあがり、毎日それぞれちがうテーマで話し合いが行われた。若者たちの伝統的文化の喪失、アルコール中毒、自殺、古老たちと若い世代のギャップ、未来への不安……。会場の片隅で人々の話に耳を傾けながら、ぼくはある感慨にとらわれていた。それは、極北の原野にひっそりと生きるグッチンインディアンが抱える問題が、そのままそっくりぼくたちの問題であるという驚きだった。そして、来《きた》るべき時代の中で苦悩しながらも、何とか良い方向を見つけてゆこうとする姿に打たれるのである。会場に置かれたマイクの前で、誰でも、時間の制限もなく話すことができたが、ひとつだけ約束があった。それはマイクの横に置かれた一本の杖《つえ》を握りしめながら話すということだった。そこには気持ちをひとつにしてゆこうとする人々の祈りがあった。ぼくは耳を傾けながらこの村をとりまく気の遠くなるような原野の広がり

ポトラッチで、グッチンインディアンの若者たちが、伝統的なダンスを披露する。

を思っていた。ぼくは空高く舞い上がり、点のような人間の営みをいとおしく心の中で見下ろしていた。そうするとなぜかこの原野の村が世界の中心のような気がしてくるのだった。

「古老たちが消えてゆく前に、昔の話をできるかぎりたくさん聞いておきたい。今、それは自分にとって宝物のように大切なことなんだ……」

「アメリカの英語教育の中で、グッチン語をしゃべれる者がどんどん少なくなってゆくことがとても悲しいな。自分の子どもにはできるかぎり教えようと思っているんだが。でもいつかは消えていってしまうんだろうか」

「息子が春先のユーコン川で溺死《できし》してしまいました。スノーモービルに乗っていて、氷が割れてしまったのです。息子は酒を飲んでいました……。私自身もアルコール中毒だったのです」

「……子どもの頃を思い出すと、春と秋、村人たちがカリブーの群れがやって来るのをじっと待っていた情景を思い出す。村はずれの丘に、いつも誰かがいて、火を焚《た》いていた。村の中のどこにいてもその火が見える。その煙でカリブーが来たことを知らせるんだ……」

「時代が変わり、私たちの暮らしに白人の生活様式がたくさん入ってきた。昔の暮らしにもう戻ることはできないけれど、今だって私にとって狩猟は大切だ。新しい生活は取り入れながら、昔のやり方も守ってゆくことが大事じゃないか」

人々のつぶやき、ため息、叫びに耳を傾けながら、自分がもしグッチンインディアンの若者だったら一体どのように生きてゆくのだろうと考える。大きな流れの中で、グッチンインディアンもまた変わろうとしているのだ。長い目で見れば、人々が今抱えている問題も、次の時代へたどり着くための、通過しなければならない嵐《あらし》のような気もしてくる。一人の人間の一生が、まっすぐなレールの上をゴールを目指して走るものではないように、人間という種の旅もまた、さまざまな嵐に出会い、風向きを見ながら、手さぐりで進む、ゴールの見えない航海のようなものではないだろうか。

一週間にわたった集会の最後の日、人々は北極圏野生生物保護区の油田開発の問題について話し合った。壁には今は亡《な》きグッチン族の古老のポスターが貼《は》られていた。

〝バッファローの大群は消えてしまったが、私たちはまだカリブーを救うことができる〟

それがポスターのメッセージだった。油田開発という巨大な国のプロジェクトに関して、小さなグッチンインディアンの人々が示したノーだった。この極北の原野が守られるのか、それとも油田開発の地に変容してゆくのか、アラスカが、そしてアメリカがどのような選択をしてゆくのか、それは人間の次の時代への選択のようにも思われた。

その夜、ポトラッチが開かれた。カリブー、ムース、ドールシープなど、さまざまな

極北の川を背に記念撮影。午前零時を過ぎていた。

この土地の自然の恵みが並べられ、人々は夜更《よふ》けまで食べ、踊り続けた。ぼくはそばにいたリンカーンとずっと話し続けていた。

「大変な時代がやってくるだろうな」

とつぶやいた彼の言葉は忘れられなかった。それはグッチンインディアンだけでなく、私たちも含めた、人間の時代という意味だった。

混沌《こんとん》とした時代の中で、人間が抱えるさまざまな問題をつきつめてゆくと、私たちはある無力感におそわれる。それは正しいひとつの答が見つからないからである。が、こうも思うのだ。正しい答など初めから存在しないのだと……。そう考えると少しホッとする。正しい答をださなくてもよいというのは、なぜかホッとするものだ。しかし、正しい答は見つからなくとも、その時代、時代で、より良い方向を模索してゆく責任はあるのだ。時代の渦にまきこまれながらも、何とか舵《かじ》をとりながら進んでゆこうとするグッチンインディアンの人々の夢に、ぼくは強くそのことを感じていた。

「全員の写真を撮ってくれないか？」

ポトラッチの真っ最中、会の責任者がぼくのところにやって来て言った。もう午前零時を回っているというのに、全員を外に出して記念写真を撮ることになった。大騒ぎとなりながらも、何とか皆がファインダーに入るように並ばせた。この一週間の間、なるべく目立たぬよう、いつも片隅に座っていたのに、全員が自分を見ていることが気恥ずかしかった。あたりは白夜の淡い光に包まれ、さわやかな極北の風が吹いていた。

「オーイ、早くシャッターを押せ！　蚊に食われちまうぞ！」

「何をもたもたしているんだ！」

どこからかヤジが飛ぶたび、皆がドッと笑いにわき返った。ぼくはなぜか意味もなく、その明るさの中に希望を感じていた。


「フェアバンクスの新聞のコラムに、北極圏野生生物保護区の将来について、私の考えていることを書きたいと思っている……」

とシリアがつぶやいた。

「アラスカやアメリカ本土の友人たちに連絡をとって、なるべく多くの人が議会に手紙を送るよう呼びかけるわ……」

とジニーが言った。

今、グッチンインディアンの村は、まったく陽が昇らない暗黒の世界である。そして、あと一カ月もすれば冬至。本当の冬はそれからだが、太陽は少しずつ昇ってくる。そうしたら、あの集会で出会ったグッチンインディアンの人々をゆっくりたずねてみよう。新しい時代の中でどのように生きてゆこうとしているのか、もっとゆっくり耳を傾けてみよう。

アラスカはいったい誰のもの

アラスカ北東部に位置する北極圏野生生物保護区は、ぼくにとって宝物のように大切な土地である。そしてまた、多くのアラスカの人々にとってもそうに違いない。

一九七八年にアラスカに移り住んで以来、ほとんど毎年のように、ぼくはこの極北の地に出かけていった。広大な原野を波のように通り過ぎてゆくカリブーの大群に出会うためだった。〝カリブーと風の行方は誰も知らない〟と、古いインディアンの言い伝えがあるように、いくつかの旅は一頭のカリブーも見ることなく失敗に終わった。が、自然はぼくの憧《あこが》れに時折報いてくれるのか、胸が熱くなるような世界を垣間見《かいまみ》せてくれた。数十万頭というカリブーの大群が、何度か、ぼくのベースキャンプを通り過ぎていったのである。

ぼくはその時、「間に合った」という想《おも》いに満たされていたのだと思う。あらゆる伝説が消え、あらゆる神秘が目の前に引きずりだされた今、私たちにはもう新たな物語があまり残されてはいない。人間の気配がない、誰にも見られていない、太古の昔から静かに流れてきた壮大な自然のリズム。もう二十一世紀を迎えようとしているのに、時の流れに取り残されているかもしれぬそんな風景を遥《はる》かな極北の地に探していたのだった。

小さなテントを包み込むように通り過ぎてゆく数十万頭のカリブーを目の前にして、ぼくはタイムトンネルをくぐり抜け、古代のアラスカに迷い込んでいる錯覚にとらわれていた。自分自身の姿さえ消え、人間のいない世界に流れる自然の気配に立ち尽くしていた。北極圏野生生物保護区は、私たちにある希望をまだ抱かせてくれる土地だった。しかし同時に、アメリカのエネルギー問題や中東危機などの政治的状況は、アラスカという枠組をこえて、北極圏野生生物保護区を大きな渦の中に巻き込んで来た。開発か自然保護かの選択は、人間が抱える環境問題のひとつのシンボルとして、世紀末に生きる私たちに課せられた最後のテストのような気もするのである。

クリスマスも近い冬のある日、ぼくはシリアの丸太小屋で彼女が語る話に耳を傾けていた。それはアラスカが古い衣を脱ぎ捨て、近代という衣の着方を模索し始めた頃の話だった。そして彼女こそが時代という大きな渦の中心人物になってゆくのである。

「ふと考えるとね、可笑《おか》しな話だけど、一九六〇年代の中頃に開かれたニューヨークのワールド商業フェアが大きな引き金になったかもしれない」

アラスカの昔話になると、もう八十に近いシリアの表情が娘のように輝いた。

「私たちがアラスカ自然保護協会をつくったのは一九五六年だった。と言っても、事務所は今でもこの家の裏にある小さな丸太小屋だったのよ……わずかなメンバーだったけれど、私たちの最初の目的は北極圏野生生物保護区のラインを地図上に引くことだった。あの地図が将来どれほど大切なものになるのかおぼろげながらにわかっていたのね……当時、アラスカは州に昇格したばかりで、財政的にはとても貧しく、資源開発による経

自然は、ぎりぎりのバランスで保たれた危うい生態系である。

北極海沿岸の油田開発予定地域を移動するカリブーの群れ。極北の

済自立を目指し始めていた。まだ油田が発見される前のことだったけれど、私たちはいつの日かあの土地にも開発の手が伸びてゆくことを心配していたの。

そんな頃、ニューヨークのワールドフェアで、アラスカのエスキモー、インディアンの人々をびっくりさせる出来事が起きていた。遠い昔から、コケモモを摘んだり、狩猟をしてきた人々の伝統的な土地が、アラスカ州政府の議員によって売りに出されていたの。別荘にどうかってね。

州昇格法によって、アラスカの三分の一が州に委譲されることになり、州は具体的な土地の選択を二十五年以内に行うことを定められていた。州政府にはアラスカ先住民の存在が見えていなかったのかもしれない。土地の選択が進むにつれ、原住民のアボリジナル・ライト（原住民土着権）と至るところで衝突していたの」

ストーブにかけたポットの湯が沸騰《ふっとう》し、シリアはキッチンに紅茶をいれにいった。まだ午後の二時だというのに、短い極北の冬の日はすでに暮れ始めていた。

原住民の土着権とは、この土地がロシアからアメリカに譲渡された一八六七年に定められていた。〝原住民は、現実に居住し、または使用している土地の利用は妨げられないが、その所有権を取得する条件については、将来の議会の立法に委《ゆだ》ねる〟というあいまいなものであった。そのために、アラスカは一体誰の土地かという問題が、人々がとりたてて気にせぬまま、ずっと先送りされ続けていたのである。それはアラスカが最もアラスカらしい最後の時代だった。エスキモーやインディアンにとって、彼らの土地とは漠然とした原野の広がりそのものであり、フロンティアの夢を求めてやって来た白人の開拓者にとっても、川を旅して行き着いた場所が自分の土地となったのである。

「その頃、シリアやジニーはマッキンレー山の麓《ふもと》でキャンプ・デナリの山小屋をスタートしたばかりだよね。どうやってアラスカの自然保護運動をまとめてゆくことなんてできたのさ」

ぼくは熱いハーブティをすすり、いつもの固いパンをかじっていた。シリアの焼いたこのゴワゴワとした重みのあるパンが好きだった。シリアとジニーの家にいると、そんな質素な食べ物が不思議に心さえも満たしてくれるのだった。

「最初はわずかな仲間だったけれど、キャンプ・デナリの人の輪を通して少しずつそれは広がっていった。つまり夏はキャンプ・デナリで働いて、冬になるとフェアバンクスに戻って来てアラスカ自然保護協会の活動を進めていたの。その当時は今と違って、自然保護などという意識は人々の中になかったのかもしれない。私たちはプロジェクト・チェリオットと闘い、ランパートダム計画を中止させた。冬の夜、丸太小屋でタイプライターをたたきながら、私たちにだって何かができると信じていたのね」

ランパートダム計画とは、ユーコン川のランパート渓谷に巨大なダムを築き、ユーコンの広大な原野を水で埋め、アメリカのための五百万キロワットの電力を発電する計画だった。もしそれが中止されなければ、多くの内陸インディアンの村々が水の底に沈んだだろう。

「一九六八年の北極圏プルドー湾の大油田の発見は、それまでずっとあやふやだったアラスカの土地所有権の問題に決定的な衝撃を与えたわけ。パイプラインの建設は原住民と自然保護者の抵抗にあって遅れ続け、結局土地の問題を解決しないかぎり何も進んでいかなかった。そして一九七一年、原住民土地請求権解決法が出来上がり、原住民には四千万エーカー（約十六万平方キロ）の土地が与えられ、アラスカ全土にあったアボリジナル・ライトを放棄することにより、さらに十億ドルのお金が支払われた。

私たちはこの機会を逃すわけにはいかなかった。アラスカはまさに大きく変わろうとしていて、かけがえのない原生自然を守ってゆけるかどうかの最後のチャンスだった。そして九年間にわたりアラスカ全土を揺るがしてゆく私たちの運動が始まったの……」

シリアはやがてアラスカを離れ、中央の舞台に出てゆくことになる。アメリカで最も古く、最も権威のある自然保護団体、ウィルダネスソサエティの会長に女性として初めて任命され、ワシントンDCに移っていったのだ。この時期シリアはカーター大統領とも、アラスカの未来について膝《ひざ》を交えて話し合っている。フェアバンクスの小さな丸太小屋で、自分の夢を信じながら、必死にタイプライターを叩《たた》いていたシリアが辿《たど》っていった軌跡は、彼女の類《たぐい》まれな行動力、人間としての資質、そして人生を肯定してゆこうとするオプティミズムに支えられているような気がする。

ウィルダネスソサエティの会長職を二年つとめた後、彼女は活動の第一線を離れる。そして再びフェアバンクスに戻って来たシリアは、地元の新聞、フェアバンクス・デイリーニューズマイナーに毎週一回のコラムを書き始めていった。

「その当時、アラスカの世論は開発派が圧倒的な力を占めていた。アラスカ中の新聞を見ても、自然を守ってゆこうとする側の記事など皆無だった。

ある日、私たちは地元の新聞の編集者を夕食に招いたのよ。なぜあなたたちは反対の意見を載せないのかって。今でも不思議そうに聞き返した編集者の言葉を覚えているわ。〝反対の意見って？〟。それほどアラスカ全体が開発の方向に動いていた。

それでも私が毎週一回コラムをもてることが決まったの。それからが大変だった。最初の記事の内容を見て新聞社はびっくりしてしまったのね。二回目からは読者にそのコラムを見つけられないよう、新聞の片すみに毎回場所を変えていったのよ。とにかく新聞が届いてから自分のコラムを捜すのが大変だった」

が、一九七九年二月から始まったシリアのコラムは今も続いている。

そして一九八〇年暮れ、アラスカ全土を激動の時代へと巻き込んだ法案が可決され、カーター大統領が署名をして、アラスカ国有地自然保護法は成立した。それによって一億四百万エーカー（約四十二万平方キロ）を自然保護地域に指定し、国立公園、野生生物保護区として連邦政府の管理下にはいることになった。その中には北極圏野生生物保護区の拡大も含まれている。

ウィルダネスソサエティの会長職をすでに退いていたシリアは、その日、フェアバンクスからカーター大統領に電報を送っていた。

〝あなたの、未来を見通した、勇気ある決断に感謝を込めて……〟

「私たちは勝つことができた。けれども、複雑な思いでそのニュースを聞いていたのも確かだった。カーターは大統領選で敗れ、共和党のレーガンの時代になることがすでに決まっていた。また大変な時代がやってくることがわかっていたの。でもね、百パーセントの勝利なんて絶対存在しないのよ。時代はいつも動き続けていて、人間はいつも、その時代、時代にずっと問われ続けながら、何かの選択をしてゆかなければならないのだから……」

ぼくは、友人のブッシュパイロット、ドン・ロスと過ごしたある夏の日の風景を思い出していた。私たちは北極圏野生生物保護区の壮大なツンドラに着陸し、原野を埋め尽くしながらこちらへ向かってくるカリブーの大群を待っていた。それはカリブーを追ってこの土地を旅してきた十年の歳月の中でも、とりわけ記憶に残る日だった。

これまでの多くの旅で、ドンはいつも一緒だった。北極圏野生生物保護区を誰よりも長く飛んできたすばらしいパイロットであるだけでなく、〝間に合った〟という想いを共有できる数少ない人間だった。私たちは身を隠す場所などない草原で、腰をおろしてじっとたたずんでいた。気の遠くなるような広がりの中で、壮大なカリブーの旅を見ているのは私たちだけだった。

ぼくは〝遠い自然〟という言葉をずっと考えてきた。北極圏野生生物保護区を油田開発のために開放すべきだと主張するある政治家の言ったことが忘れられなかったからだ。つまり、アラスカ北極圏の地の果てに一体誰が行けるのか、カリブーの季節移動を一体何人の人が見ることができるのか、そんな土地を自然保護のためになぜ守らなければならないのかという話だった。そして彼が言ったほとんどのことは正しかった。アラスカ北極圏の厳しい自然は観光客を寄せつけることはないし、壮大なカリブーの旅を見る人もいない。人々が利用できない土地なら、たとえどれだけその自然が貴重であろうと、資源開発のために使うべきではないか。

が、私たちが日々関わる身近な自然の大切さとともに、なかなか見ることの出来ない、きっと一生行くことが出来ない遠い自然の大切さを思うのだ。そこにまだ残っているということだけで心を豊かにさせる、私たちの想像力と関係がある意識の中の内なる自然である。

カリブーの大群が目の前まで迫ってくると、あたりは不思議な音で満たされてきた。カチカチカチカチカチ……。それはカリブーが歩く時に鳴る足首の腱《けん》の音だった。その無数の音がひとつの和音となって響いているのである。太古の昔から綿々と続いてきた時の流れを、その音は静かに刻んでいるような気がした。

「おい、百年後、ここはどうなっているんだろうな」

突然、ドンが呟《つぶや》いた。これまでにも何度か、彼の同じ呟きを聞いていた。そんな時、ドンもまた同じ思いでこの土地の自然を見ているのだと感じた。

いつしか私たちは見渡すかぎりのカリブーの海の中にいた。心地良い極北の風に吹かれ、旅を続けるカリブーの足元の小さな花が揺れていた。時折まだ生まれてまもないカリブーの子が、私たちを不思議そうに見つめながら立ち止まった。が、何かを理解したのか、母親の後をすぐに追いかけて走っていった。やがて大群は波のように去り、ツンドラの彼方《かなた》へ一頭残らず消えていった。私たちに言葉もなく、ひとつの時代を見送るかのように立ち尽くしていた。

友人のブッシュパイロット、ドン・ロス。彼は、極北の原野をずっと飛び続けてきた。

未来を見通した不思議な力

大型ジェット機が止まるメインターミナルを右手に見て、大きく迂回《うかい》しながら空港の反対側にまわってゆくと、セスナや古い中型飛行機が並ぶ裏通りに入ってゆく。アラスカの匂《にお》いがするこの場末のエアポートが好きだった。フェアバンクス空港の南側は、エスキモーやインディアンの村への定期便を出す小さな飛行機会社がひしめきあっているのだ。

その小さな会社のひとつであるフロンティア航空の事務所に着いても、夜はまだ明けて来ない。極北のインディアンの村、アークティックビレッジへの便は午前九時。離陸するまでに空は白み始めるだろうか。

十二月のフェアバンクスの夜明けは遠い。地平線にわずかに顔を見せるだけの太陽が、じれったくなるほどなかなか昇って来ない。が、長い長い夜をへて現れる太陽に、人々は生かされているという温《ぬく》もりを心に感じ、忘れていた人間の脆《もろ》さに気づかされる。太陽が沈まぬ夏の白夜より、暗黒の冬にどこか魅《ひ》かれるのは、私たちの心に、太陽を慈《いつく》しむという遠い記憶が戻ってくるからだろう。

凍《い》てついた外の世界から、暖かな待合室に入ってゆくと……カリブーかムースの皮でこしらえたパーカに身を包んだおばあさん、まだ生まれて間もない赤ん坊を背負った母親、カラフルなジャケットを着込んだ十代の現代っ子……が、まだ眠そうな顔つきで座っている。のんびりとして、生活の匂いがするこの待合室の風景が好きだった。変わりゆくアラスカを、こんな小さな空間でさえ、かすかに感じることができた。

フェアバンクスを飛び立ち、ユーコン川にさしかかる頃に、夜が明けてくる。が、北へ北へと向かっているので、日照時間も減り、アークティックビレッジに着く頃には、太陽は消えているはずだ。アラスカ最北のこのインディアンの村では、太陽はもう何週間も地平線から姿を見せていない。

アークティックビレッジに行ってみようと思ったのは、誰かに会いたいという、特別な目的があるわけではなかった。ただ、アラスカを大きく変えていった歴史的な土地制度に唯一《ゆいいつ》参加しなかったこの村を訪れてみたかったからである。

〝アラスカは一体誰の土地なのか〟という、アメリカ最後のフロンティアを激動の時代へと移行させた大論争は、一九七一年、歴史的な新しい土地制度、原住民土地請求権解決法を生んだ。エスキモーやインディアンのアラスカ先住民は、有史以来初めて、土地の所有権をその個人個人がもったのである。かつて土地とは、誰のものでもない無限の広がりだったのが、人々の心の中に見えない境界線が引かれていったのだ。

そして二十数年をへた今、誰もが理想的だと信じた土地制度は、さまざまな問題を生み出している。個々が所有した広大な土地は、何の利益も生みださないことにより、目先の利益のために売られてゆく危険性がでてきたのだ。ある若者は新しいスノーモービルがどうしても欲しいかもしれない。あるいは町に出て、新しい暮らしがしたいかもしれない。アラスカ先住民は土地を所有することにより、太古の昔から人々が持ち続けてきた「土地の意味」を喪失させてゆく可能性を同時にもったのだ。

が、この土地制度に参加しなかった村があった。連邦政府からの補助金を受け取らないかわりに、アメリカ合衆国の資本主義経済に組み込まれてゆくことを拒否し、リザベーションという自分たちの土地の自治権を獲得したのである。原野は、誰のものでもなくみんなのもので、永久的に部族の管理下にあるものとなったのだ。つまり人々は、新しい時代の中で、昔ながらの土地の持つ意味を選択したのである。言い換えれば、自然の恵みという、もうひとつの豊かさを選んだのだ。それがグッチンインディアンの村、アークティックビレッジだった。新しい土地制度の実現で誰もが浮かれていたあの当時、なぜこの村は未来を見通した判断が出来たのか、ぼくはずっとそのことが気にかかっていた。

眼下には、ブルックス山脈の壮大な谷が広がっていて、極北の雪の原野が、すでに沈もうとする朝日に照らされている。もうすぐ、オールドジョンレイクが近づいてくると思うと、グッチンインディアンの古老と過ごしたある夜のことを思い出さずにはいられない。ベッドに横たわる余命いくばくもないその古老の話に、ぼくは耳を傾けていた。

「子どものころ、人々は必要なものはなんでもカリブーの毛皮でつくった。着るもの、

アークティックビレッジの古い教会。村は、まるで時代に取り残されてしまったように静まりかえっていた。

ブランケット、テントもな……」

　小さくかすれた声で、片言の英語しかしゃべれない古老の話は、グッチンインディアンの言葉もまじり合い、容易に聞きとることはできなかった。

「まるでオオカミのようにカリブーを追ったものだ……何日も何日も原野をさまよった……生まれたのはオールドジョンレイクのほとりだった。カリブーが一頭もこない年があった。そんなとき、生きてゆくのは大変だった。たくさんの人が飢えて死んでいった……」

　オールドジョンレイク……現在のアークティックビレッジに近い、山あいのその大きな湖をぼくは知っていた。カリブーフェンスという、グッチンインディアンの小さな歴史を捜しに、地の果てのようなその湖に出かけたことがあった。

　十九世紀末にこの土地に銃が入ってくる以前、人々はカリブーを狩るために壮大な罠《わな》を大地に仕掛けていた。カリブーの移動ルートに沿った山の斜面や谷に、V字状の巨大な木の柵《さく》をつくり、知らずにその中にはいってくる獲物を槍《やり》や弓矢で殺していたのである。それから一世紀もの歳月を経て、フェンスは倒れたまま朽ち果て、誰かがそこを通っても気づかぬほど風景の中に溶けて消えようとしている。が、雪が溶け、まだ夏草が生える前の早春、上空から見おろすと、まるでナスカの地上絵のようにかすかな白いV字が浮かび上がるという。

その跡がオールドジョンレイクをとりまく山々に残っていることを、以前友人のカリブーの研究者から聞いていた。彼は調査のためにこの原野を飛んでいるとき、山の斜面に描かれた不思議な模様を偶然見つけたのだという。当時でさえカリブーフェンスの場所を覚えている古老はほとんどいなかった。カリブーを追っていたぼくは、誰に知られることもなく消えてゆくグッチンインディアンの小さな歴史を、いつの日か見ておきたいとずっと思いつづけてきた。

そしてあの春の日、セスナの窓ごしにかすかな模様を山の斜面に見たのである。そのままオールドジョンレイクに着水し、丸一日かけてその場所を目ざして登った。しかし、カリブーフェンスを見つけることはできなかった。疲れ果て、まるでキツネにつままれたような思いでこの湖を後にしたのを今でも覚えている。

カリブーフェンスの出来事や、その夜耳を傾けた古老の話は、アラスカの原野に対するぼくのイメージをゆっくりと変えていった。人間の手つかずに残された、どこまでも広がる未踏の原野は、実はさまざまな人間が通り過ぎた、物語に満ちた原野だったのだ。

ブルックス山脈の谷間に小さな集落が見えてきて、正午前、アークティックビレッジに着いた。夜は明けているが、太陽はどこにも見当たらない。

「マイナス四五度まで下がっている。出来るかぎり着込んで外に出ろ!」

パイロットの声が聞こえ、ドアを開けると、殴られるような寒気に包まれた。村の人たちがスノーモービルでやって来て、苦しいほどの寒さの中、黙々と荷物を飛行機から降ろしている。その時ぼくは、この土地で生涯を送ったグッチンインディアンの古老の話と、このきびしい自然を重ね合わせていた。

「オールドジョンレイクを離れたのは、二度目の飢餓のときだった。その年はカリブーもムースも姿を見せなかったが、そこに残ってカリブーを待つか、旅に出るかを決めなければならなかった。……あと四、五日で死ぬ……そんなある日、カリブーの群れがやって来た……」

アークティックビレッジで過ごしたのは、わずか四日間だった。ぼくはこの村の友人と一緒に、何人もの村人の家を訪ね、とりとめのない話をしただけだった。

「こんなのは寒いうちに入らねえぞ。マイナス七〇度まで下がった時だあるからな」

「アークティックビレッジはどうだい？　なかなかいい村だろ……どこへ出かけて行っても、やっぱりここが一番だな」

骨つきのカリブーの肉を一緒にしゃぶりながら、村人の話に耳を傾けていた。殺風景な小屋の中にいながら、ある豊かさを感じていた。それはこの村を取りまく果てしない原野の広がりからきているのかもしれない。そして、何でもない会話の中、人々のふとした表情の中に、この最北のインディアンの村の匂いを嗅《か》ぐことが出来た。アークティックビレッジは静かな村だった。時代に取り残されたようなたたずまいの中に、地に足

日曜日の教会。牧師のトリンブルは村人に尊敬されるすばらしい人物。ポトラッチでは、いつも中心的存在である。

がついた自信のようなものを感じていた。

「アラスカの新しい土地制度に参加しなくて良かったですか？」

「ああ、そうだな……大切なのは、お金ではなくて、昔からの暮らしをこの土地で続けられるかどうかだからな……」

「その村の判断はどうやって決めたのですか」

「みんなで話し合って決めたのさ……村の年寄りたちも一緒にな……これからの未来の孫たちのことを考えると、何となく、それが一番いいような気がしたのさ」

　ぼくがこの村に魅かれるのは、人々がもちえた、〝何かがおかしい〟、〝やっぱり止《や》めようか〟という、未来を見通したその力がここにあったからだ。

　ある夜、知り合いのリンカーン・トリットの小さな丸太小屋を訪ねた。自分と同世代のリンカーンとは、会うたびにさまざまなことについて話し合ってきた。深い思索をする彼は、グッチンインディアンや人間の未来について、いつも鋭い考えを投げかけてきた。フェアバンクスの町の新聞で、インディアンと自然との関わりを書き続けたこともあった。同じ新聞でコラムをもつシリアも、リンカーンのことを印象深く覚えていた。

「人間が生きのびてゆくために一番大切なのは怖《おそ》れという感覚をもてるかどうかだと思う。グッチンインディアンの世界で昔、それは飢餓のことだった。が、今は少し違うと思う。もっと大きな、自然に対する畏怖《いふ》のようなものだよね……」

リンカーンや次の世代を担《にな》う人々と話していて感じることは、村の古老が次々に世を去ってゆく悲しみとあせりである。新しい時代の中で、さまざまな問題を抱えながら、彼らの精神的支柱である古老たちがどんどん消えてゆく。それは、大切な舵《かじ》を失いながら、嵐《あらし》の中の航海へ出てゆくような不安なのだろう。

けれども、ぼくは、若者たちが次の時代を作り上げてゆくだろうと信じている。新しい土地制度を拒否したグッチンインディアンにも、それを受け入れてさまざまな問題に直面する多くのアラスカ先住民にも、である。なぜなら、ぼくが出会ったたくさんの人々の中に〝何かがおかしい〟という、新しい時代に向かってゆく力を感じるからである。

日曜日の朝、マイナス四五度の大気の中に、教会の鐘が鳴り響いた。それは、本当に小さな、丸太小屋の教会だった。

その朝集まったのは、数人の古老と、小さな子どもたちだけだった。牧師の役目は、トリンブルという村の男で、誰もの尊敬を集める、すばらしい人物だった。フィドル（バイオリンのようなもの）の腕が抜群で、ポトラッチではいつも中心人物である。昔からの知り合いだが、牧師の姿で会うのは初めてだった。

トリンブルは、礼拝の前に、先週この土地を去ったミントウ村の九十歳の老女の思い出を、深い悲しみをもって話した。その訃報《ふほう》は、アラスカ中のインディアンの村々を、衝撃となって駆けめぐっていた。彼女は、人々にとっての、最後のスピリチュアルリーダーの一人だったのだ。

ぼくは、グッチンインディアンの言葉で進められる、静かな礼拝の中にいた。聞こえるのは、薪《まき》ストーブの火が、パチパチとはじける音だけだった。薄暗い窓の外には、凍てついた白い原野がどこまでも続いていた。もうすぐ、冬至も過ぎ、太陽が地平線に現れる日も近い。ぼくは、目を閉じて、ひざまずく古老たちに、来《きた》るべき時代への祈りを感じていた。

クリンギット族の寡黙《かもく》な墓守

シリアやジニーと、いつも話したことがあった。それはアラスカがどんな時代を迎えるのだろうかという漠然とした想《おも》いだった。

「私はね、大変な時代が来ると思う。でもそれはいつの時代だって同じ……。そしてどんな悪い状況だって必ず新しい芽は出てくる」

「エスキモーやインディアンの人々だけでなく、白人だって新しい時代を迎えるだろうな。もう何かが変わろうとしているよ。次の時代を背負う世代が少しずつ出てきているから……」

新しい土地制度に参加しなかったグッチンインディアンの村を訪れた時、時代に取り残されたような静かなたたずまいの中に、浮かれていない、地に足がついた自信のようなものを感じていた。なぜ、目先の豊かさではない、何代も何代も先の子どもたちのための選択ができたのか。それは人々がもちえた〝何かがおかしい〟〝やっぱり止《や》めようか〟という、未来を見通したその力があったからだ。

目まぐるしく、そして加速度的に動き続ける時代という渦の中で、きびしい冬を越した大地から現れる芽のように、それはまだ見過ごしてしまいそうな小ささかもしれないが、ぼくは新しい力が生まれつつあることを確信し始めている。それは、ただ〝昔は良かった〟という過去に立ち戻ることではない。ノスタルジアからは何も新しいものは生まれてはこない。自然も、人の暮らしも、決して同じ場所にとどまることなく、すべてのものが未来へ向かって動いている。

早春のある日、南東アラスカの森を友人のボブと歩いていた。鬱蒼《うっそう》とした茂みをかき分けてゆくと、デビルスクラブの葉が身体《からだ》中のあちこちを突き刺した。この土地の森を歩く時、葉の裏にたくさんのトゲが隠れたデビルスクラブほど厄介な植物はない。けれども、もしこのトゲがなければ、たくさんの栄養を含むこの葉は森の生きものたちにたちまち食べ尽くされているに違いない。そしてボブは言っていた。自分たちクリンギットインディアンにとって、デビルスクラブほど大切な薬草はないと……。

北アメリカとユーラシアが陸続きだった一万八千年前、干あがったベーリング海を渡り、インディアンの祖先の最初の人々が北方アジアからアラスカにやって来た。悠久の時の流れと共に、彼らは北アメリカ大陸をゆっくり南下しながら広がってゆくが、その中に南東アラスカの海岸にとどまった人々がいた。後にトーテムポールの文化を築き上げたインディアン、クリンギット族である。

ハクトウワシ、ワタリガラス、クジラ、ハイイログマ……トーテムポールに刻まれた不思議な模様は、遠い彼らの祖先と伝説の記憶である。が、それは後世まで残る石の文化ではなく、歳月の中で消えてゆく木の文化であった。そして多くの古いトーテムポールは、世界中の博物館に持ち去られていったのである。

森の中でボブと一緒に野営をする。あまりに寡黙なので、いったいどんな人間なのか、よくわからなかった。

二十一世紀に入ろうとする時代に、どこかの森で、ひっそりと眠るように残る古いトーテムポールを見ることができないだろうか。新しく観光用に作られたものでも、博物館に陳列されているものでもない。森の中に倒れていても、朽ち果てていてもいいから、彼らの神話の時代に生きたトーテムポールに触れてみたい。南東アラスカの森を旅しながら、ここ何年かその想いがずっと募っていた。そしてボブに出会ったのも、ちょうどそんな頃だった。ぼくはこの土地の森でトーテムポールを見つけることは出来なかったが、自分と同じ歳《とし》の、一人のクリンギットインディアンと知り合うことができた。

ボブの仕事は、墓守である。そして私たちが初めて言葉を交わしたのも、クリンギットインディアンの古い墓場だった。ほとんどしゃべらない寡黙《かもく》なボブに、自分が捜し求めていた目には見えぬある世界を感じ、ぼくは少しずつ魅《ひ》かれていった。

十代の終わりから二十代にかけて、ボブはアラスカ中を転々としていた。アル中、ドラッグ（マリファナｅｔｃ）と、ある種のアラスカ先住民の若者たちがおちいる世界の中で、それは悲惨な時代だったという。一時はアンカレッジの路上で浮浪者もしていたらしい。

やがてボブはフェアバンクスにやって来る。一九七〇年当時、この町はアラスカ中のさまざまな村から出てきたインディアンの若者たちと警察との衝突が絶えなかったという。特に彼らを差別視する警察との闘いは熾烈《しれつ》だったらしい。ぼくはボブから話を聞くまでそんな世界があったことも知らなかった。

タナナ、グッチン、コユコン……それぞれのインディアンの種族が集まったグループの中で、ボブはいつしか中心人物になってゆく。頭の良さだけでなく、穏やかな人間性が若者たちを魅きつけたのだろう。作戦はいつもボブが練り、たくさんの仲間が警察からボブを守ったという。

が、やがてボブは警察に捕らえられ、すさまじいリンチを受けた後、フェアバンクスの町から追い出されていった。

生まれ故郷の南東アラスカの町に戻ったボブは、クリンギットインディアンの古老たちに近づいてゆく中で、大きな転機を迎える。ボブは古老たちから人を許すことを学び、白人への憎しみも消えていったという。

ちょうどその頃、故郷の町で新しい住宅建設が始まっていた。今はもうクリンギットインディアンだけでなく、その十倍近い白人が暮らす町だった。そしてこの町の外にある、もう半世紀近く誰も見向きもしない古いロシア人墓地が住宅建設の場所だった。森の中にあるその墓地はもう手がつけられないほど荒れ果てていた。が、ロシア人が葬《ほうむ》られる以前、そこは千年以上にわたるクリンギットインディアンの墓地だったのである。

工事がはじまり、墓が掘り起こされると、人骨は草むらに投げ出され、たくさんの古い埋葬品は盗まれていった。ボブは毎日一人で墓地にやって来ては、散らばった骨を少しずつ土に戻していった。やがてボブの行動がこの町で大論争を引き起こし、ついに住宅建設がストップされたのだ。

ボブはそれからも毎日やって来ては、誰に頼まれたわけでもないのに、森の木々と下草に埋もれた墓地をきれいにしていった。それは大変な作業だったはずである。そして十年という歳月をかけて、たった一人でそこを見違えるような墓地に変えてしまったのだ。ボブはその十年の歳月の中で、遠い祖先の人々と言葉を交わし、傷ついた心がゆっくりと癒《いや》されていったのだという。

そんなボブを古老たちは遠くからじっと見つめていた。そして彼らはクリンギットインディアンの古い物語を語り継がせる新しい時代のストーリーテラーに、ボブを選んだのだった。

初めて出会った頃、ほとんど話をすることもなく、身なりも気にせず、ただ自分の世界に生きているようなボブがよくわからなかった。そしてこの町で誰かに会うたび、ぼくは〝ボブを知っているか〟と聞いた。すると誰もが微笑《ほほえ》みをもって〝ああ知っているよ〟と答えるのである。そればかりか、ボブと一緒に通りを歩いていると、路上で遊んでいる子どもたちまでが、〝こんにちはボブ！〟と声をかけてくる。が、ボブはそれに答えるわけでもなく、ただ黙々と通り過ぎてゆくだけである。

ぼくはいつしか不思議な想いに満たされていた。かつてあれほど憎んでいた白人社会

朽ち果てようとする遠い昔のトーテムポール。

米軍兵士たちが墓地の草を刈る。ボブが一番幸せを感じる日だ。

の中で、ボブはしっかりと受け入れられ、墓場を守ることで癒されていった自分が、逆に人々の心を癒していたのではないだろうか。ある時、ボブの奥さんはこんなことを言っていた。

「ボブがあの墓場を守ってから、この町のクリンギットインディアンの世界が少しずつ変わっていった。特に若者たちが自分自身のアイデンティティに目覚めていったの。そしてとても自信を取り戻していったような気がする。昔はあの墓地には誰も近づかなかったけど、今は子どもたちの遊び場でもあるのよ」

アメリカ陸軍フェアバンクス分隊の小部隊がこの墓地にやって来たのは、去年の秋のことだった。ボブとこの墓地の関わりを耳にしたアメリカ陸軍が、この季節になると墓地の下草を刈る応援に駆けつけるのだという。

ボブはその日、本当に嬉《うれ》しそうだった。一年で一番幸福な日だ、とも言った。〝なぜ?〟と聞くと、〝夏草で覆《おお》われていた墓地がたった一日で見違えるようになってゆくのを見るのが嬉しいんだ〟と答えた。ボブの心の中で、この墓地はそれほど大きな世界を占めているのだった。そして言葉にはしなかったが、まったく見知らぬ人々が彼の世界に目を向けてくれた喜びもあったに違いない。ひとつの閉ざされた世界から抜け出て、かすかな光を垣間《かいま》見たのではないだろうか。

墓地の下草刈りは早朝から始まった。三十人ほどの兵士が森の中に散らばって、冗談を言い合いながらも、驚くほどの早さで仕事が進んでゆく。兵士たちは、白人、黒人……とさまざまな人種からなっていた。そして誰もが、なぜ今自分たちがこの墓地で草を刈っているのか、を知っている。雨の多いこの土地では珍しく晴れ上がり、木漏れ日が射《さ》す森の中には笑い声が絶えず、それは何とも明るい風景だった。

ぼくはその中に混じって働くボブをみつめながら、この世界をほんの少しずつ良いものへと変えてゆく不思議な力のことを考えていた。この墓場を守っていた彼の小さな行為が、何か目には見えぬ力に支えられながら、まるで一人歩きをするように大きな広がりを持ちはじめている。それは一体何なのだろうか。ぼくは暖かな想いに満たされながら、かつて考えてみたこともないような気配を感じていた。ボブは、彼が守った無数の魂に見守られているような気がしてならなかったのである。

デビルスクラブをくぐり抜けると、また気持ちのいいシトカトウヒの大木に囲まれ、私たちはそこでひと休みすることにした。ボブは苔《こけ》むした地面に腰をおろし、あたりの気配にじっと耳をすましている。ぼくは倒木に座り、新緑の森の美しさに見とれていた。そして、ボブに出会ってから過ごしたさまざまな思い出が心をよぎった。私たちは、アラスカではもう見られない、人々が神話の時代に生きていた頃の古いトーテムポールを求め、カナダ太平洋岸の孤島へも共に旅をした。ぼくはボブと出会い、目には見えない世界の扉をほんの少しずつ開いていった。

時々風が森の中を吹き抜け、木々がざわざわと揺らめいていた。朽ち果て、すっかり苔むした倒木から、この上に落ちた幸運なトウヒの種子が新しい芽を出していた。倒木は養木となって、いつの日か自分の姿がすっかり消えるまで、この小さな芽を一本の大木に育てあげるのかもしれない。

「ボブ、植物にも魂があるのかな？」

「当たり前さ……薬草を採りにゆく時、自分が本当にきれいにならないと、薬草が自分を見つけてくれないんだ……子どもの頃、おばあさんに何度もそのことを言い聞かされた」

ぼくはボブと出会い、闇《やみ》の中で薄明かりを見たように、ある希望をもつことができた。いや、きっとボブだけではない。行く先が何も見えぬ時代という荒海の中で、新しい舵《かじ》を取るたくさんの人々が生まれているはずである。アラスカを旅し、そんな人々に会ってゆきたい。アラスカがどんな時代を迎えるのか、それは人間がこれからどんな時代を迎えるのかということなのだろう。

私たちは早春の森をさらに歩いて行った。あたりは新しい生命の気配に満ちていた。

〝木も、岩も、風さえも、魂をもって、じっと人間を見据えている〟

ぼくは、まるでひとつの生命体のような森の中で、いつか聞いた、インディアンの神話の一節を、ふと思い出していた。

思い出の結婚式

早春のある日、久しぶりにアル・スティーブンスが我が家にやって来た。

「元気だった？」

「ああ、少し年をとったな……」

「おたがいさまさ」

まだ一歳少しの子供をあやすアルを見ながら、ぼくは感慨深かった。私たちはお互いに家族をもち、父親になったのだ。

アルは、ユーコン川沿いのスティーブンス村で生まれたアサバスカンインディアンである。そして、ぼくがこの土地に移り住んで初めて友だちになったインディアンだった。アラスカ大学の新学期、野生動物学部の書類受付に並んでいる学生の中で、アルはまったく場違いだった。肩まで伸びた長い結い髪、鋭い眼光、ムースの皮服、四十近いだろうその男は自分がインディアンであることを主張していた。目の動きが少しおかしく、片目の視力がほとんどないように思われた。子供の頃、ほとんど失明しかけていたアルは、アメリカ本土の盲学校に送られたことは後になって聞いた。

何がきっかけだったのだろう。同じモンゴロイドであることで互いに親しみを感じたのかもしれない。ぼくたちは言葉を交わし、その日のうちに知り合っていた。

しばらくして、アルがなぜアラスカ大学で学ぼうと思ったのか、そのわけを知った。

「パイプラインができてからムースの数がめっきり減ったんだ。昔、スティーブンス村は原野に孤立していた。この土地にやって来るにはユーコン川を辿《たど》るしかなかった。今はパイプラインの道が村の近くを通っている。秋の狩猟の季節になってもムースを見かけなくなってしまったのは、そのことと関係しているような気がする。どうしたらいいのか、それを知りたかった」

狩猟民族であるアサバスカンインディアンとムースとの関わりは深い。彼らは太古の昔からムースと共に生きてきた。が、アラスカ大学に入ることで、アルがその疑問に答えを見出《みいだ》せるのか、ぼくにはわからなかった。そして、あの頃アルが持っていた新しい時代への不安を、ぼくはほとんど理解してはいなかった。しかし、そんなこととは無関係にぼくたちは親しくなっていった。

アルはその外見とは異なり、まったく構えたところのない一人の自由人だった。多くのインディアンが持つ白人に対する偏見も、アルにはなかった。かつてどれだけの憎しみをもっていたのかは、あの頃知る由《よし》もなかった。そして眼光の鋭さは、人を射るようなものではなく、何か万象の動きを見つめているような温かさがあった。

「アラスカはいつも、発見され、そして忘れられる」

そんな諺《ことわざ》がアラスカにあるが、一八九〇年代のゴールドラッシュから久しく忘れられていたこの土地は、油田開発の中で、再び発見される時代に入っていた。アルとの十八年間のつき合いの中で、ぼくはこの時代の匂《にお》いのようなものを彼を通して嗅《か》いでいた気がする。逃げ場のない、発見される側から嗅ぐ匂い。ぼくがアルに魅《ひ》かれるのは、そんな時代の風の中で、抵抗するでも迎合するでもなく、いつもひょうひょうとしたインディアンのアルが立っていたからかもしれない。アラスカの旅の中で、アルはいつもぼくの見知らぬ世界の入口に立っていて、その中を見たければいつでも扉を開けてくれた。

その後アルは大学を辞め、フェアバンクスにある、タナナチーフ・インディアン協会でカウンセラーの仕事に就くことになる。アルコール中毒、教育、社会福祉……。それはアラスカのインディアンが抱えているさまざまな問題に関わってゆく仕事だった。アルはとりわけ、次の世代の子供たちに目を向けていた。

ぼくたちはお互いに忙しくなり、以前ほど会う機会はなくなった。それでも長い撮影から戻り、フェアバンクスの街角で久しぶりにアルの姿を見つけると、何かたまらなく懐《なつ》かしいのだった。

「アル、いくつになった？」

「五十八歳だ」

「カーロは？」

「もう十歳だよ」

ぼくたちは夕食を食べながら、積もる話に花を咲かせていた。カーロとは、アルの一

十年前、十字架がなければただの丸太小屋に見えてしまう教会の前で、アルとゲイの結婚を祝って集まった村人たちと、記念撮影をした。人々は本当に嬉しそうだった。

人息子である。

「結婚式、思い出すな……」

「ああ、あれから十年がたったんだね。ゲイの身体《からだ》の中に、カーロがいたんだから」

ふと、あの時のことがよみがえってきた……。インディアンのアルと白人のゲイが結婚をする。すったもんだしながらも、ずっといきさつを見ていたぼくはかなりほっとした。喜んであげたい気持ちと、多少の不安があった。一人で好き勝手に、ボヘミアンのような生き方をしてきたアルが家族を持つ。アラスカの原野と、ニューヨークで育った二人は、うまくやっていけるだろうか。ゲイの身体には、二つの文化を背負った新しい生命がすでに息づいていた。

「あの夜、霧のユーコン川を遡《さかのぼ》ったのを覚えている？」

「ああ、寒い夜だった。あたりは霧に包まれて何も見えなかったしな……」

結婚式は、アルの生まれ故郷スティーブンス村でやることになり、その前日、ぼくたちは一日がかりの買い物に追われた。村では、アルの兄弟や村人たちによって結婚式の準備が進められている。ゲイは、当日、フェアバンクスからセスナをチャーターして村に入ることになっていた。

スティーブンス村は、ユーコン川を横切る道からさらに上流で、村の人がボートで迎えにきてくれることになっていた。ぼくたちは買い物に予想以上の時間がかかり、アルのおんぼろトラックで、フェアバンクスをかなり遅れて出発した。

九月のアラスカ北極圏、真っ赤に紅葉した果てしなく続く原野。対向車などまったくないガタガタ道を、アルは結構なスピードで飛ばし、ぼくは運転台に足を乗せ、冷えたコーラで喉《のど》を潤《うるお》しながらなぜか幸福だった。

ユーコン川に着いたのは夜の十二時を少しまわった頃。四時間も遅れてしまった。ボートで迎えにきてくれていた村の人々は待ちくたびれて帰ってしまったと思い、今夜はキャンプをしようとアルと話していた。結婚式の前夜、ユーコン川のほとりで野営をするのも悪くないと。

ところが、夜更《よふ》けのユーコン川に着くと、たくさんのランタンの灯がちらちらと見えるではないか。村人たちは、ぼくたちを四時間も待っていてくれたのだ。誰一人遅れを咎《とが》める者はなく、皆がアルの結婚式を祝福していた。

深い霧に包まれた夜のユーコン川を、ボートはアイドリングの状態でゆっくり進んでゆく。十メートル先が何も見えないのだ。疲れていたぼくは、いつしかウトウト眠ってしまった。

二時間もたっただろうか。「着いたぞ！」という声で起こされると、暗い岸辺に、点々と小さな村の灯が見えていた。冷え切った身体に、家の窓から漏れる明かりがたまらなく温かそうだった。

その夜はアルの弟、ドンの家に泊まることになり、寒さと空腹でふらふらしながら転がり込んだ。丸太小屋は、薪《まき》ストーブの温《ぬく》もりとムースのシチューの匂いで一杯だった。ぼくたちはもうこれ以上食べられないほどムースの肉を詰め込み、ベッドに倒れ込んだ。

翌日は快晴。こんな秋の日のことをインディアンサマーという。村の教会は、十字架がなければ他の家々と見分けがつかない丸太小屋。村中の人々が教会のまわりに集まり、正装したアルに喝采《かっさい》を送り、二人の結婚を祝福していた。ゲイもまた、まぶしいほどきれいで幸せそうだった。

式の後、食べ物がとめどもなくまわってくるポトラッチが始まった。ムースのシチュー、カリブー、クマ、サーモン……。村の年寄りたちのスピーチから感じとることができた彼らのうれしさは、アルが村に帰って結婚式をしたことからくるように思われた。村の若い者が、アンカレッジやフェアバンクスの町へと流れ出てゆく。アルでさえ式が終われば村を離れる。しかし、とにかく帰ってきてくれた。結婚という節目に村に帰ってきてくれた……。

歌が始まった。年寄りたちがフィドルを弾きだすと、踊りの輪ができ、ポトラッチは熱気を帯びてくる。ぼくも引っ張り出され、その輪の中に入ってゆく。踊りに疲れれば、また食べはじめ、いつしか祝宴の夜が更けていった。

「本当にいい結婚式だったな……」

「他の村から来た神父がまだ若くて、ガウンの下から白い運動靴とジーンズが見えていたのを覚えている？」

久しぶりに会ったアルと古い思い出話をしながら、ぼくはふと、あの結婚式の夜のことを思い出していた。

結婚式にはアルの友人がいろいろな所からやって来ていて、ぼくはカリフォルニアから来たというナバホインディアンの男と同じ部屋で寝ることになった。

「アルとはどこで知り合ったの？」

ベッドの用意をしながらぼくが聞いた。無口だが、何か気になる男だった。

「サンフランシスコだ。ずっと前のことだけど……」

ぼくはアルの昔のことをあまり聞いたこともなかった。彼はしばらく黙った後、微笑しながら言った。

「アルカトラズって知ってるか？」

その言葉の意味がすぐにはわからなかった。

アルカトラズとは、サンフランシスコ湾に浮かぶ小さな無人島の名前。そして一九六九年の秋、この島に十四人のインディアンの若者が上陸して、世界中の注目を集める事件が起きる。彼らの呼びかけに答え、アパッチ、ナバホ、ブラックフット……と、全米各地からインディアンの同胞が集結し、この島を十九カ月間にわたり占拠した。近代的な高層ビルが建ち並ぶサンフランシスコの町から見れば、それは奇妙な風景であったが、彼らはこの島が先祖から受け継がれてきた神聖な大地の一部であるとし、歴史の中に埋もれていきそうなアメリカ合衆国とインディアンの関わりに、小さな戦いを始めたのだった。

「アルがこの時の中心人物だったんだ」

その男の言葉が耳から離れぬまま、ランタンの灯を消し、シュラフにもぐり込んだ。村は祝宴の後の深い静けさに包まれ、ぼくは寝つかれないまま、外を流れるユーコン川の気配を感じていた。

アルという男は、そういうものとは最も縁のない人間だと思っていた。ましてや一度もそんな話をしたことがない。あの頃、アルの心の中に土足で入ってゆくようで、アルカトラズのことをはっきり聞いたことはなかった。が、あれから十年という歳月がたち、今、その話を聞けるような気がした。

「アル……。アルカトラズの話を聞かせてくれないか?」

突然の言葉に、アルは少し戸惑い、そして微笑をもらした。

「……ずいぶんと昔の話だな……。でもはっきりと覚えているよ。……あの頃、自分は何かを捜し求めていて、まるで導かれるようにアルカトラズに向かった。島には常時六十人ほどのインディアンが入れ替わり立ち替わりいた。多い時は百五十人にもなったこ

ユーコン川で捕れたサケをさばく老女。豊かな自然の恵みを川がもたらす。

とがあった……。あの時のいろんな風景がよみがえってくるよ。……ひとつの煙草《たばこ》を回しながらくゆらせたり、皆、古くからのしきたりの中で暮らしていた。時々、シャーマンも島にやって来た。何人もの子供が、そこで生まれた……。おれたちは何もなくて貧しかったけれど、そこは自分たちが始めている国だった。そして、それで十分だった。……アルカトラズの時間は、自分の一生でもう二度と起きることのない美しい出来事だった……」

アルは、ビューティフルという言葉を何度も使った。

「ミチオ、誰もが自分の人生を書きつづる力があったらいいだろうな。どんな人間の人生も語るに値するものだと思う……。あの頃、おれが抱えていた問題は、白人に対する憎しみだった。それがどうしても消せなかった。アルカトラズでもそのことをずっと考えていた。とても時間がかかったけれど、その憎しみが消えてから、おれは生まれ変わったような気がする……」

いつしか話は、一人息子、カーロのことになった。

「二つの文化をもったカーロに、おれは自分自身の世界を強要しようとは思わない。でも、時々、ドラムをたたきながら古いインディアンの歌を聞かせている。その時、いつもカーロに言うんだ。一緒に歌わなくてもいいから、今自分がやっていることを止《や》めて、ただ黙って聞けと……」

アルは、今も、ソーシャルワーカーとして働いている。アル中、家庭内暴力、インディアンだけでなく、白人をも含めた人間が抱えるさまざまな問題のカウンセラーとしてである。

ぼくが、アルとの十八年のつきあいの中で感じ続けてきたものは、民族に対する強烈な郷愁だったのかもしれない。言いかえれば、あらゆるものが変わり続けてしまうということの悲しみである。

生まれ故郷のユーコン川の話をしながら、アルは言った。

「ミチオ、アラスカの原野の匂いって、それを体験した者でないとわからないよな……。久しぶりにスティーブンス村に帰って、ユーコンの川べりで寝ているだろ、ふと目を覚ますと、昔と変わらない原野がどこまでも続いているんだ。気持ちのいい風が吹いていて、ユーコンの川面がまぶしくキラキラと光っている。何もかもが昔と同じなんだ……。その時、突然、幻影のように地平線が白人の建物で埋まって見えることがあるんだよ」

アルの心の中に、ぼくが知らない、そして踏み込むこともできない聖域があった。ぼくがアルに魅かれ続けたのは、きっとそのためだった。新しい時代の中で、それはとても壊れやすく、深い悲しみをたたえる聖域だった。

狩猟民族であるアサバスカンインディアンたちは、大昔からムースを捕って生活してきた。それは、現在でも変わっていない。すべての肉を無駄なく使う。

心優しきベトナム帰還兵

降りしきる雨の中、クリンギットインディアンの古老たちによって式が進められてゆく。南東アラスカの町シトカで、約百年ぶりにトーテムポールが建てられるのだ。それだけでなく、ワタリガラスとハクトウワシが初めて一緒になってひとつのトーテムポールに刻まれた。

かつて神話の世界に生きていたクリンギットインディアンの人々は、祖先の始まりを動物と信じ、それぞれの家系の物語をトーテムポールに託した。その家系をクランと呼び、クリンギット族の社会は大きくワタリガラスとハクトウワシの二つのクランに分かれている。そして、そこからさらにハイイログマ、シャチ、サケ、……とさまざまな小さなクランに分かれてゆく。二一世紀を迎えようとする現代も、人々は複雑なクランの関わりの中で生きている。それは社会構成の強さを保つと同時に、クラン同士の長い歴史の中で対立や怨念《おんねん》さえも生みだしてきただろう。

セレモニーが進んでゆく中で、先祖から受け継がれてきた品物が次々と渡されてゆくが、外部の者にはその意味を理解することは難しい。古老たちのスピーチからは、移り変わる時代をクリンギット族が生きてゆくために、私たちはひとつにならなければならないという願いが伝わってくる。同じトーテムポールにワタリガラスとハクトウワシを刻むまでにどれだけクラン同士の話し合い、儀式を必要としたかを、ぼくはクリンギットインディアンの知り合いから聞いていた。

次々とスピーチが続き、この土地のハイイログマのクランを代表して、友人のウイリーがマイクを握った。ウイリーの母親は、クリンギット族の人々が最も尊敬する古老の一人で、ぼくは、昔話を聞くためについ先日彼女を訪ねたばかりだった。南東アラスカの海に息子のウイリーと漁に行った一日のことを思い出したのは、その時のことだった。かつてクリンギット族は一本の大木をくり抜いたカヌーでこの極北の海に生きたように、ウイリーもこの海の潮風に吹かれながら生まれ育った漁師で、オヒョウのシーズンが始まろうとしていた。

「ミチオ、明日漁に出るけど、一緒に行くか？」

「ああ、行きたいな」

「弟のノルマンも来る。朝八時に港で集合だ！」

「それ、ジャパニーズタイム、それともインディアンタイム？」

「うーん、インディアンタイムだ！」

ジャパニーズタイムとは、八時になっても来なければ行ってしまうということで、インディアンタイムとは、遅れてもいつまでも待ってくれるということ。もっと正確には、八時になんて誰も現れはしないということだ。

ぼくたちは会えばこんなふうにふざけあった。とりわけウイリーは可笑《おか》しかった。

漁に出る前、ウイリーは船上からタバコの葉をそっと海面にまき、この海に生きた祖先の魂に祈った。

「あらゆるものが、どこかでつながっているのさ……」

ぼくはマイクを握って挨拶《あいさつ》をするウイリーを見つめながら、あの時の彼の深いまなざしを思い出していた。

いたずらっ子のような彼の目は美しく澄んでいて、相手の心の奥底をいつも優しく見透かしていた。ぼくがウイリーに魅《ひ》かれるのは、きっと、そのまっすぐな視線だった。が、それは深い闇《やみ》を越えてきたまなざしでもある。ウイリーはベトナム帰還兵だった。

より多くの黒人が、より危険な前線に送られたように、エスキモーや極北のインディアンもまた同じ運命をたどった。

「息子はおれの命の恩人なんだ」

かつてウイリーはそう言ったことがある。

ベトナム戦争で五万八一三二人の米兵が命を落としたが、戦後、その三倍にも及ぶ約十五万人のベトナム帰還兵が自殺していることはあまり知られていない。ウイリーもやがて精神に破綻《はたん》をきたし、首をつって自殺を図った。が、その時、わずか七歳だった息子が父親の身体《からだ》を必死に下から支え続けたという。

十年以上も前、ぼくはワシントンＤＣ郊外の森の中の〝ウォール（壁）〟と呼ばれる

かつて神話の世界に生きていたクリンギットインディアンの人々は、祖先を動物の家系と信じた。自分のクランが描かれた礼服を身につけるクリンギットインディアンの人々。

ベトナム戦没者慰霊碑を訪れたことがあった。百五十メートル以上も続く美しい石の壁に戦死者の名前が刻まれていて、陽が沈むとコオロギの合唱にあたりは包まれ、死者の魂が癒《いや》されてゆく清冽《せいれつ》な気配が漂っていた。ぼくはその時、気の遠くなるように続く死者の名前の中に、どれだけ多くのアラスカのエスキモーやインディアンの若者が含まれているのかを想像だにしなかった。

「クルックワンというクリンギット族の村は、あの頃、若者がすべていなくなってしまったんだ……」

と、ウイリーが言っていたのを覚えている。そして生きて帰った多くの若者たちも、戦後、ポストベトナムシンドロームと呼ばれる精神病に侵されていった。

ウイリーは長い心の旅を経て、消えようとするクリンギットインディアンの血を自分自身の中に取り戻そうとしている。そして今も心を病むベトナム帰還兵のインディアンの同胞を訪ねては、その痛みにじっと耳を傾けていた。

いよいよトーテムポールを立てる時間が近づくと、雨が上がり、雲間から陽が射《さ》してきた。何本ものロープをたくさんの人々が握り、かけ声と共にゆっくりとロープは引かれ、トーテムポールは立ち上がった。てっぺんに彫られたハクトウワシを遠くから見つめていると、背後の森のトウヒの大木に一羽のハクトウワシが止まっていた。

夜になり、町の学校の体育館の中でポトラッチが開かれた。一世紀ぶりのシトカにおけるトーテムポール建立《こんりゅう》に、近隣のクリンギットインディアンの町から多くの人々が訪れていた。サケ、オヒョウ、クジラ、ツガの枝についたニシンの卵……。さまざまな自然の恵みがふるまわれた後、それぞれのクランの踊りが始まった。ハイイログマのクランの番になると、再びウイリーが挨拶をした。ベトナム帰還兵のシンボルであるえんじ色のベレー帽をかぶりながら……。

「……私は今、自分が誰だったのかに、やっと気付きつつあります。クリンギットインディアンの祖先の魂と、今日この会場にもいるすべてのベトナム帰還兵に祈りたい……」

ウイリーの舞いは心を打った。会場を包み込む力強いクリンギット族の歌を聞きながら、ウイリーが仲間と始めた〝セブンサークル（七つの輪）〟のことを考えていた。

「ほら、ジャコウウシの群れがオオカミに襲われる時、何層にもなってまるい円陣を組むだろう。知恵のある年寄りが外側に立ちはだかり、次々と世代の層が重なり、一番内側にいる子どもを守ってゆく。その層が開いてしまったところからオオカミは入り込んで子どもをさらってゆく。つまりオオカミとは、ドラッグ、アルコール中毒、自殺、暴力……。今の子どもたちが抱えているさまざまな問題のことさ。セブンサークルとは、そんな願いをもったグループのことなんだ」

ウイリーは心を病むベトナム帰還兵だけでなく、監獄にいるインディアンの若者たち

クランハウスの前で写真を撮る。

部族全員から信頼されているウイリーの母親、エスターを囲んで

をひんぱんに訪ねては再生への道を共に歩いている。それは戦後荒れていた彼自身がたどった道でもあった。そしてウイリーが素晴らしいのは、その行為が風のように自然で、何の気負いもないことだった。

夜更《よふ》けまで続いたポトラッチが終わり、会場の出口でウイリーに呼び止められた。祭りの後の興奮が身体の中にくすぶっていた。

「ミチオ。今晩、スウェットロッジに行くか？」

それはスー族やナバホ族をはじめとするアメリカインディアンに今も残る古い儀式だった。たとえば、自己の魂と出会うため、たった一人で何も食べずに山をさまようヴィジョン・クウェストという旅に出る時、人々はスウェットロッジで身を清めるという。ウイリーはその場所にいつか連れていってくれると約束していた。

「仲間も一緒に行く、全部で五人……。エドとチャックは二人ともベトナム帰還兵だ」

私たちはボロボロのトラックに乗り込み、すでに零時を過ぎて寝静まったシトカの町を出て行った。五人の中には若いインディアンの女が入っている。やがて海沿いの森にトラックを止め、暗い木立の中を歩いてゆくと、赤々と炎に照らしだされた場所が見えてきた。

そこは森の中の小さな空間で、六十歳前後のインディアンの女が、たった一人で火の粉が舞い上がる焚《た》き火を守っていた。そのわきに木をドーム状に組んだ上に厚い布をか

ベトナム帰還兵の証のえんじ色のベレー帽をかぶるウイリー。戦友に祈りを捧げ、魂が込められたダンスをする。

ぶせた低い小さなテントがあり、それがスウェットロッジだった。

ウイリーはその女にぼくを紹介し、今日一緒にテントの中に入ることを告げた。彼女はぼくを見つめ、微笑《ほほえ》みもせずに、良く来たね、とひと言だけ言った。が、その表情には、不思議な暖かさが感じられた。

私たちは裸になり、焚き火のまわりに立ち、燃えさかる炎を見つめていた。その火の中に、大きな石が五、六個、真っ赤に焼けついていた。ウイリーがその石のことをストーンピープル（石の人々）と言ったような気がしたが、何のことかわからなかった。誰一人しゃべらず、パチパチと焚き火がはじける音だけがあたりの静寂を破っていた。まわりの木々が炎に浮かび上がり、ぼんやりとした月明かりが雲を通して見えている。ぼくは見知らぬ世界に踏み込んでいたが、なぜか懐《なつ》かしい気持ちに満たされていた。

父親が死んだ夜、一羽のワタリガラスが飛んできて、スウェットロッジのまわりをぐるぐると回りながら決してその上を横切らなかったという、あるインディアンの友人が語ってくれた話を思い出していた。ぼくは今、その体験話を何の疑問もなく受け入れることができる。

「〝シャチがやって来た〟という古いクランの歌をうたう」

ウイリーが呟《つぶや》くように沈黙を破った。彼は深い自分の心の奥底に降りていて、もうぼくが知っているウイリーではなかった。タイコを小さくたたきながら、古いクリンギットインディアンの歌が闇の中に放たれた。その哀《かな》しい調べは夜の森の静けさにしみ入った。ぼくは炎をじっと見つめながら、その歌が終わらなければいいと思った。

〝火を守る女〟が私たちの身体に、不思議な匂《にお》いでくすぶる薬草の煙を手でかけ、ワシの羽ではたきながら身を清めた。一人一人テントの中に入り、輪になって座った。焼けついた最初の石が、火を守る女によってテントの中に運ばれた。入口が閉められると、中は完全な闇となった。どれだけ目が慣れても、どれだけ目を見開いても、完全な真っ暗闇だった。

すり潰《つぶ》した薬草が回ってきて、それぞれが祈りながら焼けついた石の上にかけると、テントの中はその匂いに満ちてきた。水をかけるとジューッという音をたてながら熱気が溢《あふ》れてきた。

ウイリーは再びタイコをたたきながらクリンギット族の歌をうたい始めた。その囁《ささや》くような声は、歌というより、心の奥からの祈りだった。歌が終わると、闇の中からかすかな言葉が聞こえてきた。

「グランドファーザー……、私は祈ります……、聖なる大地、ストーンピープル、家族、ワタリガラスの魂のために……」

グランドファーザーとは、何か〝大いなる存在〟を意味しているのだろうか。それぞれの祈りが一周すると、入口が開けられ、火を守る女が次の石を運んで来た。そのたびに、闇の中から、外で燃えさかる炎が見えた。石の数が増えてゆくと、熱気はどんどん高まった。頭がもうろうとしてきて、汗が滝のように身体を流れた。時おり、ドールシープの角に入った水が回ってきて、乾いた口に含んだ。ウイリーが小さな声でまた歌をうたい、祈りは繰り返された。

エドは自分がベトナムで殺した子どもの魂に祈り、すすり泣いた。チャックは戦争の後遺症に苦しむベトナムの人々に祈り、声を詰まらせた。インディアンの女は破れた結婚生活に苦しんでいた。

ぼくは意識が薄れてゆく中で、人が祈るという姿に打たれていた。人は旅をしているのだと思った。ウイリーだけではない。エドも、チャックも、暗闇の中で隣に座るインディアンの女も……。そして、誰もが、それぞれの闇の中から抜け出さなければならないのだ。

アラスカで出会った多くの人々が、今、再生しようとしている。世紀末を迎え、次の時代が見えてこない今、その淡い光は、かすかな希望である。そしてさまざまな人間の物語があるからこそ、美しいアラスカの自然は、より深い輝きに満ちてくる。人はいつも、それぞれの光を捜し求める、長い旅の途上なのだ。

クジラと共に生きる若きエスキモー

眼下に広がるベーリング海はまだびっしりと氷におおわれている。ぼくは窓ガラスに額をつけ、リードを見つけるたびに目をこらしてクジラの姿を捜していた。

四、五月になると、氷結したベーリング海に風と潮流の力によって亀裂《きれつ》が入り始める。そうやって現れた小さな海をリードと呼ぶ。この時期、ベーリング海を通って北極海へと向かうホッキョククセミクジラは、呼吸をするためにリードに沿って旅をしてゆく。エスキモーの人々は村の近くに現れたこの氷海でクジラを待つ。六月になってもクジラはやって来るが、その頃にはリードは氷と共に消え、ただ大海原が広がるだけ。エスキモーのクジラ漁はリードという自然から与えられたつかの間の小さな海があるからこそ成り立つ。人々はただ自然に生かされているのである。

ポイントホープの村が近づいてきた。十数年前、ぼくはこの村の人々と共に伝統的なクジラ漁に出かけた。アザラシの皮で作ったウミアックを漕《こ》いでクジラを追い、氷上に引き上げられたクジラのまわりに集まって祈りをささげ、解体が終わった後に残された大きなあご骨を海に返しながら〝来年もまた戻って来いよ〟と叫ぶ村人たち……。それは、〝自然と人間との関わり〟を考えさせられる強烈な体験だった。

十数年ぶりに会うポイントホープ村の懐《なつ》かしい人々……。その中でも同世代のエイモスとの再会は楽しみだった。もう六人の子どもの父親だと聞いているが、あの頃の精悍《せいかん》な面影はまだ残っているだろうか。そして何とも可愛《かわい》らしかった奥さんのデラ。次の時代を担《にな》うあの若者たちが今どんなふうに生きているのか知りたかった。

ケープスマイス（アラスカ北極圏を飛ぶ小さな飛行機会社）の十五人乗りの飛行機が村はずれの滑走路に着陸すると、真っ黒に日焼けしたエイモスと赤ん坊を背負ったデラが出迎えてくれた。私たちは互いにまじまじと顔を見合せ、抱き合って再会を祝した。

「おまえはあんまり変わっていない」

ぼくは十数年という歳月が一瞬にして埋まってゆく嬉《うれ》しさを感じていた。エイモスは荷物をスノーモービルに積みながら、〝ミチオがポイントホープに戻って来た〟とひとり言のように何度も呟《つぶや》いている。

事故が起きたのはその直後だった。村に戻ると人々が騒然としているではないか。

「どうしたんだ！」

「ケープスマイスが墜落した！」

ぼくが乗ってきた飛行機が、ポイントホープを離陸してからすぐ氷海に落ちたという。私たちはパニックになった。子どもを含めたこの村の人々が乗っているのだ。たくさんの村人たちがスノーモービルを全速にして滑走路へ向かってゆく。私たちもそのますぐに引き返した。

デラは半狂乱になりながら神に祈っている。エイモスもまたじっと神に祈っていた。

氷海に面した滑走路のはずれに着くと、数百メートル先の氷上に墜落した機体が見え、すでにたくさんの村人たちがまわりに集まっていた。まだ高度が高くなかったこと、リードの手前の氷上に落ちたことで、重軽傷を負いながらも全員が奇跡的に生きのびていた。あと数分飛び続けていたら誰も助からなかっただろう。デラは緊張が解けたのか止めどもなく泣きじゃくり、エイモスが彼女の身体《からだ》を支えながら〝助かったんだ！〟としきりに励ましている。数時間後、飛行機は氷を突き破って海の中へ沈んでいった。十数年ぶりのポイントホープ村への旅は思わぬアクシデントで始まったが、この二人の神に祈る姿はいつまでも頭に焼きついて離れなかった。

その夜、私たちはやっと気持ちも落ち着き、夕食のマクタックを食べながら積もる話に花を咲かせた。マクタックとは人々が最も好んで食べるクジラの表皮の部分。四月から始まったクジラ漁で、ポイントホープの村はすでに三頭のホッキョククセミクジラを射止めていた。昨年はリードの状態が悪く、三カ月にわたるクジラ漁でたった一頭しか獲《と》れなかったという。そして今年の最初のクジラを射止めたのがエイモスだった。それは名誉なことである。なぜならその年の最初のクジラを獲った者が、六月に行われるクジラ祭りの日を決めるのだ。

エイモスは素晴らしいハンターになっていた。あの頃もすでに若きハプーナー（ウミアックの一番前に座り、クジラにモリを打つ者）だったが、今は一頭のクジラと互角にわた

クジラ漁に欠くことのできないのが、ウミアック。アゴヒゲアザラシ六頭分の皮で作られている。

り合う存在感にあふれている。たくましい身体、どっしりとした風貌《ふうぼう》、責任感に満ちた人間性……。エイモスはクジラ漁の名人だった父親の道をしっかりとたどっていた。

息子三人、娘三人と、六人の子どもに囲まれたエイモスは暖かな家族を作り上げていた。裸になった父親の太い腕にぶら下がり、歓声をあげながら遊ぶ子どもたちを見ていると、ふと遠い昔のエスキモーの家族の風景とオーバーラップした。二十一世紀を迎えようとしている今、遥《はる》かなエスキモーの村のどの家にもテレビがあり、ガスのキッチンだってある。が、エイモスの家庭は新しい時代の中でも何かを失っていなかった。それは家族の強いつながり、狩猟への想《おも》い、自然の恵みと共にある食生活……かもしれない。エイモスの家族の中にいるとなぜか気持ちが暖められるのである。

「お父さん、ガンの群れが渡ってきたよ！」

「今日はおじいちゃんが家でガンのスープを食べようって！」

ある晩、私たちは年老いたエイモスの父親の家に集まった。今年初めての渡り鳥のスープを食べるためである。もう八十歳になろうとする古老が食事の前に感謝の祈りをささげた。かつて自分が獲ったたくさんのクジラに祈ったように……、そしてエイモスも、子どもたちも、もう多くを語らないこの慈愛に満ちた老ハンターを慕っていた。

十二歳になる息子のベンは、すでにクジラ漁の氷上のキャンプで働き始めている。クルーが寝ている間、夜通しアザラシの脂《あぶら》と流木を燃やしながらテントの暖を絶やさないのが子どもの仕事である。一人前のクジラ漁のハンターになるために必ず通らなければならない道だった。そして子どもは普通、父親のキャンプのクルーではなく、別のクジラの組（ウミアックをもつ古老を中心に出来上がったそれぞれのグループ）に働きに出される。いわゆる修行のようなものなのだろう。〝あの子はとてもいい〟と、村人たちがベンのことを話していたとエイモスは嬉しそうだった。古老からエイモスへ、父親から子どもたちへ、遠い昔から受け継がれてきたひとつの道が確実に続いていた。

ガンのスープは格別にうまかった。その野生の味をかみしめながらぼくは春を感じていた。季節が運んでくる自然の恵みを追って歳月が過ぎてゆく。その何でもない暮らしの中でエイモスの家族は生きていた。新しい時代の渦に巻き込まれながら自分を失い、さまざまな問題を抱えながら心の旅を続けるアラスカ先住民の若者たちを見てきた後、エイモスの存在は新鮮だった。

日曜日の朝、デラが村の子どもたちを集めて教える日曜学校を見に行った。クリスチャンである村の老女の家に集まった子どもたちは、イタズラをしたり騒ぎながらも、一応デラの話に耳を傾けている。遅れてやって来た子どもたちが次々にバタンとドアを閉めながら駆け込んでくる。子どもたちは一週間に一度こんな場所で集まることを楽しみにしているだけなのかもしれない。ぼくはデラの一生懸命さと、子どもたちとのギャップが可笑《おか》しかったが、やはり心暖まる光景だった。

シャーマニズムの時代は遠く去り、二十世紀初めまでにはキリスト教がそれにとって代わった。私たちがシャーマニズムに対するある種のノスタルジアをもって白人の宣教の歴史を非難するのは簡単なことかもしれない。それによってひとつの世界が失われていったのは確かなのだ。が、人々がシャーマニズムの呪縛《じゅばく》から逃れられたのもまた事実なのである。そして、おそらく、人々はそれを望んでいたのだろう。暮らしが変わってゆくということは、それが何かを失いながら思わぬ結果を生むにせよ、私たちが望む豊かさに向かって動いている。犬ゾリがスノーモービルに変わったのは人がその豊かさを選んだのだ。ただ、豊かさとは、いつもあるパラドックスを内包しているだけなのだ。昔は良かったというノスタルジアからは何も生まれてはこない。

デラを見ていると、彼女がどれだけ村の子どもたちの未来を案じているのかがひしひしと伝わってくる。地の果てのようなポイントホープの村、その中で何かを願いながら働くデラの姿。そのささやかな行為にぼくは打たれていた。そのメッセージとは、私たち一人一人がその一生において果たす大切な役割であり、この世界をほんの少しずつ良い方向へ変えることができるかもしれぬという祈りだった。

ある晩、ぼくはエイモスとお互いの子どもの未来について語り合った。

「いつか子どもたちの誰かが別の世界を見たいと言ったら、日本に来たらいい、面倒を見るから……」

エイモスは良き父親であり、優秀なハンターでもある。なによりも彼は、ポイントホープ村の次の世代を担う男だ。

「おまえの息子もいつかポイントホープに連れて来い、一緒にクジラ漁に行けるぞ」

そんなことが本当に出来たら何て素晴らしいのだろう。そして同世代のエイモスとそんなふうに一緒に生きてゆくことができるかもしれぬことが嬉しかった。

四月に最後のクジラを獲ってからもう一カ月が過ぎようとしていた。風がずっと南から吹いていて、リードが閉じてしまったのだ。気温が少しずつ上がり始めて氷の状態も不安定になってきた。もしかすると今年のクジラ漁はこれで終わりかもしれない。

ぼくは懐かしい人々を訪ねたり、六人の子どもを抱えて忙しいデラの手伝いをしながら毎日を過ごしていた。村の学校の管理を任されているエイモスも、絶えず雑用に追われている。〝忙しい、忙しい……〟と小さな村の中を駆け回っているエイモスを見ていると、彼がポイントホープの次の時代を担う人間であることが読み取れた。

ある日の夕暮れ、ぼくは村はずれの海岸線を歩いていた。ベーリング海から押し寄せる霧が大地をはうように現れては消えてゆく。雪が溶けたツンドラを踏みしめながら、まだ氷におおわれたベーリング海にも春が近いことを感じていた。どこかにリードが見えないかと、目の前の盛り上がったツンドラの上に立った。真平らな北極圏のツンドラではわずか一メートルの高さが視野を広げてくれるのだ。ぼくはその盛り上がりが何なのかまったく気付いていなかった。

が、その上から海岸線を見渡すと、同じような起伏が正しくどこまでも続いているではないか。ぼくが立っていたのは、何百年、いや何千年も昔の土のイグルーで作られたエスキモーの住居跡だったのだ。ポイントホープで発見されたエスキモーの世界最大の住居跡とはこの海岸線のことなのだろうか。つまり遠い昔、この地の果てのような村が、北アメリカの人間の文化の中心地だったのである。

さらにしばらく歩いてゆくと、ツンドラから突き出るクジラの骨があちこちに見えてきた。その多くは歳月の中で朽ち果て、白い骨はさまざまな地衣類におおわれている。何という美しい墓なのだろう。

ぼくはそのいくつかをまわりながら、やっと捜していた場所にたどり着いた。その墓は比較的新しく、クジラの骨の付け根には花が飾られている。ぼくはこの土の下に眠る古老を知っていた。ローリー・キンギック……。エイモスの父親のように、エスキモーが真のエスキモーだった時代の最後のクジラ漁の狩人《かりゅうど》だった。ぼくは十数年前にローリーと交わした会話をふと思い出していた。

「ローリー、一生で何頭のクジラを獲った？」

「二十頭だったか、三十頭だったか……そんなことはもう忘れてしまったよ」

クジラと共に生き、クジラと共に帰ってゆく人々……この村に残されたあと数人の古老と共に、ポイントホープのひとつの時代は終わろうとしている。

が、ぼくはエイモスのことを考えていた。彼がいつか年老いた時、この村の大切な古老になってゆく風景が見えるのだ。いや、きっとエイモスだけではない。アラスカのさまざまな村で、新しい時代に希望を託す次の世代が確実に生まれている。

氷海から押し寄せる霧が、天空に向かってツンドラに立つクジラの骨を優しく撫《な》でていった。美しい墓のまわりにはなぜかそこだけ極北の小さな花がつぼみをふくらませ始めていた。あらゆる生命が、ゆっくりと生まれ変わりながら、終わりのない旅をしている。

極北の原野を流れる〝約束の川〟を旅しよう　一

「いつか、アラスカ北極圏の川を一緒に下ることができたらいいね。千年も、二千年も前と何も変わらない極北の原野を、川の流れに身を任せながら、ゆっくりと旅をする……」

「太古の昔からずっと繰り返されてきたカリブーの季節移動や、オオカミに出会いたいわね……」

「素晴しい川を見つけよう……そうしたら、行こうよ。必ず出かけよう……」

いつか、いつか一緒に旅をしようと、ずっと語り続けてきた〃約束の川〃があった。会うたびに、そんな夢を語り始めてから、いったい何年が経《た》っただろう。ある時、ふと、残された時間の短さに気付かされた。八十歳に手が届こうとするシリアとジニーは、ゆっくりと歳老《としお》いていた。私たちの〃約束の川〃は具体化されなければならなかった。

「シーンジェック……はどうだろう。アラスカ北極圏を東西に横切るブルックス山脈から、南へと向かって流れ、ユーコンへ注ぎ込む川さ。昔からずっと憧《あこが》れていた川なんだ」

ある日、消えかけた夢を呼び戻すように、ぼくは話してみた。アラスカのパイオニアの時代を生きたシリアとジニーの顔が、遠い娘の日のように輝いた。

「大賛成！　……シーンジェックにはいつか行ってみたいと思っていた。これまでたく

アラスカ大学の博物館に飾られているミュリー夫妻の絵。
この時の旅は、“Two in the Far North”の中で語られている。

さんのアラスカの川を旅したけれど、なぜかあの川だけは下ったことがないの」

壮大なブルックス山脈の谷を、ゆるやかに流れるシーンジェックは、私たちにふさわしい川かもしれない。アラスカ北極圏へカリブーの撮影に向かう途中で、これまで何度もこの美しい谷の上を飛んでいて、キラキラと光る水の流れは、いつもぼくを魅《ひ》きつけた。人の気配など何もない世界だが、そこは極北のインディアンが遠い昔からカリブーの狩猟に生きた土地である。一見未踏の原野に、実はたくさんの物語が満ちている。シーンジェックは神秘的な土地だった。

そしてもうひとつ、私がシーンジェックへ行ってみたい大切なわけがあった。それにはまず、アラスカの伝説的な動物学者、ミュリー兄弟の話から始めなければならない。ナチュラリストであり、探検家であり、アラスカの未明の時代に限りないロマンを与えたパイオニアだった。

もう半世紀以上も前に、オーラス・ミュリー、アドルフ・ミュリーの兄弟がアラスカの原野に残した動物学者としての足跡を、その後誰も超えてはいない。カリブーの季節移動やオオカミの調査の為《ため》、犬ゾリを駆って未踏の原野を旅し続けたこの二人は、アラスカの自然に関わる者にとって憧れの人だった。日本でも、『マッキンレー山のオオカミ』という本が訳されているのを記憶している人もいるだろう。そして晩年、この兄弟がアメリカの自然保護運動の出発に果たした役割は大きい。

アラスカ大学の博物館の入り口の壁に、広大な谷を見下ろす二人の男女を描いた大きな絵が飾ってある。それは若き日のオーラス・ミュリーと妻のマーガレットがブルックス山脈を旅したときの姿を描いたものだった。未亡人となったマーガレットが晩年に書いた〝Two in the Far North（二人の極北）〟は、今も多くの人々に読まれているアラスカの古典である。〝一体人生で一番大切なことは何なのだろう〟という文で始まるこの本は、この土地に憧れてやって来るたくさんの人々に夢を与えてきた。

その中に、〝シーンジェック〟という章があった。夫妻がまったく未踏であったシーンジェックの谷を旅し、ラストレイク（最後の湖）と名付けた湖の湖畔でひと夏を過ごす物語である。ぼくは、そしてシリアとジニーも、この章が好きだった。アラスカの古き時代に想《おも》いを馳《は》せ、一体何度この章を読んだかわからない。そしてアラスカ大学の博物館に飾られてあった絵が、シーンジェックの谷だったのだ。

そしてマーガレット・ミュリーは、シリアとジニーのパイオニア時代からの旧友で、九十五歳となった今もワイオミング州で暮らしている。ぼくも十年以上も前に、ロッキー山脈の麓《ふもと》で一人で暮らすマーガレットを訪ねたことがあった。シーンジェックへの私たちの想いには、そんな物語が重なっていた。

ぼんやりとした、心の中の川は、はっきりと地図上に像を結んだ。大切な川が、熟した実が落ちるように決まったのだ。シーンジェックは、シリアとジニーにとって〝最後

わくわくしながら出発を待つ四人。

夢にまで見たシーンジェック。壮大なブルックス山脈の谷をゆるやかに流れる美しい川だ。シリアとジニーの二人と、いつか一緒に旅をしようと話していた〝約束の川〟でもある。

の川〟になるはずだった。アラスカのひとつの時代を、最もキラキラと輝いて駆け抜けた二人の女性の、最後の小さな冒険になるはずだった。

六月三十日、アラスカは初夏の季節。想い続けた夢がかなう日の朝は、どうして心がシーンと静まり返るのだろう。が、空港の裏手のフロンティア航空の古ぼけた事務所に着く頃には、何だか気持ちが高ぶってきた。シリアとジニーが山のような荷物を背負ってやってくる。私たちの共通の友人であるマイクもこの旅に参加することになった。小学校の先生だが、アラスカの川下りのエキスパートであり、心強い助《すけ》っ人《と》だ。そして誰もが遠足へ出かける子どものようにはしゃいでいる。

「とうとう実現したね！」

「オニギリをつくってきたから、ひとつあげるよ！」

「オーイ、ゴムボートを運ぶのを手伝ってくれ！」

「ミチオ、あなたが食事当番だったでしょ。献立はなあに？」

「えーと、写真係を決めようよ」

私たちは、十人乗りの飛行機で、極北のインディアンの村アークティックビレッジまで飛び、そこからセスナでシーンジェックの谷に入ることになっていた。初夏の北極圏は、毎年違う川沿いの残雪や水位の状況でセスナがどこに着陸できるかもわからなかったが、誰もそんなことは心配していなかった。シリアもジニーも、何が待っているかわからないアラスカの自然に生きてきた。大切なことは、出発することだった。私たちを乗せた飛行機は、新緑のフェアバンクスを飛び立ち、まだ夏浅いアラスカ北極圏へと向かっていった。

「見ろ、カリブーの群れが旅をしている。北へ向かっているんだ！」

アークティックビレッジでセスナに乗り換え、シーンジェックの谷へ向かう途中、ブッシュパイロットのドンの声がヘッドフォンから聞こえてきた。窓に額をつけると、眼下のブルックス山脈の稜線《りょうせん》を四、五百頭のカリブーの群れが帯のようになって動いている。極北の原野を風のようにさまようカリブーの旅は、途方もないこの土地の広がりにたしかな意味を与えている。セスナは稜線上を旋回した後、再びシーンジェックの谷へと向かっていった。

この旅のパイロットで、私たちの共通の友人でもあるドンは、四人のメンバーを運ぶため、極北のインディアンの村アークティックビレッジとシーンジェック川の間を二回往復しなければならない。あふれるような装備と、シリアとジニーを乗せて飛び立った最初の便が空で戻ってきた時、ぼくとマイクはホッとした。とりあえずシーンジェックの谷のどこかに着陸できたことがわかったからだ。

いくつもの稜線を越え、突然目の前に壮大な谷が広がると、原野をゆるやかに蛇行する銀糸のような水の輝きが見えてきた。あれだ、シーンジェックだ！　いつの日か、い

アラスカのパイオニア時代を生きてきたシリア（右頁）とジニー。
二人は、遅れてアラスカにやってきたぼくに、いつも何かを託すようにアラスカの物語を語ってくれた。
この旅は、そんな二人とぼくが分かち合うことができる最初で最後の物語になるような気がする。

つの日かこの美しい川を下りたいと思いながら、もう十八年がたってしまった。

川の流れに沿ってさらに北へ飛び続け、ブルックス山脈の深い谷がどんどん両側に迫ってくると、シリアとジニーに違いない二人の人影が川原に見えてきた。セスナは山肌に沿って大きく回り込みながら降下し、やがて強い衝撃と共に二、三度大きくバウンドすると、あっという間にあたりの風景は止まっていた。

ドアを開け、川原に降りると、私たちの目の前にシーンジェックは蕩々《とうとう》と流れている。テントを張っていたシリアとジニーが小走りにやって来た。

「私たちとうとう来たわね！」

「やっと来たね、シーンジェックだよ」

私たちは、まるで子どものようにはしゃぎながら、互いに抱き合っていた。

セスナが飛び立ってゆくと、ブルックス山脈の谷の不気味なほどの沈黙が押し寄せ、聞こえるのはシーンジェックの川音だけだった。それは一度も乱されずに続いてきた太古の静けさのような気がした。私たちは川べりに立ち、その静寂に耳をすませていた。

出発前に、シリアはワイオミング州に暮らすマーガレット・ミュリーに電話をかけていた。これからシーンジェックへ向かうことを伝えるために……受話器の向こうで、九十五歳になるマーガレットは懐《なつ》かしそうにシリアの言葉に耳を傾けていたという。あれから半世紀以上もたつというのに、シーンジェックの谷は昔と何も変わることなく静まり返っていたのである。

「ミチオ、私たちをここに連れてきてくれてありがとう……」

突然のシリアの言葉に、これが二人にとっての最後のブルックス山脈の旅になることを感じていた。シリアとジニーのこの数年の会話の中で、これまでと違う気配にふと気付くことがあった。誰もが、それぞれの老いにいつか出会ってゆく。それは、しんとした冬の夜、誰かがドアをたたくように訪れるものなのかもしれない。

が、とにかく私たちはやって来た。ぼくは、ふと、〝思い出〟ということを考えていた。人の一生には、思い出をつくらなければならない時があるような気がした。シリアもジニーも、その人生の〝とき〟を知っていた。

年齢の差を超え、私たちが大切な友人同士だったのは、アラスカという土地を、同じ想いで見つめていたからだろう。シリアとジニーは、ずっと遅れてこの土地にやってきたぼくに、何かを託すように語り続けてくれた。そしてシーンジェックの旅は、ぼくが最初で最後に分かち合う、二人の物語になるような気がした。

夜が明ければ、シーンジェックの美しい流れが私たちを運んでゆく。

焚き火の前でくつろぐジニーとシリア。

ミチオとの旅

シリア・ハンター

アラスカのシーンジェック川をのんびりと旅した話の結末は、私たちの最良の友ホシノミチオが亡《な》くなってしまったために、残念ながら私が書くことになってしまいました。

シーンジェックは、ジニーと私にとって特別な意味を持っています。私たちの親友、マーガレットとオーラス・ミュリーが三人の若い学生たちを連れて、一九五六年の夏、野生動物や鳥を観察したり、探索してまわったのがシーンジェックの上流だったからです。当時、オーラス・ミュリーはウィルダネスソサエティの会長で、他のナチュラリストたちと共に、アラスカのこの北東端に広がる野生生物の聖域に思いをよせ、その南の果てを自分たちの目で確認しようとしていたのです。その後、この地域は、北極圏野生生物保護区に指定されました。

ミュリー夫妻は、ラストレイクという湖を最後のキャンプ地にしました。ミチオと私たちの旅の目的のひとつは、この地を訪れ、北極圏の野生生物保護に多大な貢献をした夫妻を讃《たた》えることにありました。そこで、私たちは、夫妻が野生を完全な姿で残そうと尽力してくれた結果、人間による開発の手を逃れることができた、雄大なシーンジェック渓谷の原生自然を心ゆくまで満喫したのです。

ミチオは、私たち三人の共通の友人であるマイク・コナーをラフト（ゴムボート）を漕《こ》ぐボートマンに選びました。でも、食事当番を決める段になると、ミチオは、頑として、それは自分がやるんだと譲りません。自然の中を旅する時には、美味《うま》いものをたっぷり食べたいんだ、だから食事のことは自分が計画をもって担当する、と彼は私たちに宣言したのです。

それに対してジニーが抗議をしました。「でも、ミチオ、私、朝食にスシなんか食べたくないわ」と。ミチオは笑って、朝食にはふつうのライスを出すよと約束しました。そして、すべての食料品を自分が買い揃《そろ》え、私たちの分まで準備してくれたのです。旅の間、彼は皆の食事を作り、私たちはそれをたっぷり美味《おい》しくいただきました。

私たちの旅は、のんびりとした、楽しいものでした（アラスカの人なら、こういう旅を「レイドバックな」旅と言うでしょう）。毎日、数時間、川をボートで行き、後の時間は岸に上がって周辺を探索してまわるのです。旅が終わるまで良い天気が続きました。明るい太陽、ポッカリ浮かんだ白い雲。実際に目にすることができたのはカリブーのつがいと二頭のオオカミでしたが、そこここに野生動物の息づかいを感じました。オオカミは、ある朝、私たちがキャンプをたたもうとしていた時に、そばを通ったのです。ジニーが、ちょっとごめんなさいねといって、干上がった川床に沿った崖《がけ》の陰にしゃがみ、用を足していた時、後ろで突然「ウーッ」という唸《うな》り声がするので、振り向くと、そこに灰色のオオカミの目がジニーを見すえていたのです。私たちは、しばし、その美しい、毛が赤みをおびたオスのオオカミが、高台を東に駆けてゆく姿を眺めていました。途中から灰色の毛のメスが加わり、二頭は私たちを警戒するような眼差《まなざ》しで見つめてから、静かに消え去っていきました。

　ある日の午後、私たちは、草原丘陵地帯を数マイル越えて、ラストレイクへとハイキングをしました。丘が多いので、私たちの歩調はゆっくりとしたものでした。ツンドラの大地にすわり、穏やかな、黒ずんだ湖を眺めながら、私たちは湖の向こう、東側の山の、青白い色をした、岩の多い斜面を観察しました。そして思ったものです。あれがミュリー夫妻一行が〝キャンプ・マウンテン〟と名付けた山かしらと。もっと時間があって、あの山に登れたら、楽しかったことでしょう。湖の向こうの、灌木《かんぼく》の繁《しげ》った一帯のヤナギの木々の間で、一頭のオスのムースが葉《は》を食んでいました。もしかしたら、あれは、かつてミュリー夫妻が観察したムースの子孫だったのかもしれません。

　私たちは、（ボートで川を行き）思ったよりも早く、川の西側沿いの断崖《だんがい》のところに到着しました。キャンプを張るのに適した場所です。ボートを岸に上げ、荷物をおろし、長い三日月型をした湖を眺め下ろせる丘の上まで運びました。アークティックビレッジとフェアバンクスに戻るための水上飛行機は、そこで私たちをピックアップしてくれることになっていたのです。旅の最後のテントをそこに張り、ミチオが夕げの支度を始め、私たちは蚊をピシャピシャ叩《たた》きながら、湖を横切っていく二羽の白鳥を眺めていました。

　その夜は雨でした。朝になると、連なる丘の東側の方に、雲が低く垂れ込めています。とても飛行機が飛んでこられる天候ではありません。雲が晴れるまで待たなくてはなりません。ミチオは、それまではすっかり大自然の世界に浸っていたのですが、突然、不安そうに、ソワソワし始めて、家に帰りたがりました。フェアバンクスで彼の帰りを待っている奥さんのナオコや、二歳になる息子のショウマに早く会いたいと思っていたのです。お昼も過ぎた頃、雲が薄くなり、待ちかねていた水上飛行機がこちらに向かってくる音が聞こえてきました。ミチオとマイクが最初の便に乗り、フェアバンクス行きの飛行機に間に合うよう、アークティックビレッジに飛びました。

ジニーと私は、積み上げた荷物や空気をぬいたラフトの上に腰かけて、飛行機が戻ってくるのを待ちました。そして、私たちはフェアバンクスて直行して、帰途についたたのでした。

ジニーと私は、今でも、あの不思議な旅のこと、そしてあのような素晴らしいプレゼントをしてくれた、穏やかで、思慮深い男のことを思い浮かべます。自分のスピリットを自然界の鼓動に共鳴させていた男、それがミチオでした。彼は大地と一体になり、そこに暮らす動物たちと一体になっていました。ミチオのおかげで、私たちは、人間の生活と共にある野生の役割、そしてその存続が人間に必要であるということを、理解することができるのです。

一九九六年八月十三日

解説「未来を紡《つむ》ぐ遺志」

星川　淳

「あの風景は本当にベーリンジアそのものですよねえ……」

星野がしみじみと語った言葉が蘇《よみがえ》る。ブッシュパイロットのドン・ロスと写真家のキム・ヒーコックスと私の三人は、アラスカの春の風物詩であるユーコンの解氷を河口まで追う爽《そう》快《かい》な取材から帰ってきたところだった。星野がいう風景とは河口付近のユーコン・デルタのことで、その言葉どおり、ユーコンと南のコスコクィム川とのあいだにえんえんと広がるツンドラ氾濫《はんらん》原は、氷河期にユーラシアと北米を結んだベーリンジア（ベーリング陸橋）の面影を色濃く残していた。

上流から次々と進む解氷の最前線を空から追いかける短い旅に、ベテラン・パイロットのドンを太鼓判つきで紹介してくれたのは星野だった。キムはアラスカを代表する写真家で、デナリ（マッキンリー）国立公園のレインジャー時代から星野とつきあいが深い。星野の生前、アラスカで仕事をするということは、必然的に星野の世話になるということであり、彼の心温まる交友の輪に触れるということであった。ユーコン河口からデナリの西の山麓《さんろく》をかすめてフェアバンクスまで、長い飛行を終えた三人が星野宅に寄ったのも、そんな必然の一端だった。

ベーリンジアはまた、星野と私を結ぶ絆《きずな》でもあった。一九九二年にはじめてアラスカを訪れたとき、星野が新築まもないその自宅近くの森へ散歩に誘ってくれたことから、私の人生にとっても作家としても、まったく新しい道が開けることになったのだ。春の雪が残るトウヒとシラカバの森で、シベリアからアラスカへ二つの大陸のかけ橋を歩いて渡る古代狩猟民の旅を描こうという強いインスピレーションを受けた。以来、私たちはまるで秘密の趣味を共有する少年のように、先史モンゴロイドの北米移住を熱っぽく語り合うようになった。このつまりこの二〇一二年の解氷取材も、小説の舞台設定を確かめる目的だった。

モンゴロイドという言葉は、英語では主に「蒙古症《もうこ》」つまり日本でいうダウン症を意味するので人種や民族を表わすにはふさわしくないらしい。けれども日本人がアラスカを歩くと、否応《いやおう》なくモンゴロイドとしての出自を思い出させられる。いや、どこか深いところからその記憶を呼び覚まされるといったほうが近いかもしれない。

そこで出会うネイティヴ（先住民）の人びとが、親戚《しんせき》みたいな懐《なつ》かしい顔をしているからだけではない。アラスカの大地を踏む私たちの胸に、直接何かが呼びかけてくるからだろう。西のかなたに母国を意識する望郷の想《おも》いが、知らず知らず時間の枠をはみ出して、ユーラシアから北米へ渡った極北の狩人たちの旅と重なるのか。それは、アラスカで十八年の時を刻みながら、およそ立ち入れるかぎりの土地を訪ね、さまざまな先住民と肌身を接した星野道夫も、長いあいだ温め続けたテーマだったらしい。

星野ほどたくさんの顔をもった人間を、最後の数年だけしか知らない私が一面的に語りたくはない。が、新居を建ててアラスカに本気で腰を据える決心をしたあと、『イニュニック』や『旅をする木』から本書『ノーザンライツ』を経て、絶筆となった『森と氷河と鯨』にいたる鬼気迫るほどの筆致の深まりは、彼が英語でいうソウル・サーチング（ふつう「鋭い自己省察」の意味に使われるが原義は「魂探し」）の糸をベーリンジアの両岸へ張り渡し、それをゆっくりとたぐっていった実りだと思う。

それまで、自然や精神の死活問題を取り上げるときは独特の抑制を持ち味としていたのが、ときには驚くほどはっきり意見を表明するようになった。どこかで死を予感して、これだけは言っておきたいという想いも働いたのだろうか。最後のシベリア取材のスナップを見ると、面構《つらがま》えまで荒武者さながらのものがある。やさしい語り口と繊細な感性の奥に秘めた熊《くま》の本性を見抜いて、ウィリー・ジャクソンたちクリンギット族は星野に「カーツ（熊）」の名を贈ったのかもしれない。

一九九五年の秋か九六年の春か忘れたが、書き上げた小説の続編に向けて家族ぐるみ北米に仮住まいしていた私のところへ、久しぶりに星野から電話が入った。

「ぼくも受けましたよ、スウェット！」

互いの近況報告のあと、うれしそうな声で急に話題をアメリカ先住民の浄《きよ》めの蒸気風呂《ぶろ》に移した。星野と合作のような気持ちで仕上げた最初の小説『ベーリンジアの記憶』（幻冬舎文庫）にそれが出てくるのと、私が何度かその体験を話したのをおぼえていて、自分の初体験も打ち明けたくなったのだろう。本書の「心優しきベトナム帰還兵」に登場する〝セブンサークル〟のスウェットロッジだ。息づまる熱気の中で星野が何を考え、何を祈ったのか――もちろん、そんな野暮なことは聞かなかった。しかし、文末に記された「人はいつも、それぞれの光を捜し求める、長い旅の途上なのだ」という名句は、旅ゆく人びとに末永く記憶されるにちがいない。

書き手としての星野には、アラスカの自然が培《つちか》った底力がある。自然のただ中に長く身を置く者だけに備わる力だから、みるみる磨かれて、書くことを専業にする者が読んでも脱帽するしかなくなった。それだけ自然の懐《ふところ》に抱かれ、育ててもらえたのは、努力や才能もさることながら、とにかく幸せな男だったと思う。

視覚的にも、あれほど本当に美しいものをたくさん見た人間は稀《まれ》なのではなかろうか。われわれが何回か、ひょっとしたら何十回か生きる分を見てしまったかもしれない。私など、ふだん屋久島に住んでいても、アラスカへ行くと目の保養を通り越して、圧倒的な視覚のエクスタシーで陶酔させられる。生命の営みが乱されずに息づくさまというのは、魂を揺り動かすものなのだ。その意味では、比較的手つかずの自然が残る国立公園のような地域を島にたとえるなら、アラスカは逆にまだ人間の営みのほうが大自然の中に孤島となって散らばっている場所だといえる。

じつは、私は星野の写真をそれほどじっくり見るほうではない。あまりよく見ると、いつか自分の目で見たときに星野の目がこびりついていては困るという一種の防衛本能が働くのか、たいていチラッと横目で見て、頭のどこかで次にアラスカへ行けるのはいつかを考えている。しかし次の瞬間には、余計なことを考えずに目の前の自然をよく見ようと気を取り直すので、結局星野の写真はおざなりにしか見ないことになる。

それにしても、星野の撮る動物たちはどうしてあんなに星野そっくりの顔つき目つきなのだろう。星野が動物たちに似てしまったのならわかるが、せめて一度でも撮影現場で両方を見比べられればよかった。たぶん、そのときはこちらも似たような顔をしていたりして……。

生前、星野から会うことを勧められた人たちに少しずつ会っている。

ハワイ島に移住したハウイとアーナ・キャントナー夫妻。だれもが裸足《はだし》かサンダル履きの南国で、それほど広くない農園をジャングルのようにして丹精込めるハウイが、しっかり編み上げ靴を履いているのがおかしかった。次はいつか、コバック河畔へ息子のセスを訪ねてみたい。そのときは、ついでにドン・ウィリアムスにも会えるといい。ボブ・サムには会っていない。映画『地球交響曲《ガイアシンフォニー》／第三番』のおかげで多くの日本人に親しまれ、たぶん見知らぬ訪ね人は間に合っているだろうから。

ボブを星野に紹介した作家で人類学者のリチャード・ネルソンとは親交を結んだ。ネルソンが南東アラスカの暮らしぶりを描いた『内なる島』（めるくまーる）を邦訳する中で、ネルソンと星野が南東アラスカの自然をテーマとした合作を話し合っていたことがわかり、日本語版には星野の遺作を添えることになった。長年のフィールドワークで、ユーコン支流コユクック川流域に住むコユコン・インディアンから二人で昔話を聞き込まれたこともあり、星野が最後に取り組んだワタリガラス神話の世界を体で知っている。

「ミチオ、私にだまされたと思って買いなさい」（『イニュニック［生命］』新潮文庫）と励まし、星野の土地購入とアラスカ定住を決定づけた隣人のカレン・コリガン＝テイラーからは、隣人かつ親友ならではの裏話をたくさん聞いた。死後、日本で神格化じみた星野人気が起こっていることには懐疑的で、自然を愛するつもりなら神秘めかさずに、しっかり科学的な知識を養うべきだという。原子力の危険を科学的な立場から訴え続けてきた高木仁三郎（原子力資料情報室）のような、身近なビル・プルーイットを見逃さないでほしい、と。おそらく星野を一番よく知る友人の一人で、日本文学者でもあるカレンの言葉には、オーロラのむこうから星野もうなずいていそうだ。

しかし、星野亡《な》きあと、われわれはアラスカという巨《おお》きな物語をどうやって聴き続ければいいのだろう。そして、星野が聴きかけて倒れた極東ユーラシア一万年の物語は——。どちらにも、押しとどめ難い変化の波が押し寄せている。いまならまだ、星野のような優しさ、星野のような謙虚さで自然に触れ、人びとに触れる者にしか記録できない風景と物語がある。いや、星野の優しさは最後に、そうした風景や物語を記録したり守ったりするだけでなく、はるかな未来へ向けて蘇らせ、新しく紡いでいこうとする決意に変わりはじめていたのではないか。

どうだミチオ、残されたわれわれにそのための力を貸してくれ。

（平成十二年一月、作家・翻訳家）

この作品は一九九七年十月新潮社より刊行された。

〈初出〉
「ＳＩＮＲＡ」一九九五年一月号～一九九六年九月号（未完）。
シリア・ハンター「ミチオとの旅」は、一九九六年十月号に掲載。

星野道夫著
イニュニック〔生命〕
――アラスカの原野を旅する――
壮大な自然と野生動物の姿、そこに暮らす人人との心の交流を、美しい文章と写真で綴る。アラスカのすべてを愛した著者の生命の記録。

新田次郎著
アイガー北壁・気象遭難
千八百メートルの巨大な垂直の壁に挑んだ二人の日本人登山家を実名小説として描く「アイガー北壁」をはじめ、山岳短編14編を収録。

新田次郎著
アラスカ物語
十五歳で日本を脱出、アラスカにわたり、エスキモーの女性と結婚。飢餓から一族を救出して救世主と仰がれたフランク安田の生涯。

森下典子著
猫といっしょにいるだけで
五十代、独身、母と二人暮らし。生き物は飼わないと決めていた母娘に、突然彼らは舞い降りた。やがて始まる、笑って泣ける猫日和。

岩合光昭著
岩合光昭のネコ
10年以上に渡って47都道府県のネコを撮り続けた著者の決定版。人と風景に溶け込みながら逞しく、楽しそうなネコ、ネコ、ネコ！

千松信也著
ぼくは猟師になった
山をまわり、シカ、イノシシの気配を探る。ワナにかける。捌いて、食う。33歳のワナ猟師が京都の山から見つめた生と自然の記録。

新潮文庫最新刊

塩野七生著

小説 イタリア・ルネサンス4
—再び、ヴェネツィア—

故国へと帰還したマルコ。月日は流れ、トルコとヴェネツィアは一日で世界の命運を決する戦いに突入してしまう。圧巻の完結編！

林 真理子著

愉楽にて

家柄、資産、知性。すべてに恵まれた上流階級の男たちの、優雅にして淫蕩な恋愛遊戯の果ては。美しくスキャンダラスな傑作長編。

町田 康著

湖畔の愛

創業百年を迎えた老舗ホテルの支配人の新町、フロントの美女あっちゃん、雑用係スカ爺のもとにやってきたのは——笑劇恋愛小説。

佐藤賢一著

遺訓

「西郷隆盛を守護せよ」。その命を受けたのは沖田総司の再来、甥の芳次郎だった。西郷と庄内武士の熱き絆を描く、渾身の時代長篇。

小山田浩子著

庭

夫。彼岸花。どじょう。娘——。ささやかな日常が変形するとき、「私」の輪郭もまた揺らぎ始める。芥川賞作家の比類なき15編を収録。

花房観音著

うかれ女島

売春島の娼婦だった母親が死んだ。遺されたメモには四人の女の名前。息子は女たちの秘密を探り島へ発つ。衝撃の売春島サスペンス。

新潮文庫最新刊

畠中恵著
むすびつき
若だんなは、だれの生まれ変わりなの？　金次との不思議な宿命、鈴彦姫の推理など、輪廻転生をめぐる5話を収録したシリーズ17弾。

島田雅彦著
カタストロフ・マニア
地球規模の大停電で機能不全に陥った日本。原発危機、感染症の蔓延、ＡＩの専制……人類滅亡の危機に、一人の青年が立ち向かう。

千早茜著
クローゼット
男性恐怖症の洋服補修士の纏子、男だけど女性服が好きなデパート店員の芳。服飾美術館を舞台に、洋服と、心の傷みに寄り添う物語。

本城雅人著
傍流の記者
組織の中で権力と闘え!!　大手新聞社社会部を舞台に、鎬を削る黄金世代同期六人の男たちの熱い闘いを描く、痛快無比な企業小説。

柿村将彦著
隣のずこずこ
日本ファンタジーノベル大賞受賞

村を焼き、皆を丸呑みする伝説の「権三郎狸」が本当に現れた。中三のはじめは抗おうとするが。衝撃のディストピア・ファンタジー！

塩野七生著
小説　イタリア・ルネサンス3
―ローマ―

「永遠の都」ローマへとたどりついたマルコ。悲しい過去が明らかになったオリンピアとの運命は、ふたたび歴史に翻弄される――。

ノーザンライツ

新潮文庫　ほ－12－2

平成十二年三月一日発行
令和三年二月五日十五刷

著者　星《ほし》野《の》道《みち》夫《お》

発行者　佐藤隆信

発行所　株式会社新潮社

郵便番号　一六二―八七一一
東京都新宿区矢来町七一
電話　編集部(〇三)三二六六―五四四〇
　　　読者係(〇三)三二六六―五一一一
http://www.shinchosha.co.jp

価格はカバーに表示してあります。

乱丁・落丁本は、ご面倒ですが小社読者係宛ご送付ください。送料小社負担にてお取替えいたします。

印刷・大日本印刷株式会社　製本・株式会社大進堂

ISBN978-4-10-129522-0 C0195

女帝マリア - テレジアとその家族　フランツ - シュテファン（左端）、マリア - テレジア（右から３人目）夫妻と、11人の子供たちが描かれている。左から５人目がマリー - アントワネットで、右隣がすぐ上の姉マリー - カロリーヌ、１人おいて長兄ヨーゼフ、右端が次兄レオポルト。1764年、マルティン・ファン・マイテンス作。

14歳頃のマリー・アントワネット　婚儀に先立ってフランスに送られた肖像画。1769年、ジョゼフ・デュクルー作。

▲28歳頃のマリー・アントワネット
1783年、エリザベト・ヴィジェ-ルブラン作。ヴィジェ-ルブランは王妃お気に入りの宮廷画家で、数多くの肖像画を手がけている。

◀最晩年のマリー・アントワネット
夫ルイ十六世刑死後の喪服姿、37歳。1793年、アレクサンドル・クシャルスキー作。

離宮の庭園に建つ農家風の家 マリー - アントワネットは離宮「プチ・トリアノン」を愛し、庭園の整備に力を注いだ。人工的につくられた小村落（アモー）には、農家を模した家がいくつも建っている。

庭園散歩の休息所の内装 庭園内の池のほとりに、外壁が白い八角形のあずまや「ベルヴェデール」が建てられた。美しい内装にはマリー - アントワネットの趣味のよさが表われている。

中公新書 2286

安達正勝著

マリー・アントワネット

フランス革命と対決した王妃

中央公論新社刊

まえがき

革命の動乱の中に散った一輪のバラの花、マリー＝アントワネット、と言われる。

マリー＝アントワネットは栄耀《えいよう》栄華の生涯を送るべく生まれた女性である。ハプスブルク家の姫君に生まれ、フランス王妃になった。ヴェルサイユに輿入《こしい》れしてからの約二十年間は、ヨーロッパ最高と言われる宮廷で華麗な日々を過ごした。彼女自身にとってはそうあって当然のことだったろうが、傍目《はため》から見れば羨《うらや》むべき雲の上の暮らしだった。「マリー＝アントワネット」といって、私がまず思うのは、「これほど恵まれた境遇に生まれた女性が、なぜ、あのような悲劇的最期を遂げることになったのか？」ということである。

私はこれまでフランス革命からナポレオン時代にかけて生きた人々の人間像を多く手がけてきた。フランス革命は、革命の展開自体も非常にドラマチックだったが、数々の人間ドラマにも満ち満ちている。名もない市井《しせい》の人が一躍社会のトップに躍り出てくることもあれば、栄光の頂点から一気に地獄の底に叩《たた》き落とされることもある。フランス革命を生きた人たちの生涯を追ってみて、人間の運命の不思議さを感じさせられることが多かった。マリー＝アントワネットはその典型的な例である。

私は、革命期の人間像に関しては第一人者だと自分では思っているので、いちばんの有名人であるマリー＝アントワネットについても決定版的なものを書いておかねばなるまい、と本書の執筆を思い立った。

マリー＝アントワネットの数ある伝記の中でいちばん広く読まれてきたのはシュテファン・ツヴァイクの作品である。この本の冒頭で、ツヴァイクは「マリー＝アントワネットの物語を書くということは、告発する者と弁護する者とが激しく言い争ってきた百年以上にもわたる訴訟をもう一度我が身に引き受ける、ということである。論争が激情的なものになったのは、告発者のせいである。王政にとどめを刺すために、革命は王妃を攻撃しなければならず、王妃において《女》を攻撃しなければならなかった」と書いている。

ツヴァイクがこう書いたのは一九三二年のこと。ツヴァイクの言う「告発する者」とは革命派のことであり、「弁護する者」とは王党派のことである。フランス革命が終わってから百三十年たったこの頃でも、革命当時の抗争の余韻がまだ残っていたのであった。

これからさらに八十年以上たった今では、ブルボン王家に対する崇敬の念のゆえにマリー＝アントワネットを「神々《こうごう》しい聖女」に祭り上げようとする人もいないし、革命期の三文文士たちのようにマリー＝アントワネットを「堕落しきった色情狂」と貶《おとし》める人もいない。

今はわれわれは、利害関係なしにマリー＝アントワネットを純粋に歴史上の人物として見ることができる。

ツヴァイクの作品が八十年以上も首位の座をキープしてきたのはすごいことである。ツヴァイクの叙述には他の追随を許さない素晴らしいものがあり、ツヴァイク以後にマリー＝アントワネットについて何らかの記事を書いた者は、私も含め、多かれ少なかれ、みなツヴァイクの影響を受けてきた。ツヴァイクがマリー＝アントワネット伝記史において果たした功績は非常に大きいということをまず確認しておきたい。その上でのことだが、ツヴァイクの本にに今や時代遅れになっているところも少なからずある。

ここでは、そのようなところを二点だけ指摘しておく。

一つは、ルイ十六世の人間像に関する部分である。日本では今でも「ルイ十六世＝暗愚な国王」というイメージが罷《まか》り通っているが（この点に関しては、実は、ツヴァイクにかなりの責任がある）、フランスではかなり以前からルイ十六世の見直し作業が行なわれていて、近年、具体的成果として、まったく新しい視点で書かれたルイ十六世の伝記が何冊も刊行されている。*こうして明らかになったことは、ルイ十六世には確かに優柔不断で不器用なところはあったけれども、そして革命期にはいくつもの失策を犯したけれども、もともとは政務に熱心な改革派の国王であって、世が世なら名君にもなり得た人物だった、ということである。ツヴァイクはルイ十六世を徹頭徹尾「ダメ男」として描いているが、今日ではもはやこのような人物像は通用しない。過去の遺物として処理されるべきだ。

＊その中の二冊は日本でも翻訳が出ている。プティフィス『ルイ十六世』（二〇〇八年、中央公論新社）、ヴァンサン『ルイ16世』（二〇一〇年、祥伝社）。

もう一つの欠陥は、マリー＝アントワネットとルイ十六世の結婚が七年間成就しなかったことはよく知られているが、このことを過度に重大視したこと。確かに大事なことではあるが、あくまでも生活の一部にすぎず、すべてをこのことから説明しようというのには無理がある。たとえばツヴァイクは、ルイ十六世が結婚初期に夫の務めをちゃんと果たさなかったために一家の父親となった後もマリー＝アントワネットの尻に敷かれ続け、奴隷のごとくにマリー＝アントワネットの言いなりだったと書いているが、これは事実に反する。ルイ十六世は、見かけによらない懐の深い人物であり、一見マリー＝アントワネットが主導権を握っているかのように見せたのは、ルイ十六世の〝戦略〟だった、と私は考えている。国家的観点から見てどうでもいいこと、大して重要でないことは妻の好きにさせるが、重要な政策にはできるかぎり妻を関与させない、というのが即位当初からのルイ十六世の方針だった。人事に関しても、宮廷内のちょっとしたポストについては妻の要望をそのまま通したが、非常に重要な役職、たとえば外務大臣となると、ルイ十六世はマリー＝アントワネットの要求を断固として退けた。

革命に遭遇しなければ、マリー＝アントワネットが「悲劇の王妃」となることはなかった。けれども、革命に遭遇したから悲劇的最期を遂げることになった、というわけでもなかった。誤解している人も多いようだが、フランス革命は、王政を倒すために開始されたのではない。革命当初のスローガンは「国民、国王、国法！」だった（「国法」とは憲法のこと）。国民と国王が一致協力して改革を推《お》し進めて行けば素晴らしい世の中になる、という雰囲気のうちに革命は始まったのであった。一部に流血の事態はあったけれども、革命当初の頃は、人々は未来に対する希望にあふれ、ある種の幸福感が社会全体に充満していた。王政を廃止しようなどと思っていた人は国中に一人もいなかったと言っていい。むしろ、王様のいない状態など想像さえできなかった、と言うほうが正確だ。王様は空気と同じように自然で、なくてはならないものであり、人々は国王に深い愛着心を抱いていた。革命当初は、すべての革命家も王政主義者だった。ジャコバン革命政府の最高指導者になるロベスピエールでさえ、革命勃発《ぼっぱつ》後もなお数年間は国王贔屓《びいき》だった。

だから、革命が起こったから王家はもう終わり、というわけではまったくなかった。革命と王政は十分に共存共栄をはかることができたのである。しかし、ルイ十六世もマリー＝アントワネットも、好機を活かすことができなかった。

その後、革命は人々の予測を超えて急進化し、王政が倒されるに至る。

マリー＝アントワネットは非常に個性の強い女性だった。自分の考えを貫く人だった。当時、人々が思い描いていた「期待される王妃像」は、国王の後ろにそっと寄り添うような女性だった。彼女には、この「期待される王妃像」をはみ出る近代的女性の側面があった。この上もなく高貴な出自・身分に対する揺るぎない矜持《きょうじ》があったが、その一方、普通の女の子として生きたいという願望もあった。王妃が普通の女の子のように振る舞えばいろいろなところに摩擦が生じ、少しずつ評判が悪くなる。

また、生前よく非難されたように、たんに遊び好きで浪費家の王妃にすぎなかったなら、革命と対決するなどという面倒なことはしなかっただろう。自分のことしか考えないわがままなエゴイストでしかなかったなら、少しでも危ないと思えばとっとと安全な地に逃れただろう。その機会はいくらでもあったのである。

彼女は「自分はフランス王妃なのだから、王妃としての義務を果たさなければならない」という気持ちがとても強かった。その自覚は王家の威信が危機に瀕《ひん》したとき、はっきりと表われ、王家の立場が悪くなればなるほど、ますます強くなるのであった。だから、逃避するのではなく、革命と対決する道を選んだ。彼女は困難を前にしてたじろぐ女性ではなかった。むしろ、困難を前にして力を奮い立たせるような女性だった。それは必ずしも正確な状況判断にもとづくものではなかったが、その姿は健気《けなげ》であり、それが共感を誘うのである。

人名の表記についてお断わりしておきたい。日本では一般的に「マリー・アントワネット」とナカグロ（・）を用いるが、「マリー」も「アントワネット」も名前（ファーストネーム）であり、厳密に言えばハイフン（-）でつなぐほうが正しい。フランス語でもMarie-Antoinetteと表記されるのが普通である。書名では慣例に従って「マリー・アントワネット」としたが、本文中では「マリー-アントワネット」に統一した。

なお、引用文の訳は、とくに断わり書きのないかぎり著者によるものである。

マリー・アントワネット　目次

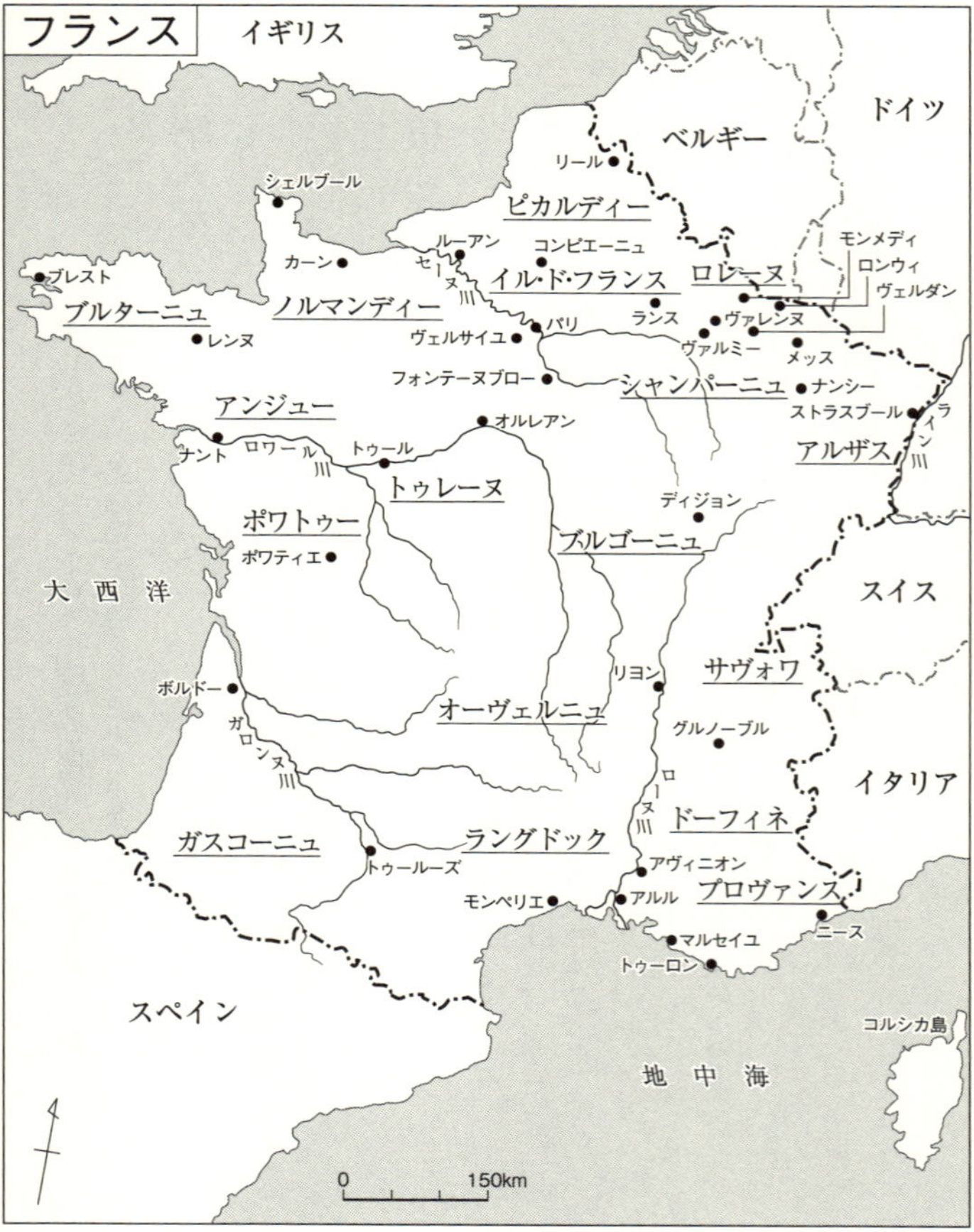

下線部は地方名を表わす

マリー・アントワネット

序章　バラ色の門出

大国の姫君

マリー＝アントワネットほど、恵まれた星の下に生まれた女性もいない。

彼女がこの世に生を享《う》けたのは一七五五年十一月二日のことだが、当時は「生まれ」による身分制度の世の中であり、家柄がいちばん重視された。どんな家に生まれたかによって人間の一生があらかじめ決まっているような時代だった。マリー＝アントワネットは王家の中でも名門中の名門、オーストリアのハプスブルク家の皇女に生まれた。現在のオーストリアは小さな国で大して力もないが、当時のオーストリアは、領土の広さ、軍事力、国際的影響力からいって、今のアメリカ並みの大国だった。この大帝国に君臨したのがハプスブルク家である。つまりは、彼女は最高の家柄に生まれたのである。

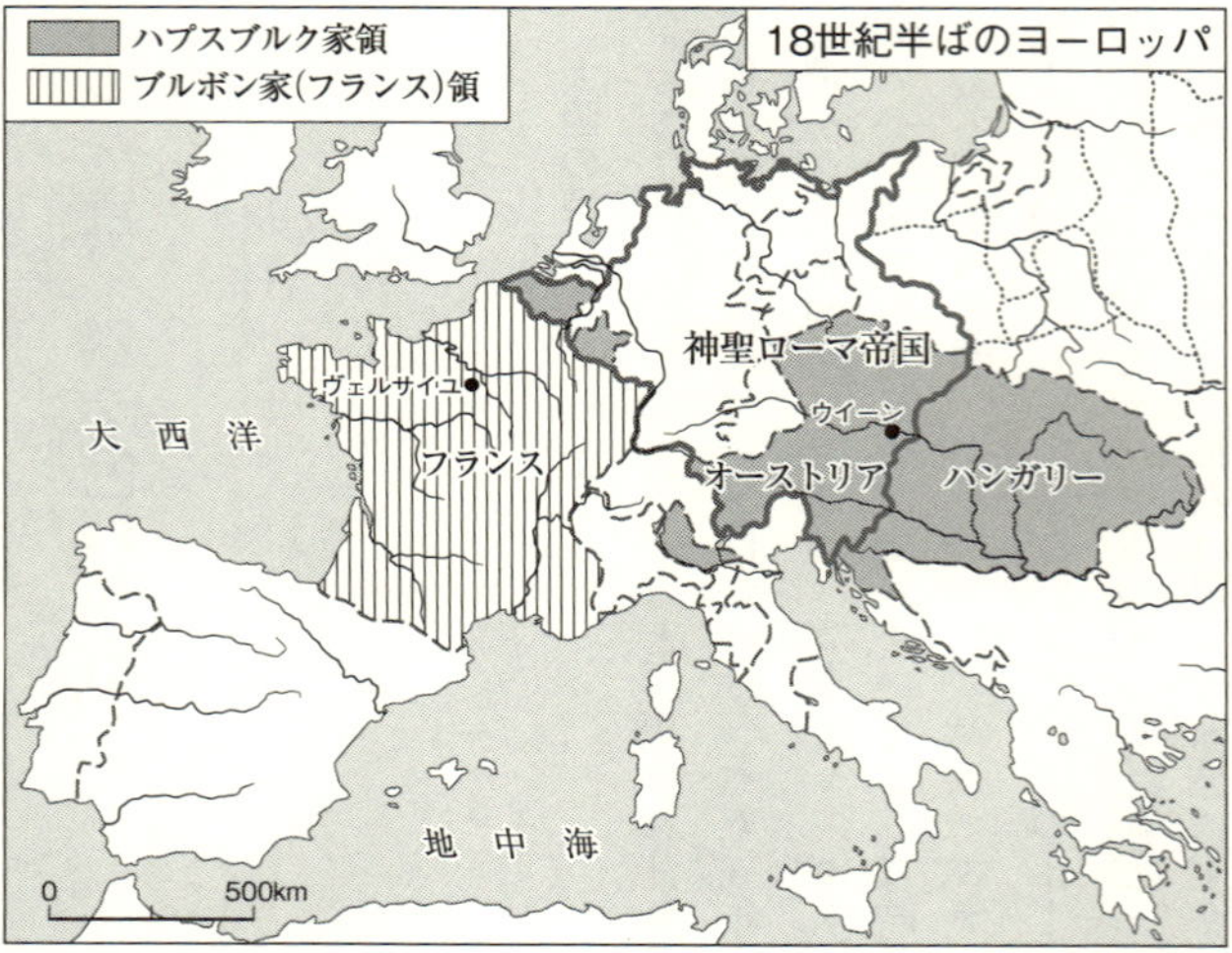

家柄が最高だっただけではない。艶《つや》やかな白い肌、美しいブルーの瞳《ひとみ》、ブロンドの髪、ほっそりとした姿態、愛らしい容貌《ようぼう》と、女性としての美点にも恵まれていた。宮殿の庭を兄弟たちと一緒に息せき切って走り回る元気いっぱいの子供だったが、その一方、ほんの幼少の頃から、立ち居振る舞いに大国の姫君にふさわしい威厳が備わってもいた。

性格は積極的で活発、快活、愛嬌《あいきょう》があって会う人を魅了し、周りの人間を自分が望むほうに自然にもってゆく女性らしい才覚も身についていた。べつに大国の姫君ではなく普通の女の子であっても、女性が幸せになれる資質に十分すぎるほど恵まれていたわけである。

母マリア－テレジアは、オーストリアの女

帝として政務をこなしつつ、十六人の子供を産んだ。マリー＝アントワネットは十五番目、女の子としてはいちばん下の子供だった。当時は乳幼児の死亡率が高く、十六人の子供のうち、育ったのは十人。女の子が六人、男の子が四人である。つまり、マリー＝アントワネットには五人の姉がいた。

ハプスブルク家の姫君に生まれたからといって、誰もがフランスのような大国の王妃になれるわけではない。五人の姉たちの嫁ぎ先を見てみよう。

いちばん上の姉は生涯独身で、修道院長になっている。二番目の姉はザクセン大公夫人に。三番目の姉も修道院長。四番目の姉はパルム公爵夫人に。そしてすぐ上の姉はナポリ王妃になっている。姉たちの嫁ぎ先はせいぜいが領邦国家であり、輝かしい大国フランスとは比べるべくもない。つまり、ハプスブルクの皇女に生まれたというだけでも最高に恵まれているのだが、六人姉妹の中でマリー＝アントワネットがいちばんいいところに嫁入りしているのである。マリア＝テレジアも、嫁いで間もないマリー＝アントワネットに「結婚によって得られた地位の偉大さということだけを考えるなら、あなたは姉妹やあらゆる王女のなかでもっとも幸せな人なのですよ」と手紙で言い聞かせている。

ちょっと先走った話になるが、マリー＝アントワネットを生涯にわたって制約する二つの事情にここで言及しておきたい。

一つは、自分の身分に対する絶対的な誇りである。自分は名門中の名門王家の娘に生まれ、フランス王妃という輝かしい存在になったのだ、という思いは一時たりとも彼女から離れることがなかった。自分がその他大勢の人々とは隔絶した特別の存在だということは、彼女にとっては当然そうあるべき自然なことであって、もしこれに異議を差し挟むような人間がいるとするなら、その人間は彼女にとって悪党でしかなかったろう。

もう一つは、最初から政治に搦《から》め取られていた、ということである。政略結婚でフランス王家に輿入《こしい》れしたということは、フランスとオーストリアの同盟関係を強化するとともに、オーストリアの外交的利益に貢献すべき存在であるということ。彼女自身は政治的教育をまったく受けていなかったし、資質から言って政治にまったく向いてもいなかったが、存在自体が政治に深く関わっていたのであった。ただし、マリー＝アントワネットがフランスの国内政治に積極的に関与するようになるのは、ヴェルサイユに輿入れして二十年ほど経過してからのこと、革命が勃発して王政が危機的状況になってからのことである。

にわか仕込みのフランス仕立て

ハプスブルク家とブルボン家は、二百年にわたって敵対関係にあり、何度も戦争をしてきた。マリア＝テレジアは「当面の最大の敵はプロシアであるから、フランスとは同盟関係を結ぶのが得策」と判断した。そこで、ヨーロッパ中を驚愕《きょうがく》させるような外交政策の大転換を断行した。その切り札となったのが、末娘マリー‐アントワネットとフランス王太子との結婚であった。

マリー‐アントワネットの教育はまったくなっていなかった。十六人の子供を産みつつ、オーストリア女帝として政務に没頭してきたマリア‐テレジアは、とても子供たちの教育までは手が回らなかった。子供の教育は養育係に任せきりにしていた。養育係が怠慢であったわけではない。これだけ次々に子供が生まれてくるのでは、最初の熱意を持続させるのは難しいし、思うような成果が上げられなかったという挫折感《ざせつかん》も養育係にはあったろう。そして、子供たちが勉強を回避するために連係プレイをするようにもなっていた。たとえば、マリー‐アントワネットに課されていた宿題を姉が代わってやる、というような。

フランス王太子との結婚が本決まりになって改めてマリー‐アントワネットの様子をよくよく観察したとき、マリア‐テレジアは娘の教育レベルの低さに啞然《あぜん》とさせられた。

ほとんど無知、と言ってよかった。行儀作法もなっていなかったし、子供っぽかった。まだ十三歳なのだから、子供っぽくても当たり前なのだが。花婿《はなむこ》のフランス王太子は一つ年上だった。ともかくも、大急ぎで未来のフランス王妃にふさわしい女性に仕立て上げなければならなかった。フランスの宮廷で輝くような女性でなければならなかった。フランスの宮廷は華やか、女性たちはおしゃれで洗練されている、というのが人々が抱いていたイメージだった。

まず、美容師ラルスヌール、ダンスの教師ノヴェールをつけた。二人ともフランス人である。マリー＝アントワネットは、ファッションに興味があったし、ダンスに関しては素質に恵まれていた。「マリー＝アントワネットは立ち居振る舞いが女神のようで、歩き方が滑るように軽やかだ」と大いに称賛されることになるが、これはノヴェールから受けたレッスンの賜物《たまもの》だった。

文学、歴史、フランス語、フランスの風習等の教育のため、マリア＝テレジアは家庭教師を派遣してくれるよう、フランスに要請した。派遣されてきたのはヴェルモン神父。三十三歳、ソルボンヌで博士号を取得し、図書館司書をしていた。

マリー＝アントワネットの印象についてヴェルモンは「もっと整った容貌の女性は見つかるでしょうが、これ以上に感じのいい容貌の持ち主が見つけられるとは思われません」と本国に報告している。

ヴェルモン神父はマリー＝アントワネットの信頼を勝ち得ることには成功した。そしてマリー＝アントワネットはとても可愛《かわい》い生徒だった。しかし、学科の勉強に関してはあまり成果が上がらなかった。学科に五分以上集中させることができなかった。マリー＝アントワネットは家庭教師を手懐《てなず》けて、嫌な勉強を回避する術《すべ》を心得ていた。学科ではなく、楽しいおしゃべりへと持ってゆくのである。

ヴェルモンは駐仏オーストリア大使メルシ－アルジャントへ宛てた手紙の中で次のように述べている。

「彼女には、これまで思われていた以上の才知があります。不幸にして、この才知は十二歳までいかなる集中にも慣らされてきませんでした。少しの怠け心と多くの軽薄さのために、私の教育は困難なものになっています。最初の六週間、私は文学の基本を教えることから始めました。答えがわかっている考えを紹介している間は、私の言うことをよく理解します。ほとんどすべての場合正しい判断をしますが、ひとつの主題を深めることに慣れさせることはできませんでした。彼女にはその能力がある、と私には思われたのですが。気持ちを集中させるには、楽しませながらやるしかないように思いました」

ヴェルモンは宿題を課すことやまとまった講義をすることは早々にあきらめてしまった。脈絡のない会話で満足せざるを得なかった。

ただ、フランス語に関しては、マリー－アントワネットは確実に進歩した。ウィーンで話されていたフランス語とは違って、きれいで正しい発音を学び取った。また、会話術、受け答えの妙も会得した。マリー－アントワネットは、会話に関してはほぼ完璧《かんぺき》なフランス語を身につけてヴェルサイユに向かうことになる。しかし、教養、知識となると、はなはだ心もとなかった。

マリア－テレジアはマリー－アントワネットの性格を正確に把握していた。

「私は、あの子の性格に多くの軽薄さ、熱意の不足、自分の意思を押し通そうとする頑《かたく》なさを認めました。しかも、誰かがあの子に意見をしようとすると、それを巧みにかいくぐる術を身につけているのです」

当時は、他国の王家に嫁げば二度とふたたび故国に帰ることがない、というのが普通だった。

「こよなく愛《いと》しい我が子よ、さようなら。これからは大変な距離が私たちを隔てることになります……。フランスの人々のためにたくさんの善行をなし、私が天使を送りこんだと言ってもらえますように」

マリア－テレジアが娘に贈った別れの言葉である。

母娘にとって、これが永遠の別れになる。

フランスで大歓迎を受ける

マリー－アントワネットは、一七七〇年四月二十一日、まだ見ぬ国フランスに向け、ウィーンを発《た》った。付き従うのは一三二人、旅行に必要なものも運ばなければならず、馬車五二台が連なることになった。馬の総数は三七六頭。一日に四、五回は馬を交換しなければならなかったので、ウィーンからフランス国境に着くまでの約二週間の道中で二万頭以上の馬が必要になる計算だ。一連の馬車の中に、大型でひときわ豪華な馬車が二台あった。ヴェルサイユで特別に製作され、フランス王家から送り届けられた馬車で、その一台にマリー‐アントワネットが乗っていた。もう一台は、万が一の事故に備えてのもの。マリー‐アントワネットは馬車の窓から外を眺めながら、二度と見ることがないであろう、慣れ親しんだウィーンの街の光景を目に焼きつけたに違いない。

途中通りかかったオーストリアの町々では、教会の鐘が打ち鳴らされ、号砲が鳴り轟《とどろ》いた。沿道に繰り出した人々は、フランスへ嫁ぐ大公女との別れを惜しんだ。宿泊した町では歓迎式典、祝典が繰り広げられた。

五月七日、国境を流れるライン川の中州で引き渡しの儀。中州に儀式のための建物が特別に建てられ、この建物の中で引き渡しの儀が執《と》り行なわれた。ここでウィーンから一緒に来た人々と別れ、マリー‐アントワネットの身柄はフランス側に引き渡された。

生まれて初めてマリー‐アントワネットが目にするフランスの都市はストラスブールであった。王太子妃を乗せた馬車が町に入ってくると、三発の号砲が轟き、町中の教会の鐘が鳴り始めた。

ストラスブールは百年ほど前まではドイツ領だったので、ドイツ語を話す人が多かった。町の入り口で待ち構えていたストラスブール最高行政官は、王太子妃がドイツ語圏からやって来たことを思いやって、ドイツ語で歓迎の言葉を述べ始めたが、マリー＝アントワネットはすかさず演説を中断し、「皆さん、ドイツ語は話さないでください。今日からは私はもうフランス語以外の言葉は耳に入れたくありません」と述べる機転を見せた。

ストラスブールの人々の歓迎ぶりはすさまじいほどのものだった。町中総出で未来のフランス王妃を出迎えたかのようだった。沿道の建物のバルコニーには美しい壁掛けが飾られ、街角でオーケストラが音楽を奏でた。羊飼いに扮《ふん》した少年少女たちがマリー＝アントワネットに花束を差し出し、アルザス地方の伝統衣装に身を着飾った乙女たちがバラの花びらを投げかけた。人々はマリー＝アントワネットのやさしい微笑《ほほえ》みに魅了された。新王太子妃から、人々は野に咲き誇る花々のような新鮮な印象を受けたようだ。肌の美しさについて「文字どおり、百合《ゆり》の花とバラの花が混じったよう」という証言も残されている。

それから大宴会、観劇、花火の打ち上げ、舞踏会が、延々深夜まで続いた。

翌朝、ストラスブール大聖堂前で歓迎式典が行なわれた。大司教が体調不良だったため、代わって甥《おい》の大司教補佐が歓迎の辞を述べた。煌《きら》びやかな僧服を身にまとったこの美男の甥は、才気ある弁舌をしようと意気込んでいた――「今まさにマリア‐テレジアの魂とブルボン家の魂が結びつこうとしています。これほどに素晴らしい結びつきから生まれるのは、黄金時代の日々であるに違いありません……」

この若い聖職者が、後のロアン枢機卿《すうききょう》、有名な「首飾り事件」を起こすことになる人物であった。

この後も、マリー‐アントワネットは行く先々の町で熱狂的歓迎を受け続けた。

そして五月十四日、マリー‐アントワネットはパリの北方数十キロのところにあるコンピエーニュで、いよいよ国王ルイ十五世と王太子ルイ‐オーギュストに初めて対面することになった。コンピエーニュには王城があった。

ブルボン家略系図（数字は国王即位の順序）

1 アンリ四世―2 ルイ十三世―3 ルイ十四世―□―□―4 ルイ十五世―ルイ‐フェルディナン
- ルイ‐ジョゼフ
- 5 **ルイ十六世**
- 6 プロヴァンス伯爵（ルイ十八世）
- 7 アルトワ伯爵（シャルル十世）
- エリザベト

コンピエーニュの森の外れで、ルイ十五世と王太子が何人かの廷臣を従えてマリー－アントワネットの馬車を待ち受けていた。

ルイ十五世（在位一七一五－七四）は、政務はそっちのけ、ほとんど女性専門に生き、六一人の私生児を残す国王である。女性に関してはエキスパートであるルイ十五世は一目でマリー－アントワネットの美点を認めたことだろう。腰をかがめて手に口づけするマリー－アントワネットをルイ十五世はやさしく抱き起こし、王太子を紹介した。王太子はルイ十五世の孫にあたる。王太子の両親はもう何年も前に死亡していた。ルイ十五世はマリー－アントワネットが大いに気に入ったようだった。

これまでに何枚もの肖像画を送り合ってきたから、マリー－アントワネットもルイ－オーギュストもお互いの容貌はだいたいわかっていた。王太子は毎日花嫁の旅程を気にかけ、それなりに会うのを楽しみにしていたということだが、感情を表に出す少年ではなく、どぎまぎした様子を見せていた。

フランス王太子とオーストリア大公女との出会いの場面を見逃すまいと付近の住民が大勢詰めかけ、目にも鮮やかな軍服に身を固めた近衛兵《このえへい》たちが整列して見守っていた。辺り一帯が華やかな雰囲気に包まれていた。

マリー－アントワネットはコンピエーニュ城で王家の人々と食事をし、この日は城に泊まった。

これから四十年後、皇帝ナポレオンがハプスブルク家からの花嫁マリー＝ルイーズを出迎えるのもコンピエーニュである。マリー＝アントワネットの姉の孫にあたる。ナポレオンは結婚式も待たず、この夜のうちにマリー＝ルイーズと同衾《どうきん》するのだが、王太子ルイは、正式な結婚式の前に花嫁と同じ屋根の下に寝てはならないという王家の仕来《しきた》りにより、夜は城を出て別の場所に宿泊した。

ルイ十五世

翌日は、マリー＝アントワネットはブーローニュの森の近くにあるミュエット城に一泊した。ヴェルサイユに着いたらすぐに結婚式になるので、その準備（指輪の選択など）をし、宮廷儀礼について説明を受けた。王太子の二人の弟、プロヴァンス伯爵とアルトワ伯爵にはこの城で初めて会った。すぐにヴェルサイユに行かず、一日おいたのには、雰囲気に慣れさせるという意味合いがあった。

夜、食事の席で、マリー＝アントワネットはひときわ美貌の女性がいるのに気づいた。ルイ十五世の公式寵姫《ちょうき》、デュ・バリー夫人である。公式寵姫については第一章で詳しく説明するが、簡単に言うと国王の正式な愛人のこと。マリー＝アントワネットはお付きの女官に「あの方の役職は何ですか？」と尋ねた。女官としては「国王の愛人です」と答えるわけにもゆくまい。そこで、困った女官は「国王陛下を楽しませることです」と答えた。これを聞いてマリー＝アントワネットは無邪気にも「まあ、それではあの方は私のライバルですわ」と言ったのであった。

明くる五月十六日、ヴェルサイユ宮殿内のチャペルで、フランス王太子とオーストリア大公女との結婚式が執り行なわれた。花婿は十五歳と九カ月、花嫁は十四歳と六カ月だった。結婚式に続いて、宴《うたげ》、舞踏会、演劇、バレエ、音楽、花火など、華やかな祝典が繰り広げられた。ヴェルサイユ宮殿史上、もっとも素晴らしい祝祭と言われた。これが、何日か休みを挟みながら、二週間も続いた。

こうしたお祝い責めにマリー＝アントワネットはくたくたに疲れたことであろうが、花嫁として最後まで立派に振る舞った。

晴れやかな雰囲気を損なう唯一の不吉な出来事は、パリの花火大会事故。結婚祝いのためにルイ十五世広場で花火の打ち上げが行なわれたが、あまりにも多くの人が集まりすぎて押し合いへし合いになり、一三二人の死者が出た。広場が工事中で、掘られていた溝に人が落下するという悪条件が重なった。

この事故はマリー－アントワネットの間近で起きた。ルイ十五世も王太子も花火大会に行くつもりがなかったが、マリー－アントワネットは行きたがった。そこで、伯母たち（ルイ十五世の王女たち）と馬車に乗って花火大会へと出かけたのであった。

ルイ十五世広場は現在のコンコルド広場である。ここは革命期には革命広場と呼ばれ、多くの処刑が行なわれる。マリー－アントワネット終焉《しゅうえん》の地となるのもここである。

この花火事件を別にすれば、一般の人々にもワインと食事が振る舞われ、お金がばらまかれ、ヴェルサイユもパリもお祭り気分一色でみな大いに楽しんだ。

マリー－アントワネットは、一般の民衆から歓呼の声を受けたときはにっこりと微笑みかけ、並み居る廷臣侍女たちには優雅な仕草で挨拶《あいさつ》を返し、修道院を訪れたときには内省的な表情や態度が修道女たちに感銘を与えた。その場その場にふさわしい、自分の役割をきっちりと演じきったのである。そして、マリー－アントワネットの全身からはいつでもどこでも、初々しさ、潑剌《はつらつ》さ、いかにも少女らしい愛らしさが周囲の人々に向かって発散されていた。

一般の人々もヴェルサイユ宮廷の人たちも、新王太子妃にすっかり魅了された。

マリー－アントワネットは天真爛漫《らんまん》にして愛くるしい王太子妃として大成功を収めたのであり、彼女の未来はバラ色に光輝いていた。

第一章　ヴェルサイユ宮殿

宮廷の雰囲気

マリー＝アントワネットは、王太子妃になった時点で、すでにフランスのファーストレディーだった。国王ルイ十五世の王妃はすでに亡く、王太子の母親も死亡していた。しかし、彼女自身はまだ十四歳の未熟な少女にすぎず、当然ながらヴェルサイユ宮廷の内情も全然わかっていなかった。

ヴェルサイユ宮殿は、太陽王ルイ十四世（在位一六四三―一七一五）によって造営され、フランス絶対王政の栄華を世に誇示する輝かしい宮殿だった。その豪華壮麗さはヨーロッパ諸国の君主たちを羨《うらや》ましがらせ、各地にヴェルサイユを模倣した宮殿が建てられたものだった。太陽王亡き後は、ルイ十五世、ルイ十六世がここを王宮とした。フランスの宮殿としてずば抜けて有名なヴェルサイユだが、ここを定住の王宮としたのはこの三人の国王だけである。期間にして一六八二年から一七八九年まで。千数百年続いたフランス王政の中で、ヴェルサイユが王宮であったのは、たったの百余年間でしかない。

今日われわれがヴェルサイユ宮殿を想起するとき、真っ先に思い浮かべるのはマリー＝アントワネットである。異国からやって来た、うら若い花嫁が、ヴェルサイユにもっとも深い痕跡《こんせき》を残すことになるのである。

最初は宮廷の煌《きら》びやかさに目を奪われて、周囲についていくのに必死だった。やがてマリー＝アントワネットは宮廷儀礼に困惑させられるようになる。ウィーンの宮廷にもそれなりの宮廷儀礼はあったが、家庭的雰囲気もあって、それほど堅苦しくはなかった。しかし、ヴェルサイユの宮廷は厳格な宮廷儀礼にがんじがらめになっていて、マリー＝アントワネットには息苦しくてたまらなかった。朝起きたときの起床の儀から、夜寝るときの就寝の儀まで、きっちりと規則が定まっていた。時計を見れば、今宮廷で何が行なわれているかわかるほどだった。

たとえば、起床の儀の際、マリー＝アントワネットに肌着を手渡すのはその場に居合わせた中で宮廷内の序列がいちばん高い女性の役割と決まっていた。A公爵夫人が肌着を部屋付き侍女から受け取って手渡そうとしたときにもっと身分の高いB公爵夫人が現われれば、A

公爵夫人はB公爵夫人に役割を譲らなければならなかった。しかも、A公爵夫人はB公爵夫人に直接肌着を渡すのではなく、いったん部屋付き侍女に肌着を返し、侍女がB公爵夫人に肌着を差し出すのであった。さらにもっと身分の高いC公爵夫人が現われればB公爵夫人はC公爵夫人に役割を譲らなければならず、同じ場面が繰り返される。こうしたことにみんな非常にこだわった。というより、こうしたことに自分の存在意義を見出していた。これが冬のことであったりすると、肌着を渡されるまでマリー＝アントワネットは裸で震えていなければならず、耐えがたいことだった。

こうした厳しい宮廷儀礼は太陽王ルイ十四世の時代に確立されたもので、王政の権威を高め、国王への崇拝を強めるのが目的だった。国王と臣下との間にある隔たりを目に見える形ではっきりさせ、儀式の際には式場に入る順序、立ち位置によって臣下たちの宮廷内における序列が確認されるのであった。

また、国王の愛人が宮廷で公然と暮らしているのもマリー＝アントワネットには信じがたいことだった。ウィーンの宮廷では、こんなことはあり得なかった。女性たちはなんとか国王の心を射止めようとして鎬《しのぎ》を削っていたが、誰が公式寵姫《ちょうき》であるかは男たちにとっても出世に直接つながる重大事だったから、寵姫をめぐる陰謀がいつも宮廷内に渦巻いていた。マリー＝アントワネットがヴェルサイユにやって来た頃は、時の寵姫デュ・バリー伯爵夫人の側に立つリシュリュー公爵派と反デュ・バリーの立場を取るショワズール公爵派が対立していた。対立の原因は寵姫だけでなく、宗教的要因や政治的要因が複雑に絡んでいた。

宮廷内にはオーストリアとの同盟に反対していた人も多く、リシュリュー公爵派は反オーストリア派だった。ショワズール公爵は外務大臣としてオーストリア大公女と王太子との結婚を中心になって推進してきた人物である。したがって、とりあえずは、マリー＝アントワネットはショワズールの陣営に属するものとみなされる。しかし、当人は宮廷内の事情などまったく知らなかった。ルイ十五世の年齢から言って、マリー＝アントワネットが王妃になる日はそう遠くはないことがみんなわかっていた。そこで、両派とも、何も知らない無邪気な少女を自分の陣営に引き込もうと画策していた。当人がまったく意識しないうちに、早くもマリー＝アントワネットは宮廷に渦巻く陰謀に巻き込まれていたのであった。

デュ・バリー夫人とマリー＝アントワネットとの間では、少し後に「一言騒動」というのも起こる。娼婦《しょうふ》出身と噂《うわさ》されていたデュ・バリー夫人をマリー＝アントワネットは軽蔑しきっていた。確かに高級娼婦をしていたことはあったのだが、デュ・バリー夫人には蓮《はす》っ葉《ぱ》なところはみじんもなく、非常に上品な感じの女性だった。「天使のような人」という証言さえある。ほかの女性たちに居丈高に当たることもなく、むしろ、困っている人がいれば助けようとする人だった。マリー＝アントワネットはデュ・バリー夫人に挨拶《あいさつ》もせず、言葉もかけず、完全に無視していた。これに夫人が不満を持ち、ルイ十五世に「王太子妃が一言なりとも自分に声をかけるように取りはからってほしい」と訴えたのであった。この事件は宮廷中で騒がれただけでなく、外交問題にも発展しそうになった。母親から手紙で「一度声をかけるくらいがなんです！」と厳しく叱責《しっせき》されたため、マリー－アントワネットは仕方なく「今日は人が多ございますわね」とデュ・バリー夫人に声をかけ、一件落着となった。王太子妃がいつどこで寵姫に声をかけるかは事前にわかっていたので、宮廷中の人たちがこの場面を注視していた。マリー－アントワネットはやむなく「一度だけなら」と妥協しただけだったので、以後、デュ・バリー夫人に声をかけることはけっしてなかった。

デュ・バリー夫人

　ヴェルサイユの宮廷は、絢爛《けんらん》華麗な宮廷として知られていたが、その一方「世界でもっとも意地の悪い宮廷の一つ」と言われていた。他人の揚げ足を取ったり、失敗を嘲笑《あざわら》ったり、悪口を言ったり、根も葉もない噂を流したりする人たちが宮廷内にたくさんいた。後に巷《ちまた》に出回るマリー－アントワネット中傷記事の出所の多くも宮廷と言われる。

義理の祖母にあたるルイ十五世妃と義母にあたる王太子の母、この二人の女性が健在であれば、マリー＝アントワネットはいろいろと指導や助言を受けることができたことであっただろう。ヴェルサイユの宮廷にこの二人の代役になり得る婦人がいなかったことは、マリー＝アントワネットにとって不運なことだった。宮廷にはルイ十五世の王女が三人いた。どこにも輿入《こしい》れしないまま、三十代後半にさしかかっていた。本来なら、この三人の伯母がマリー＝アントワネットの相談相手になって、いろいろと助言するべきであったろう。しかし、信心に凝《こ》り固まったこの三人の伯母は、宮廷内の小さな陰謀に首を突っ込み、廷臣侍女たちの悪口を言うことを生き甲斐《がい》にしているような人たちだった。

偉大な母と軽薄な娘

ヴェルサイユ到着早々からフランスのファーストレディーになりはしたが、マリー＝アントワネットがいろいろな点で未熟なことを誰よりもよくわかっていたのが、母親のマリア＝テレジアであった。

王家の姫君は政略結婚させられるのが普通だが、ハプスブルク家の場合はとくにそうだった。ハプスブルク家は「戦争は他の者にやらせておけ。汝《なんじ》幸いなるオーストリアは結婚せよ」を家訓としてきた。戦争によって領土を拡大するよりも結婚によって勢力を広げるというのが、ハプスブルク家の伝統だった。生まれてきた女の子は将来の政略結婚のための大事な駒でしかなく、結婚に際して当人の意思など考慮されないものだった。

ところが、マリア－テレジア自身は、王家の女性としては極めて異例なことに、少女時代から憧《あこが》れていた意中の男性と結婚することができた。幸せな結婚生活を送り、熱愛夫婦と言ってよかった。十六人も子をなしたことが仲睦《なかむつ》まじさをよく物語っている。

夫のロートリンゲン公フランツ－シュテファンは、名前の示すとおり、ロートリンゲンの

マリア - テレジア

出身である。「ロートリンゲン」はドイツ語で、フランス語に直すと「ロレーヌ」になる。マリー－アントワネットは後に「オーストリア女」と呼ばれて外国出身であることをことさらに強調され、これが嫌われる理由の一つともなるのだが、実は、この父親を通じてフランス人の血もかなり色濃く受け継いでいた。

ロレーヌ公領は現在は正真正銘のフランス領内に位置するが、当時はフランスの属国であった。だから、フランツ－シュテファンは、もともとが

フランス生まれだった。オーストリアに住むようになってからも、ドイツ語よりもフランス語で話すことのほうが多かった。しかも、フランツ＝シュテファンの母親、つまりマリー＝アントワネットの祖母エリザベト＝シャルロットはルイ十三世の孫だから、生まれたときからマリー＝アントワネットにはフランス人の血、それもブルボン王家の血が入っていた。したがって、マリー＝アントワネットとルイ十六世は縁戚《えんせき》関係にもあったのである。確かにオーストリアから嫁いできたのではあるが、それほど「オーストリア女、オーストリア女」と言われる筋合いはなかった、ということ。

また、マリー＝アントワネットとブルボン家王太子との結婚は、二百年にわたり敵対関係にあった両国の外交政策の大転換によって実現したものではあるが、ハプスブルク家の皇女がフランス王妃になった前例がないわけではない。一五七二年、宗教戦争のさなかに「聖バルテルミーの虐殺」が起こり、新教徒（ユグノー）数千人が殺されたが、このときの国王シャルル九世（在位一五六〇―七四）の妃エリザベトはハプスブルク家の出だった。ただ、エリザベトが王妃であったのはたった四年間だけだったし、非常に影の薄い女性だったので、すっかり忘れ去られていた。

ロートリンゲン公は「神聖ローマ帝国皇帝」の称号を持っていたが、名目上のことにすぎず、政務に追われて超多忙な日々を送っているマリア＝テレジアに比べれば、暇な趣味人でしかなかった。浮気もしたし、一見ぶらぶら暮らしているだけの無意味な存在にも見えたが、すぐれた財政手腕があることが死後に判明した。一家の財産が増えていたのである。芸術愛好家でもあり、彼が収集した美術品は今日もオーストリアの誇りとなっている。

ロートリンゲン公は一七六五年八月に死亡した。五十六歳だった。夫を失ってから最初の結婚記念日（二月十二日）を迎えた日の感慨をマリア－テレジアはある女性の友人への手紙で次のように述べている。

「昨年、私はこの日を人生最良の日として祝いましたが、今日だってやはりそうです。というのも、幸せの記憶が私のかわいそうな心にあまりにも深く刻み込まれていて、今はそれが恐ろしい悲しみと結びついているだけにすぎないからです」

「今私がじりじりした思いで待っているのは、私の棺《ひつぎ》と経帷子《きょうかたびら》です。これらのものが、私の心が知った唯一の愛の対象と私を一緒にしてくれるでしょうから」

王家の女性でこれほど幸せな結婚をした人がほかにいるだろうか？

父親が死んだとき、マリー－アントワネットはまだ十歳にもなっていなかった。やさしい父親ではあったが、マリー－アントワネットには母親の影響のほうがずっと大きい。子供の頃はなんとか母親の愛情を勝ち得ようとして姉たちと張り合いもしたものだった。私的な夫婦関係ではマリア－テレジアはひたすら夫の意を迎える従順な妻であったが、家族の主がマ

ハプスブルク家略系図

フランツ－シュテファン
＝マリア－テレジア
- ヨーゼフ二世
- レオポルト大公（レオポルト二世）———フランツ（フランツ二世）
- マリー－カロリーヌ
- **マリー－アントワネット**

リア－テレジアであることは子供たちにもわかっていた。「妻が主で夫が従」という力関係がマリー－アントワネットに影響を与えたことを指摘する研究者もいる。マリア－テレジアは嫁ぐマリー－アントワネットに「女はすべてにおいて夫に従い、夫に気に入られることと夫の意思どおりにすること以外はいっさい考えてはなりません」と言い聞かせているのだが。

自分自身は幸せな結婚生活を送ったマリア－テレジアだが、娘たちの結婚については冷徹そのものだった。マリア－テレジアにとっては、娘たちが結婚で幸せになるかどうかは二の次三の次、娘たちはオーストリアの外交政策に奉仕すべき存在であるというのは自明のことだった。マリー－アントワネットのすぐ上の姉、マリー－カロリーヌの場合で見てみよう。

前にも述べたように、マリー－アントワネットには五人の姉がいた。すぐ上で三つ違いの姉マリー－カロリーヌととくに仲がよかった。この姉はマリー－アントワネットよりも二年先にナポリ国王に嫁いでいたが、幸せな結婚ではなかった。ナポリ国王は醜男《ぶおとこ》で知的障害の傾向があった。マリー－アントワネットとフランス王太子との結婚が急ピッチで進められているのを知ったとき、マリー＝カロリーヌは妹の将来を思いやって、かつての養育係の婦人に次のように書いている。

「妹の運命が私と同じようなものになるだろうと考えますと、このことについて思いのたけすべてを妹に書き送ってあげたくなります。……と申しますのも、告白いたしますが、輿入れ先で殉教の試練にさらされることになるからです。いつも満ち足りた様子をしていなければならないだけに、その試練はよりいっそう苦しいものになるのです」

この言葉は、政略結婚で他国の王家に嫁いだ女性の境遇をよく物語っている。「白馬の王子様」など最初から期待できない、というのが政略結婚で嫁いだ女性たちの宿命なのである。「殉教の試練」に耐えているマリー＝カロリーヌについて、マリア＝テレジアは次のように言っている。

「娘が神と夫への義務を果たし、正しい行ないによって救いを得られさえすれば、たとえ娘が不幸であっても、私は満足です」

ナポリにハプスブルク家がしっかりと地歩を占めること、これが最重要事であった。ハプスブルク家の総帥、オーストリア女帝としての非常に厳しい考え方である（ナポレオンの二番目の妻となるマリー＝ルイーズは、このマリー＝カロリーヌの孫）。

しかし、マリア＝テレジアは、マリー＝アントワネットに対してはマリー＝カロリーヌの場合よりもずいぶんと甘かった。マリー＝アントワネットには「この世で唯一の本当の幸福は、幸せな結婚です」と、全然別のことを言っている。末娘だったからなのか？　それとも、マリー＝カロリーヌはなかなかのしっかり者だったから、出来の悪い子供のほうが母性愛をくすぐるということなのか？　もちろん、オーストリアの立場が有利になるように行動してもらわなければならないが、娘自身の行く末も非常に心配していた。

マリア＝テレジアは定期的に娘に手紙を書き、教え諭した。＊言わば、通信教育である。これが、マリー＝アントワネットがヴェルサイユに輿入れした一七七〇年五月からマリア＝テレジアが死亡する一七八〇年十一月まで十年間続いた。手紙の頻度は、だいたい一月に一度の割合だった。この間、一七七四年にはマリー＝アントワネットは王妃になっている。

＊マリア＝テレジアとマリー＝アントワネットとの間で交わされた書簡集の邦訳が出ている。パウル・クリストフ編『マリー・アントワネットとマリア・テレジア　秘密の往復書簡』（藤川芳朗訳、岩波書店）。

娘の教育が不完全であることをよく知っていたマリア＝テレジアは、このままでは娘は身を滅ぼすかもしれない、という心配さえしていた。フランスで生活するにあたっての基本的心構え「郷に入っては郷に従え」から始まって、ファッション、ヘアスタイル、読書指導、普段の生活態度（「ギャンブルはやめなさい」「歯をちゃんと磨きなさい」等々）に至るまで、実に細々《こまごま》とした注意を与えた。駐仏オーストリア大使メルシ＝アルジャントから逐一報告を受けていたので、マリア＝テレジアは娘の生活ぶりを完璧《かんぺき》に把握していた。メルシ＝アルジャントは、自分もマリー＝アントワネットに会っていたが、マリー＝アントワネットの家庭教師であったヴェルモン神父が今は読書係として彼女の普段の話し相手になっていて、神父からたっぷりと情報を仕入れることができた。マリー＝アントワネットは、神父がスパイの役割を果たしていることにまったく気づかなかった。メルシ＝アルジャントは宮廷内にほかにも何人もの情報提供者を確保していたので、マリー＝アントワネットが「言ったこと、したこと、聞いたこと」をすべてもらさず摑《つか》んでいるとマリア＝テレジアに請け合っている。

マリー＝アントワネットは、「母親がなぜこんなことまで知っているのか」と不思議に思いながら、「フランスではみんなこんなふうです」と言い訳することが多かった。母親が怖かったが、その愛情は感じていたし、母親が好きだった。

マリア＝テレジアによる十年間の通信教育は、その熱意にもかかわらず、さしたる成果を上げたとも思われない。マリー＝アントワネットは遊び回ることに夢中で、母親の忠告に従う余裕がなかった。

それでも、母親の死後、マリー＝アントワネットにとっては母が従うべき模範、参照すべき規範になる。問題は、マリー＝アントワネットは母親と同じ資質に恵まれていなかった、ということである。母親には備わっていた賢明さ、質実剛健さ、沈着冷静さ、全体的状況を緻密《ちみつ》に分析して判断する能力（一言で言って政治力）が、マリー＝アントワネットには決定的に欠けていた。したがって、母親に倣おうにも、母親と同じように行動することができなかった。自然からこの上もなく大きな恵みを与えられた女性であっただけに、これは大変もったいないことであった。

マリー＝アントワネットが普通の女の子であったなら、べつに大きな問題にはならなかっただろう。愛嬌《あいきょう》のある女の子、というだけのことである。王妃でありながら普通の女の子のように生きようとしたこと、ここが問題なのであった。しかし、王妃として問題が生じたとしても、平穏な時代がいつまでも続いていれば、深刻な事態にはならなかっただろう。ちょっとわがままな王妃がいた、というだけのことである。

マリー＝アントワネットは、結婚の際に自分を大歓迎してくれたパリが大好きだった。結婚から約三年後の一七七三年二月、久し振りにパリを訪れ、オペラ座の仮面舞踏会に出席した。その四カ月後には、パリを公式訪問し、熱狂的大歓迎を受けた。

このときの感慨を母親への手紙で次のように語っている。

「先週の火曜日、私は生涯忘れられない一日を過ごしました。私たちはパリを公式訪問したのです。敬意の印として、私たちは想像し得る限りのすべてを受けました。そうしたことは大変結構なことですが、私がいちばん感動したことではありません。いちばん私の心を打ったのは、貧しい民衆のやさしさと熱意あふれる好意です。税金で苦しんでいるにもかかわらず、私たちを見て熱狂していました。……このときに人々が私たちに見せた喜びと愛情のすさまじいほとばしりの有様は、親愛なるお母さん、とてもお伝えすることはできません。私たちのような地位にある者が国民の愛情をこれほど簡単に獲得できるとは、なんと幸せなことでしょう。これほど素晴らしいことはありません。私はこのことをはっきりと感じましたので、けっして忘れることはないでしょう」

マリー－アントワネットは十七歳になっていた。このときは夫と一緒にチュイルリー庭園を散歩したりもした。この一週間後に、やはり夫と共にパリに行き、オペラを公式鑑賞した。演目は『イピゲネイア』、作曲家のグルックはオーストリア大公女時代の音楽の先生だった。オペラが終演したとき、マリー－アントワネットは率先して拍手をし、観客に拍手を促した。すると、みな倣って拍手してくれた。マリー－アントワネットは自分が持つ影響力の大きさを確認したことだろう。そして、自分の意向に従順に従おうとするパリの人々はなんていい人たちなんだろうと思ったことだろう。これで、マリー－アントワネットはますますパリが好きになった。

この後は、マリー＝アントワネットは、夫をヴェルサイユに残したまま、お忍びで若い貴公子たちを引き連れて何度となくパリに遊びに出かけるようになる。

七年間成就されなかった結婚

ルイ十六世とマリー＝アントワネットの結婚は七年間成就されなかった。いわゆる「白い結婚」状態が続いたのである。これについてはいろいろなことが言われてきたが、シモーヌ・ベルティエール、ジャン＝クリスチャン・プティフィスら伝記作家たちの努力によって現在は真相がほぼはっきりしてきているので、ここで整理しておきたい。

二人の結婚には、最初から、今で言う「性格の不一致」があったのは間違いない。真面目《まじめ》一方のルイ十六世、優美な遊びの世界に浸っていたいマリー＝アントワネット。地味でうすのろめいてさえ見えるルイ十六世、派手で活発なマリー＝アントワネット。ルイ十六世は結婚した頃はひょろひょろとした体つきだったが、二十歳の頃には身長が一九〇センチあり、体格もよかったから、それなりの押し出しはあった。それでも、その場に姿を現わしただけでも人々を魅了するマリー＝アントワネットが持つ外見の輝きはなかった。

ルイ十六世の二大趣味は狩猟と錠前《じょうまえ》作りだった。狩猟はいかにも王侯らしい趣味であり、ルイ十六世の乗馬の腕前はかなりのものだったから、馬に乗って颯爽《さっそう》と疾駆する夫の姿にはマリー－アントワネットも見惚《みと》れたことがあったかもしれない。けれども、錠前作りは身分の低い者がやることだから、工房に長時間こもった後で手を黒く汚して出てくる夫にはマリー－アントワネットはがっかりしたことだろう。ルイ十六世は、マリー－アントワネットにとって少女が夢見る「白馬の王子様」ではまったくなかった。ただ、王家同士の政略結婚は、普通の結婚とは違って、当人同士の愛情とか相性とかいったことはまったく問題にならない、ということに留意しておこう。王家に嫁いだ女性は、相手が好きだとか嫌いだとか言うことは許されず、相手がどのような人間であれ、ひたすらその人間に従い、世継ぎを確保することに専念しなければならないものだった。これまでヴェルサイユに輿入れしてきた女性たちは全員そうしてきた。そのように暮らさなかった唯一の女性がマリー－アントワネットなのであった。

二人の結婚が成就しなかった理由については、長い間、ツヴァイクの説が信じられてきた。私もかつて信じた一人である。ツヴァイク説をごく簡単に要約すると次のようになる。

「ルイ十六世は包茎だった。簡単な手術ですぐ治るのに、メスを恐れて手術を回避したために状況がこじれてしまった。事態を見かねたマリー－アントワネットの兄ヨーゼフ二世がウイーンからヴェルサイユまで出向いてきて、直々に談判した結果、ルイ十六世もやっと手術に踏み切り、結婚が成就した」

このツヴァイク説は誤りであったのだが、二十世紀初頭まではタブー視されていたこの問題を正面切って取り上げた功績がツヴァイクにはある。当時は（というのは「ルイ十六世とマリー＝アントワネットが生きていた時代には」という意味だが）、「ルイ十六世の不能」は宮廷の人々ばかりでなく広く一般に知られ、巷でもさんざん話題になっていた。それが、世の中がお上品になるにつれて、この問題に触れることは品位に関わると考えられるようになったのであった。

ツヴァイクは、ルイ十六世に一方的に責任があるとして、ルイ十六世に罵詈雑言《ばりぞうごん》を浴びせかけたのだが、双方に責任があったというのが本当のところだった。

三人の医師が「ルイ十六世は包茎ではない」という診断を下していたことが、今は明らかになっている。それに、ルイ十六世は引っ込み思案ではあったが、臆病《おくびょう》ではなかった。当時は危険と考えて尻込みする人が多かった天然痘のワクチンを受けている。手術が行なわれていれば政務にも影響が出たはずだが、そのような形跡もまったくない。そもそも、手術など必要がなかったのである。

ツヴァイクが包茎説を採用したのは、オーストリア側の資料を偏重したためであった。ツヴァイクはオーストリア人なので、母国の側の資料に傾いた心情は理解できる。

マリア＝テレジアとしては、娘のほうに原因があるとは絶対に考えたくなかった。娘は十分に魅力ある女性だ、だからうまくいかないとすればルイ十六世のほうに問題があるはずだ、というのがマリア＝テレジアの基本的な考えだった。マリア＝テレジアがこう考えるようになったのは、駐仏オーストリア大使メルシ＝アルジャントの情報によるところが大きい。この大使は、女帝を喜ばせるようなことばかり書き送っていた。マリー＝アントワネットは素晴らしいプリンセスだが、ルイ十六世のほうは才能に乏しい、だからルイ十六世を意のままに操るのも造作ないだろう――そんな情報ばかりウィーンに届けていた。どうしてそんなことばかり書き送ったかというと、女帝の機嫌を損ねるようなことよりも女帝の虚栄心をくすぐるようなことを報告するほうが自分の将来にとって有利だという廷臣としての打算が働いたためだが、そもそもこの大使には人を見る目がなかった。もっとも、見る目がなかったのは、この大使だけではない。一見、単純そうに見えるルイ十六世は実際には非常に複雑な人物で、その人となりを正確に見極めるのは難しかった。王太子妃時代のマリー＝アントワネットは確かに魅力的ではあったが、それは少女としての愛らしさであって、成熟した女性の魅力からはほど遠い、ということがマリア＝テレジアには十分にわかっていなかった。

二人の結婚がなかなか成就しなかった最大の理由は、二人ともまだ子供だった、ということである。結婚したとき、ルイ十六世は十五歳九カ月、マリー＝アントワネットは十四歳六カ月だった。今の日本で言えば、まだ中学三年生と二年生である。

後には長身で貫禄《かんろく》も出るルイ十六世だが、結婚した頃は体ができていなかった。マリー＝アントワネットも同じだった。初潮を見たのは結婚の三ヵ月前のことであり、発育程度は十二歳並みだった。二人とも、精神的にも肉体的にも、普通の結婚生活を送れるほどには成熟していなかった。

やがては数々の愛人の名が取り沙汰《ざた》され、巷に出回るパンフレットではレスビアンだと言われたり、色情狂扱いされたりもするマリー＝アントワネットだが、その方面には淡泊な女性だった。そして、妊娠する時期をなるべく先に延ばしたいという思いがあった。一方、ルイ十六世は、傅育官《ふいくかん》のラ・ヴォギュイヨン公爵から「女は悪魔の手先だから気をつけなければならない」といった類《たぐ》いの話をたびたび聞かされながら育ったし、誰に吹き込まれたかはわからないが「あまり若いときに子供をつくると、その子供は虚弱体質になる」と信じていた。要するに、二人とも行為に積極的ではなかった。

また、行為中に二人とも痛みを感じていた。ルイ十六世の痛みの原因はわからないが、マリー＝アントワネットのほうには狭いという事情もあったようだ。マリー＝アントワネットの性格からいって、拒否の態度はかなり強硬なものだったろうと推測できる。ルイ十六世はとてもやさしい性格だから、相手が苦痛を訴えればすぐに行為を中断しただろう。

最初の頃は、マリー＝アントワネットには、世継ぎをなさねば王妃としての地位が安定しないという意識がなかった。人々の注目の的になって喝采《かっさい》を浴びることしか考えていなかった。それに何よりも、遊びたい盛りだった。妻としての義務を果たすなどということより、貴公子たちを引き連れてパリに出かけ、劇やオペラを見たり仮装舞踏会に出たりすることのほうがずっと大事だった。ヴェルサイユ宮殿にいるときは明け方まで賭《か》け事に熱中することもたびたびだった。ルイ十六世のほうは早寝早起き型の生活をしているのだから、これでは生活のリズムが合わず、夫婦の営みどころではない。二人の寝室は結婚当初から別々だったが、即位後にルイ十六世が国王用のアパルトマン（いくつかの部屋が組になったもの）に移ってからはかなり距離が離れることになってもいた。

マリア＝テレジアとマリー＝アントワネットとの間でやりとりされていた手紙では、「どこまで進んでいるか」ということも当然問題にされていた。フランスには反オーストリアの人々もいることをマリア＝テレジアはよく知っていたから、彼女としては気が気でない。進展ぶりについてマリー＝アントワネットは手紙で母親に逐一報告していたが、一七七三年七月十七日の手紙ではこう書いていた。

「私の問題はうれしい展開を見せ、私は夫婦関係が実現したと考えています。たとえ子を宿すところまではいっていないとしましても。……もしも子供が五月生まれでしたら、なんと幸せなことでしょう！」（藤川芳朗訳）

行為は完全ではなかったが、母親を喜ばせるためか、性知識が足りなかったため、このような書き方になった。

一七七五年八月六日、王弟アルトワ伯爵（後のシャルル十世。在位一八二四―三〇）の夫人が男の子を出産した。マリー＝アントワネットは心穏やかではなかった。母親へ「私から生まれたのではない王位継承権者を見て、私がどれほど苦しい思いをしたかは親愛なるお母さんに言うまでもないことです」と書き送っている。

一七七六年一月、ルイ十六世はパリから高名な外科医モローを招聘《しょうへい》し、診察を受けた。

これについてマリー＝アントワネットは母親に次のように報告している。

「私はお母様と同じように、医師たちの言うことに満足していません。国王は昨日モローを召喚しました。……モローはほかの医師たちとほとんど同じように、手術は必要ではなく、手術なしでも事態の好転を十分に期待できる、と言いました。確かに国王には大きな変化が見られますし、体がしっかりしてきたように見えます」

ヨーゼフ二世の説得に応じてルイ十六世が手術を受けたというのは事実ではないが、ヨーゼフが事態を好転させたのは事実である。

ヨーゼフがヴェルサイユにやって来たのは一七七七年四月十九日であった。マリー＝アントワネットにとっては結婚のためウイーンで別れて以来、七年ぶりの再会だった。ルイ十六世とヨーゼフは初対面だった。

ヨーゼフはマリー＝アントワネットより十四歳年上の長兄であった。三十六歳。二人目の妻を亡くし、独身だった。ヨーゼフ二世としてオーストリアの帝位に就き、母親との共同統治の形を取っていた。ヴェルサイユには「ファルケンシュタイン伯爵」と名乗って非公式にやって来た。皇帝として訪問したのではいろいろな儀式が必要になるので、その煩雑《はんざつ》さを避けたのである。ヨーゼフには外交・政治上の問題についてフランス国王と協議する必要もあったが、妹の夫婦生活のことが気がかりだった。マリー＝アントワネットが世継ぎを産むかどうかは、両国の関係を緊密にできるかどうかを左右する重要事でもあった。しかし、この問題にすぐには取りかからなかった。

ヨーゼフはたっぷり時間を取って、フランスにやって来ていた。パリで王立植物園、織物工場、病院などを見学して回った後、さらにはブレスト、ボルドー、マルセイユ、リヨンなど地方都市の視察にも出かけた。フランスの国力を計っていたようだ。五月初旬にヴェルサイユに戻ってきて、同月三十日まで滞在した。

ヨーゼフが妹夫婦の問題に踏み込んだのは、ヴェルサイユに戻ってきてからであった。ヨーゼフは君主には珍しく、ずばずばと自分の意見を言う人物だった。辛辣《しんらつ》な物言いで知られていたが、妹思いだった。マリー＝アントワネットは兄が好きだったが、説教を恐れてもいた。ヨーゼフは、結婚生活について二人に単刀直入に問い質《ただ》した。個別に、である。二人とも、意外と率直に現状について語った。二人の話を聞いて、ヨーゼフは、双方ともそれぞれに責任があると看破した。二人の努力と気力が不足しているからだ、と。

ヨーゼフは、断固たる態度で二人に説教した。ヨーゼフが後に弟レオポルト大公（後のオーストリア皇帝レオポルト二世）に書いた手紙から、説教の内容はおおよそ類推できる。ルイ十六世に対しては、ともかくも思い切って最後まで行けと言い、マリー＝アントワネットには、子供ができない場合は将来どんな恐ろしい危険が待ち受けているかを懇々と諭し、夫にもっとやさしく接し、本気で取り組めと言い聞かせたに違いない。マリー＝アントワネットは努力すると兄に約束した。

努力が実るまでに二カ月半かかった。八月十八日、ついに「大事」がなされた。午前十時から十一時十五分までの間と細かい時間までわかっているのは、少し珍妙でもある。八月三十日付の母親へ宛てたマリー＝アントワネットの手紙は勝利宣言とも言うべきものだった――「私は、私の全人生の中でもっとも素晴らしい幸福に浸っています。結婚が完全に成就されてから、すでに一週間以上たちます。試練は繰り返され、昨日は最初のときよりももっと完全でした」

彼女にとっても結婚が成就されないことは大きな心理的負担になっていたことがこの手紙

からもよくわかる。明くる一七七八年十二月、女の子が生まれる。待望の世継ぎが誕生するのは一七八一年十月である。

ルイ十六世の「不能」は一時的なことで、その後四人の子供をつくっている。すぐ下の弟プロヴァンス伯爵（後のルイ十八世。在位一八一四－二四）は生涯不能であり、したがって、子供もできなかった。それなのに、プロヴァンス伯爵の不能はまったく問題にされず、ルイ十六世だけが問題にされてきたのはおかしなことである。これには、プロヴァンス伯爵の「演技力」ということがある。プロヴァンス伯爵は初夜の翌日「私は四回も幸せを味わった」と吹聴《ふいちょう》して回ったし、また、愛人と称する女性をことさらに見せびらかしたりもした。ルイ十六世は生真面目で真っ正直、演技ができなかったが、弟のほうは抜け目のない人間だった、ということである。

名君にもなり得た国王

ルイ十六世は、ルイ十五世の長男ルイ－フェルディナンの三男であった。フランスでは王位は長子から長子へと引き継がれる原則が厳格に守られるので、お家騒動はけっして起こらず、女子には王位継承権がないので、女王は一人もいない。ルイ十六世の二人の兄のいずれか一人でも健在であれば、ルイ十六世が国王になることはなかった。次兄が死亡したのはルイ十六世が生まれる前のことだが、長兄のルイ－ジョゼフとは七歳のときまで一緒に育てられた。三つ年上のこの長兄は利発、活発で、ルイ十六世にとっては実に頼もしい兄だった。少しいじめられもしたけれども、兄が大好きだった。ずっと兄の後についていくつもりであったろう。ところが、兄は十歳で病死する。兄が両親の期待を一身に担っていたことがよくわかっていたので、ルイ十六世は兄の死が悲しかっただけでなく、子供ながらにある種の後ろめたさを感じたのではないだろうか――「兄の代わりに自分が死ぬべきではなかったか」と。ルイ十六世の亡き兄に対するこだわりは、長男が生まれたときに兄と同じ名前をつけたことにも表われている。

ルイ十六世は子供の頃から引っ込み思案で、おどおどしていた。ダンスが下手で、サロン的な軽妙な会話が苦手だった。何か言われてすぐに気の利いた返答をする子供ではなく、言われたことについてじっと考え込むような子供だった。動作もきびきびとしたほうではなかったし、あまりしゃべらないので、軽薄な廷臣たちは「この子はちょっと頭が弱いのでは」と思ってしまう。ルイ十六世には、歴史、ラテン語、外国語、数学、物理、地理等、科目別に何人もの家庭教師がつけられていたが、家庭教師たちは寡黙《かもく》な少年が非常に呑《の》み込みの早い、優秀な頭脳の持ち主であることを知っていた。七歳の頃には、ヒュームの哲学書を原書で読んでいた。

王太子だった父親が三十六歳で死亡したため、ルイ十六世は十一歳で王太子になった。まもなく母親が、それから祖母が死亡した。当時は今よりも平均寿命がはるかに短かったから、死はわれわれ現代人にとってよりも身近なものではあったろう。それでも、ルイ十六世は非常に感受性の強い少年だったので（一見、そうは見えないが）、次々に起こった近親者の死の影響を、お調子者の二人の弟よりも強く受けたことだろう。

一七七四年五月十日、ルイ十五世が天然痘で死亡した。六十四歳だった。ルイ十五世は、ほとんど女性専門に生きた国王と言ってよく、六十一人の私生児を残したことには前にも触れた。娼婦出身の女性が公式寵姫として宮廷に君臨したりもしたし、乱れた治世にうんざりしていたフランスの人々は若き国王の即位を大変に喜んだ。国が若返り、社会にも活気が出るだろうと人々は期待した。その熱狂ぶりは、ブルボン家の開祖にして大王とも呼ばれる、アンリ四世（在位一五八九—一六一〇）以来と言われる。

新国王は十九歳、新王妃は十八歳だった。カストリ公爵『フランスの国王と王妃』によると、二人は若くして重責を担うことになったのに不安を感じ、抱き合って泣いたという——「神様、私たちを守ってください、保護してください。私たちはあまりにも若くして国を統治することになってしまいました」

ルイ十六世は、民の幸せを第一に考える、非常に善良な君主だった。ヴェルサイユのいち

ルイ十六世

ばん貧しい家々を、朝早く、一人の供も連れずに歩いて訪問したりしたが、こういうことをした国王は、これもアンリ四世以来という。

ルイ十六世は即位後間もなく、先王の大臣たちを更迭《こうてつ》し、新しい組閣に取りかかった。長らく領地に隠棲《いんせい》していた老練な政治家モールパを呼び寄せて宰相格に据え、改革派の俊才チュルゴーを財務監に任命し、新思想（啓蒙《けいもう》思想）に理解を示すマルゼルブを入閣させた。フランスにはオーストリアとの同盟に反対する人々も多かったことにはすでに何度か触れたが、モールパはルイ十六世に謁見して早々、マリー＝アントワネットには警戒するように忠告した。オーストリアの外交的利益の道具にされないように、という注意を与えたのである。ルイ十六世はオーストリアとの交渉においてモールパの忠告に従うことになる。マリー＝アントワネットは、ショワズールなど何人かを大臣にしようと夫に働きかけたが、言下には反対されなかったものの、結局はことごとく退けられた。

この内閣は、繁栄と正義の時代の到来を人々に予感させた。

大臣たちと協議を重ねつつ、ルイ十六世は貪欲《どんよく》に政務を学び取っていった。

まったく新しい視点からルイ十六世の伝記を書いたプティフィスは、即位したときはまだ「遅れた青年」でしかなかったが、二年間の統治経験を積んだ後は「知的にも政治的にも、間違いなく成熟の域に達した」と評価している。

フランス革命が勃発《ぼっぱつ》するのは、ルイ十六世が即位して十五年後のことである。ここで、革命に先立つ十五年間の治世についてまとめておきたい。

ルイ十六世には確かに不器用で優柔不断なところがあり、革命期に数々の失策を犯すのも事実だが、革命前のすぐれた治績をあらかじめ見ておくのでなければ、ルイ十六世の人間像を正しく把握できない。以下に、主なる四つの業績を列挙する。

①アメリカ独立戦争を援助。国家予算の数倍に相当する資金と武器を提供し、さらには軍隊を派遣した。独立戦争は、アメリカ人が専制国家イギリスに対して自由と独立を求めて立ち上がった戦いだから、これを援助したのは啓蒙主義の時代にそった進歩的外交政策だった。今日のアメリカがあるのもルイ十六世のおかげと言っていい。当時のアメリカはまったくの弱小国でしかなかったから、フランスの援助がなければとうていイギリスに勝てなかった。

②寛容令によって、プロテスタント、ユダヤ人など、カトリック教徒以外の人々にも戸籍上の身分を認めた。これは、太陽王ルイ十四世がナントの勅令を廃止したために商工業の担い手であったプロテスタントの大量亡命を惹起《じゃっき》し、国を疲弊させた失策を百年ぶりに正したもの。将来的には「信教の自由」にもつながる政策だった。

③海軍改革を断行。フランスは陸軍は強かったが、海軍は弱かった。ルイ十六世は、新たに軍港を開くなどして海軍改革に成果を上げた。ルイ十六世はもともと理科系に強く、国王の海軍関係の知識の深さには軍幹部たちも舌を巻いた。十九世紀半ばに名著『フランス革命史』を書いた歴史家のミシュレは「この海軍改革だけでも、ルイ十六世が革命期に犯した誤りを補って余りある」と述べている。

④刑罰の人道主義化を推進。当時裁判の一環として行なわれていた拷問《ごうもん》を王令によって全面的に禁止した。また、死刑執行に先立って行なわれていた手首切断の刑など残酷なだけの刑は行なわれなくなった。死刑判決自体も減少する傾向にあった。フランス革命期にできるギロチンは、われわれ日本人にとっては残酷なものでしかないが、もとはと言えば、死刑囚に無益な苦痛を与えないという人道的観点から開発されたものだった。刑罰の人道主義化を推進したルイ十六世が「人道的処刑機械」に強い関心を持ったのも当然で、あのギロチンの斜めの刃はルイ十六世が提唱したもの。金属工作が得意で精密科学に精通していたルイ十六

世には、斜めの刃でないとうまくいかないだろうということが推測できたのである。

全体としてみて、ルイ十六世は改革派の国王であった。

平安の世が続いていれば、ルイ十六世は啓蒙主義の時代にふさわしい進歩的善政をしいた国王として歴史に名を残すことになっていただろう。革命初期のスローガンが「国民、国王、国法！」であったことにもよく現われているように、革命の嵐が吹き荒れるまではルイ十六世は国民にも絶大な人気があった。

ただ、一つ残念なのは、財政改革に取り組んでいたチュルゴーを二年で解任したことである。チュルゴーは宮廷費の削減を目指していたほか、貴族と聖職者に免税特権を与えていた税制制度の改革にも取り組もうとしていた。チュルゴーが財務監に就任したとき、国家財政の借金の額は二億五〇〇〇万リーヴルに達していた。これをチュルゴーは二十カ月間で一億リーヴル減少させた。この倹約策の影響を真っ先に受けたのは、宮廷に寄生していた特権的身分の人々であった。彼らのチュルゴーに対する反発はすさまじいものであっ

チュルゴー

たので、ルイ十六世としても解任に踏み切らざるを得なかった。閣内にもチュルゴーに対する反感があった。たとえば、モールパはチュルゴーの華々しさに嫉妬《しっと》していた。

旧体制の社会システムは時代に合わなくなっていたので、いずれ遅かれ早かれ革命は起こるべきものだったが、革命勃発の直接的引き金になるのは国家の財政破綻《はたん》である。このとき、チュルゴーの財政改革が続行されていれば、たとえ革命が起こるにしても、それほどひどいことにはならずにすんだはずである。

新しい時代の要請に応《こた》えて絶対王政の悪弊を正すのはもちろん望ましいことだが、問題は、改革が進みすぎると王政の権威を支えてきた基盤が崩れ、王政の伝統が守れなくなる恐れがある、ということだった。チュルゴーの改革案には少し急進的すぎる面があり、ルイ十六世も危険性を感じ取ったのかもしれない。ルイ十六世は間違いなく改革派の国王であった。しかし、王政の伝統を守りたい国王でもあった。「改革の必要性」と「王政の伝統」のジレンマに、ルイ十六世はこれから先も悩まされることになる。

例外的に目立つ王妃

ヴェルサイユを王宮とした国王が三人いたということは、ヴェルサイユで王妃となった女性も三人いたということである。しかし、ルイ十四世の王妃とルイ十五世の王妃については、まったくイメージがわかないという方がほとんどではないだろうか。名前すら思い浮かばないという方が多いことと思う。

なぜ、マリー＝アントワネットだけが突出して有名になったのか？

それはもちろん、革命に遭遇して悲劇のヒロインになったからだが、実は、革命前からマリー＝アントワネットは例外的に目立つ王妃だった。つまり、マリー＝アントワネットはもともとが非常に特殊な王妃だった、ということである。

これまでは、フランスの宮廷でいちばん光り輝いていた女性は、王妃ではなく、公式寵姫だった。

フランスの宮廷には、日本の大奥や中国の後宮のようなハレムはない。その代わり、一時に一人だけ公式の愛人を持っていいことになっていた。国王のことだからほかにも何人もの愛人がいるが、その中からとくに選ばれた女性が公式寵姫として宮廷にお披露目され、特別の地位を与えられた。公式寵姫になるためには美人であるだけではダメであって、頭もよくなければならなかった。宮廷内にはいつも様々な陰謀が渦巻いているので、それに対処する力量がないと務まらないのである。

だから、公式寵姫は日陰の存在ではまったくない。宮廷中に周知された公式の存在であって、宮廷晩餐会《ばんさんかい》や舞踏会を主催する。宮廷を訪れた外国大使たちは公式寵姫の部屋にご機嫌伺いに行く。

公式寵姫は、美貌《びぼう》と肉体と頭脳を武器にほかの愛人たちとの熾烈《しれつ》な闘いを勝ち抜いてトップに上り詰めた女性なのだから、普通は「血統」だけが取り柄の王妃は、容貌、才覚とも寵姫にかなうはずがなく、寵姫の陰に隠れるような地味な存在でしかなかった。もちろん身分は王妃のほうが上だから、寵姫は王妃に対して相応の礼を尽くさなければならないが、事実上の宮廷の女主人は寵姫であり、王妃をはるかにしのぐ権勢を振るうことが多かった。ヴェルサイユ時代はとくにそうだった。暮らしぶりも、寵姫のほうが王妃よりもずっと贅沢《ぜいたく》だった。宮廷のトップスターである寵姫はファッションリーダーでもあり、女性たちはその装いに注目し、それに倣った。

王妃になるには、王家の姫君に生まれなければならない。しかし、公式寵姫になれるチャンスは宮廷のすべての女性にあった。国王の心を射止めさえすればいいのである。そうすれば、王妃以上の存在になれるかもしれない。だから女性たちは公式寵姫になるために鎬を削ったのである。

公式寵姫の制度は、ある意味、平等な制度だった。自由競争によって、誰でもトップに上り詰めることができるのだから。しかし、寵姫の地位は不安定なものでもあった。今日は権勢の頂点にあろうとも、国王がほかの女性に心変わりをすると、明日は無の存在に帰してしまう。最後まで公式寵姫の地位を守り抜いた女性もいるが、途中で宮廷を追われた女性が何人もいる。

ヴェルサイユ宮廷で公式寵姫になった女性たちのうちでもっとも権勢を振るった二人と言えば、ルイ十四世の寵姫モンテスパン夫人とルイ十五世の寵姫ポンパドゥール夫人であろう。ルイ十四世妃マリー＝テレーズとルイ十五世妃マリー＝レクザンスカはほとんど知られていないが、寵姫となったこの二人はけっこう有名だ。これまでに書かれた伝記の数も、二人の寵姫の場合はそれぞれ何十冊とあるが、二人の王妃の伝記は一冊あるかないかという程度である。

モンテスパン夫人は、目にもまばゆいばかりのドレスと装身具に身を固めて現われては、人々の賛嘆と羨望《せんぼう》の眼差《まなざ》しを一身に集めたものだった。費用が三〇〇万リーヴルもかかる城をつくってもらい、*賭博《とばく》で大金をすってもケラケラと笑っていた。ポンパドゥール夫人は、ファッションリーダーとして活躍し、宮廷内の行事・娯楽全般を取り仕切っていただけでなく、実質的には宰相の地位にあり、大臣の任命・罷免《ひめん》もほとんど思いのまま、戦争の際には軍の〝作戦指導〟もしたと言われている。寵姫たちは、作家や芸術家を庇護《ひご》するなど、文化的役割も果たしていた。

*十七世紀半ばのことなので、三〇〇万リーヴルは、現在の日本円にして一〇〇億円には相当するだ

ろう。十八世紀後半にはリーヴルの価値は下がり、だいたい一リーヴル一〇〇〇円くらいだった。

マリー＝アントワネットの暮らしぶりは、こうした寵姫たちに似ていた。つまり、マリー＝アントワネットは寵姫的な王妃だった。

では、なぜ、マリー＝アントワネットは寵姫的王妃になったのか？

ルイ十六世は、ただの一人の愛人も持たないという希有《けう》な国王だった。先々代のルイ十四世、先代のルイ十五世が手当たり次第に愛人をつくったのとは極めて対照的である。公式寵姫になろうとして、ちやほやしてくれそうな美女たちが、ルイ十六世の周囲にもたくさんいたはずなのに。愛人が一人もいなかったのだから、当然、公式寵姫もいなかった。マリー＝アントワネットには、自分の影を薄くするようなライバルがいなかったのである。

これまで宮廷を華やかに盛り上げる役割を担ってきたのは寵姫たちである。寵姫がいなかったため、この役割を王妃のマリー＝アントワネットが担うことになり、ファッションリーダーにもなった。

こうして、マリー＝アントワネットは、前の二人の王妃とは違って、非常に目立つ王妃になってしまった。そして、目立った分だけ、何やかやと世間の標的にされる機会も多くなるのである。

マリー＝アントワネットは外見からして際立っていた。これまでの王妃たちが国王の背後にひっそりと身を潜め、世継ぎ確保に専念してきたのとは違って、自己主張する女性だった。これは近代的女性の側面として評価できるが、伝統的王妃像からはかけ離れている。派手に遊び回ったし、浪費ぶりも問題になった。人々は、国王の後ろに慎ましく控えているような伝統的王妃を期待していた。マリー＝アントワネットは、伝統的王妃像を逸脱し、人々を失望させる結果になった。

もともとが非常に個性が強い女性であったところに、さらに寵姫的王妃という要素が加わってしまった。これが、王妃としてのマリー＝アントワネットの特殊性である。

ところで、ルイ十四世の時代までは、公式寵姫になれるのは貴族出の女性に限られていた。ルイ十五世の時代になると第三身分の出でも公式寵姫になれるようになった。歴代公式寵姫の中でもっとも成功したポンパドゥール夫人は、「侯爵夫人」の称号を与えられていたが、もともとは庶民の生まれである。庶民の出とは言っても、ポンパドゥール夫人の場合は第三身分の上層部に属し、今で言えば財界の後押しを受けて公式寵姫になった。マリー＝アントワネットがヴェルサイユにやって来たときに公式寵姫の地位にあったデュ・バリー夫人は、田舎貴族と形式上の結婚をして「伯爵夫人」を名乗っていたが、たんに庶民の出であるばかりか、高級娼婦だった過去さえあった。

貴族の生まれではなく、庶民出の女性でも公式寵姫になれるようになった背景には、市民階級の社会的台頭がある。経済的、政治的、思想的に力をつけてきた市民階級は、フランス革命をへて天下を取ることになるが、そうした勢いがすでに宮廷に波及していたのであった。もっと踏み込んだ言い方をすれば、絶対王政の牙城《がじょう》ヴェルサイユ宮殿において、一般社会に先立ってある種の市民革命が起きていたのであった。

公式寵姫が制度化されたのは、シャルル七世（在位一四二二－六一）の時代である。百年戦争のときにジャンヌ・ダルクのおかげで王様になれた人物と言えば、思い当たる方も多いだろう。フランス革命後は公式寵姫制度が復活されることはなかったから（君主たちにはもちろん愛人はいた）、だいたい三百五十年くらい続いた制度ということになる。

第二章　トリアノンの女王

国王と王妃の力関係

国王、王妃となったときの二人の心境には、大きな違いがあった。ルイ十六世はいかに国を統治するかを考え、マリー＝アントワネットはいかに自分の暮らしを快適にするかを考えていた。シモーヌ・ベルティエールの次の指摘は当を得ている。

「国王は義務感に満たされ、情報を集め、仕事に打ち込んだ。最善の統治をする手段について懸命に考えた。若い妻のほうは、自分の前に自由の領域が開かれたのを見、あらゆる形の後見を退け、自分の意思を最優先させようと心に決めて、その自由の領域にのめり込んだ。自分の行動を制約するルイ十五世はもはやいない。夫から自分が望むすべてのことを引き出せると確信していた」（『不服従の女、マリー＝アントワネット』）

マリー＝アントワネットは、早くもルイ十五世の死の四日後には、母親に次のように書いていた。

「神様は私を名門の大公女として生まれさせてくださったのですが、ヨーロッパでもっとも素晴らしい王家のためにあなたの末娘である私を選んだ神の配慮に賛嘆せざるを得ません」

マリー＝アントワネットはフランス王妃になれた幸運をストレートに喜び、母に感謝の言葉を述べているのだが、マリア＝テレジアのほうは娘の行く末を危惧《きぐ》していた。王妃には王妃の務めがあるのに、その自覚が足りないように思われたからである。娘は「完璧《かんぺき》に偉大な存在になるか、非常に不幸になるか」のいずれかであろう、「娘の美しき日々は終わったと私は思っています」とマリア＝テレジアは語っている。

マリー＝アントワネットが王妃になったのを受けて、駐仏オーストリア大使メルシー＝アルジャントは「無気力、無能なルイ十六世を通じてマリー＝アントワネットがフランスを牛耳る時がいよいよ到来した」と思っていたし、オーストリアの宮廷ではマリー＝アントワネットが外交的利益のためにルイ十六世に影響力を行使することが期待されていた。

フランスでは、伝統的に、女性が表立って政治に直接関与することは認められていなかった。イギリスやオーストリアやスペインなどと違って、フランスでは女性は国王になれなかったし、制度上は王妃にいかなる政治的権限もなかった。女性が直接政治に関与することが認められていたのは、次期国王が幼少のために前王妃が摂政《せっしょう》になった場合のみだった。妻には権限はないが、母には大きな権限が認められるということで、これはフランスの伝統的な考え方であり、近代的民法の先駆けとなる『ナポレオン法典』にも継承される。制度上は摂政になった女性以外は直接的に国家の政策決定に関与できないというのがフランスの伝統であったが、公式寵姫になった女性が国王の背後から隠然たる政治的影響力を発揮した例はかなりある。その代表的な例が、ルイ十五世の公式寵姫であったポンパドゥール夫人である。

結婚以来マリー＝アントワネットが実家から期待されていたのは、女性としての魅力を発揮することだった。王太子妃時代にはまず国王ルイ十五世に気に入られることが期待され、王妃となった後はルイ十六世に影響力を行使することが期待された。

直接的に政策決定に関与できなくても、たとえば人事に介入することはできた。オーストリアにとって都合のいい人物、自分が気に入っている人物を国王に推薦するのである。政治にはほとんど関心がないマリー＝アントワネットも、自分が気に入った人間をしかるべき地位に就任させるのは喜びだった。

オーストリア側はルイ十六世を見くびっていたので、マリー＝アントワネットがルイ十六世をうまく操れるものと思っていた。しかし、マリー＝アントワネットはお気に入りのランバル大公夫人を総侍女頭《そうじじょがしら》に据えることには成功したが、大臣人事ではうまくいかなかった。

ルイ十六世は彼らが思っているような木偶《でく》の坊ではなかった。ルイ十六世はオーストリア側の狙《ねら》いを知っていたので、なるべくマリー＝アントワネットを政治に関与させないようにしようと思っていた。マリー＝アントワネットの気の強さは十分に認識していたので、ルイ十六世の〝戦略〟は、「妻の尻に敷かれているふりをする」ことだった。プチ・トリアノンの環境整備、宝石・ドレス・賭《か》け事などの散財には目をつぶり、大して重要でない人事についてはマリー＝アントワネットの希望どおりにする。こうしてマリー＝アントワネットの自尊心を満たした上で、重要な政策にはいっさい関わらせないようにする——これがルイ十六世の方針だった。ルイ十六世は意外と懐が深い男だったのである。ただ、傍目《はため》から見ると、妻を制御しきれない弱い夫にも見えただろう。

オーストリアがルイ十六世を利用することに成功しなかったのは、外交についての考え方が根本的に異なるからでもあった。

オーストリアの外交政策は基本的に「強権外交」だった。つまり、他国を侵略してでも領土を拡大する、というもの。いちばんいい例が、ポーランド分割である、ロシア、プロシアと一緒になって独立国家を勝手に山分けして自国領土内に組み込んでしまった。これに対し、ルイ十六世の外交政策は基本的に「平和外交」だった。したがって、バイエルン侵攻を目論《もくろ》むオーストリアの領土拡大策に協力しなかった。マリア＝テレジアはマリー＝アントワネットを通じてルイ十六世に働きかけたが、ルイ十六世は頑としてこれを拒否した。「あの弱気で無能で優柔不断なルイ十六世が」とオーストリア側は驚いたことだろう。

また、オーストリアはロシアと共同でオスマン・トルコの領土を狙っていた。ヨーゼフ二世はフランスに中立を求め、その見返りにエジプトをフランスに与えると提案した。ルイ十六世は、「こうしたやり方はヨーロッパに混乱をもたらすものだ」と取引を拒否した。このため、ヨーゼフ二世はオスマン・トルコ征服をあきらめざるを得なかった。

アメリカ独立戦争中、オーストリアはフランスとイギリスの仲裁に乗り出そうともした。ヨーゼフ二世は妹を通じて仲裁を受け入れるように働きかけたが、これにもルイ十六世は応じなかった。ルイ十六世にとっては、アメリカの独立を達成し、イギリスを屈服させることが第一だった。

オーストリアの目論見は期待外れに終わったが、こうしてオーストリアがマリー＝アントワネットを自国の外交的利益に奉仕させようとしたことが、彼女の評判を悪くする結果になった。「あれは、フランス王妃というよりは、オーストリア皇女だ」と人々は思ったのである。

反逆の王妃

フランス王妃になって間もない二十歳の頃のマリー＝アントワネットの容姿・雰囲気については、ゴンクール兄弟の描写が残されている。兄弟二人共同で本を書いていた作家で、現在「ゴンクール賞」は日本の芥川賞・直木賞に相当するもっとも名誉ある文学賞になっている。十九世紀半ばにマリー＝アントワネットについて最初の本格的伝記を書いたのもゴンクール兄弟である。彼らの見立ては次のようなものであった。

「フランス王妃は、もはや輿入《こしい》れ時の無邪気な可愛《かわい》らしい女の子ではない。いかにも王妃らしい王妃、輝きと花の盛りにある成熟した女性である。王妃らしい美しさが周囲にほとばしり、何物もこれを妨げることがない。……もの静かなやさしさが顔全体に広がっていて、それは神々《こうごう》しいほど。ブロンドの髪の薄い金色が王冠のよう。肌はこの上もなく白く、この上もなく艶《つや》やか。この上もなく美しい首と肩。賛嘆すべき腕と手。優雅で調和のとれた歩き方。その歩調は、古代の詩に登場する女神たちを彷彿《ほうふつ》させる。頭を高く掲げる威厳あふれる様子は彼女だけがその秘密を心得ている。愛撫《あいぶ》するような高貴な眼差し。その眼差しは宮廷全体を包み込み、いつでも助けの手を差し伸べようとしている。体全体から、人を保護し、歓待しようという、誇り高くもやさしい雰囲気を醸《かも》し出している。これほどの天の恵みを完璧に身につけていることによって、王妃には威厳と優雅さ、あの微笑《ほほえ》みと偉大さが備わり、外国人たちはその思い出を幻覚か目眩《めまい》のように持ち帰り、ヨーロッパ中に広めたのであった」

（『マリー＝アントワネットの物語』）

少し褒めすぎで甘ったるい感じはあるが、マリー＝アントワネットがヴェルサイユの宮廷でいちばん光り輝く女性であったことはよく伝わってくる。先々代、先代の王妃たちがどこにいるかもわからないような地味な存在であったのとは著しい対照をなす。ヴェルサイユを訪れてマリー＝アントワネットの姿を初めて目にした者は、みな、その神々しさに目をみはり、いかにも王妃らしい威厳に打たれるのであった。

しかし、威厳あふれる、いかにも王妃らしい王妃マリー＝アントワネットは、宮廷の仕来りに激しく反発したということでは、立派な反逆者でもあった。

これまでは祖父ルイ十五世にだけは逆らえなかったが、祖父が宮廷からいなくなって重しが取れ、自由になったようにマリー＝アントワネットは感じた。これからは、宮廷を取り仕切るのは王妃たる自分だ、宮廷をもっと住みよい場にしよう、自分にはそれができる、と思われた。

宮廷では、マリー＝アントワネット主催のもとに定期的に舞踏会が開かれた。正装の舞踏会のほかに仮面舞踏会もあったが、パリの仮面舞踏会のほうがはるかに刺激的だった。見知らぬ男性とアヴァンチュールの香りがする会話もできるからである。それに、王妃という身分を離れて一般の人たちの間に溶け込むことには、何とも言えない解放感があった。パリからプロの劇団を招いて宮廷で上演することは前から行なわれていた。マリー＝アントワネットは、週二回だったのを週三回に増やしたが、劇が好きな彼女にはこれでも足りなかったし、宮廷ではオペラが上演できなかった。このために、舞踏会に劇、オペラにと頻繁にパリに出かけた。ルイ十六世と一緒に出かけていれば問題はなかったのだが、夫はこうした遊びは好きではないし、若い貴公子たちと行くほうがずっと楽しかった。お忍びでたびたびパリに遊びに行っていたことは人々の顰蹙《ひんしゅく》を買った。明け方に帰ってくることも多かったから、なおさらだった。

ほかに、マリー＝アントワネットは競馬と賭博《とばく》にも熱中した。賭博は掛け金が大きかったので借金することもあった。

マリー＝アントワネットは流行の最先端を行こうともした。王妃はいちばん美しい女性であらねばならぬという思いがあった。デザイナーのローズ・ベルタンと相談し、次々に新しいファッションを打ち出した。こうした役割は、これまでは公式寵姫たちが果たしてきた。必死になって王妃のファッションを追っていたパリの上流婦人の中には「このままでは破産する！」と音を上げる人もいた。

マリー＝アントワネットがもっとも反逆したのは、宮廷儀礼に対してであった。煩《わずら》わしくて馬鹿馬鹿しくさえある宮廷儀礼を簡素化したかった。儀礼を簡素化すると職務を失う人も出て、その人たちの誇りを傷つけることになるということ、一見無意味に見える儀式にもそれなりの意味があり、王政の権威を下支えしていたこと、などには思いが及ばなかった。公開の食事を減らすこと、王家の人間以外の男性とも食事できるようにすることについてはルイ十六世はすぐに同意してくれた。

マリー＝アントワネットは気に入った男女を集めて小さな宮廷を形成するようにもなった。これは従来のヴェルサイユ宮廷の仕来りを無視するものであり、多くの人たちの反感を買った。マリー＝アントワネットに悪気はなかった。ただ自分流に暮らしたい、王妃にだって私的時間が認められていいはずだ、というだけのことで、他人の思惑は気にしていなかった。小宮廷に招かれなかった廷臣や侍女たちはマリー＝アントワネットを恨み、様々なデマを流した。マリー＝アントワネットは次々に愛人をつくっているとか、レスビアンだとか。

マリー＝アントワネットの取り巻きの人たちは、男女とも、若くて美形、その場を楽しく盛り上げるのが得意な人が多かった。男性の場合は少々年配でもダンディーであれば仲間に加えられた。これらマリー＝アントワネットの取り巻きの中には、明らかに金を引き出すのを目的にしている人たちもいた。とくに、いちばんのお気に入りポリニャック伯爵夫人の一族は年に五〇〇万リーヴルもの金をせしめていた。これは、一般労働者の年収の一〇〇〇倍に相当する額である。おこぼれにあずかれなかった宮廷の人たちのみならず、一般の人たちもこれには憤慨した。マリー＝アントワネットは金を使ってものを買ったことがないのだから、これだけの金があればどれだけのものが買えるかというリアリティーはまったくなかった。彼女にとって金はただの数字にすぎず、親しい友人が喜ぶのを見るのが楽しいのであった。

ポリニャック夫人

ルイ十六世はダンスが下手、サロン的会話が苦手、国王としての威厳にも欠け、マリー＝アントワネットにとってはやさしいだけが取り柄の頼りない夫であったろうが、家庭的な夫ではあった。マリー＝アントワネット以外の女性には見向きもしなかった。これまでの王妃たちは、夫が何人もの愛人を持つことに文句一つ言わず、じっと耐えてきた。自分以外の女性にはいっさい関心がない国王という世にも稀《まれ》な夫を持ったマリー＝アントワネットの場合は、これまでの王妃たちと違って、家庭の幸せも期待できた。しかし、マリー＝アントワネットはそのような女性ではなかった。自分のほうで好きな男をつくってしまう。スエーデン貴族のアクセル・フェルセンである。「氷の表皮の下に燃えるような魂」を秘めていたと言われるこの貴公子は、読者にもお馴染《なじ》みではないかと思う。マリー＝アントワネットの愛人として何人もの男性の名が取り沙汰《ざた》されたが、本当に恋人同士であったのはフェルセン一人だけである。

二人が相思相愛であったことは間違いないが、愛人関係にあったのか、プラトニックな関係であったのかはわからない。決め手がないのである。普通は、王妃は愛人を持つことなど考えない。たとえそうしようと思ったとしても、いつもお付きの人たちに囲まれているので、実行に移す機会もない。だから、愛人関係にあったのかどうかが問題になるということ自体が、いかにもマリー＝アントワネットらしいのである。

もっとマリー＝アントワネットらしいのは、恋人を持つことが許された、ということである。同時代の人々に許されたのではない。普通の貴族の奥方には外で恋人を持つことが許容されていたが、こんなことが王妃に許されたのでは国王の正統性に疑問が生じ、王政が成り立たなくなる。王妃が恋人を持つなど、言語道断、絶対に許されないことなのである。ところが、マリー＝アントワネットの場合は許された。誰に？　後の時代の人々、たとえばわれわれ現代人に許されたのである。許されただけではない。二人の関係がうまくゆくようにと、応援されさえした。これは、よくよく考えてみるとちょっとおかしなことなのだが、後世の

ルイ十六世の子供たち

ルイ十六世
＝マリー＝アントワネット

- マリー＝テレーズ＝シャルロット
- ルイ＝ジョゼフ
- (ルイ十七世)ルイ＝シャルル
- マリー＝ソフィー＝ベアトリス

人々からはマリー＝アントワネットは愛されたということであり、彼女の「人徳」のようなものである。

マリー＝アントワネットが七年間の困難を乗り越えた末についに女の子を出産したのは、一七七八年十二月であった。二十三歳で母親になったわけで、二十四歳で父親になったルイ十六世と同様に、けっして遅くはない。この後、長男、次男、次女と、全部で四人の子を産む。彼女は子供の面倒は歴代王妃たちよりもずっと熱心に見た。

母親になって前よりは落ち着いた暮らしをするようになっていたが、翌年二月、パリを訪問したとき、人々からの喝采《かっさい》はなかった。すでに数年前から不人気になっていた彼女の評判は回復されなかったのである。

一七八五年三月に次男ルイ＝シャルルが誕生したときには、父親が誰か疑う人たちもいた。「フェルセンの子ではないか」と。パリを公式訪問した際は、人々の態度は非常に冷たかった。ヴェルサイユ宮殿に帰った後でマリー＝アントワネットは泣き崩れ、「いったい、私があの人たちに何をしたというのでしょう?」と悲痛な呻《うめ》きをもらしている。かつてはあれほど大好きだったパリに行くのをやめるようになる。

プチ・トリアノン

ヴェルサイユ宮殿本体から少し離れたところに、二つの城館があり、一つは「グラン・トリアノン」（大トリアノン）と呼ばれ、もう一つは「プチ・トリアノン」（小トリアノン）と呼ばれていた。

マリー＝アントワネットは、窮屈《きゅうくつ》な宮廷儀礼から解放されたいとずっと願ってきた。そうしたマリー＝アントワネットの新たな拠点となるのがプチ・トリアノンである。城館にも少し手を加えたが、周辺の庭園整備にとくに力を注ぎ、数年がかりで独特の世界を築きあげてゆく。ヴェルサイユの中でもマリー＝アントワネットの痕跡《こんせき》をいちばん強く留《とど》めているのは、この辺りである。プチ・トリアノンこそ、まさしく「マリー＝アントワネットの世界」だった。

マリー＝アントワネットにとってのヴェルサイユ、それは、公的な豪華さではなく、私的空間、個人的に居心地のいい場となるべきものだった。したがって、ヴェルサイユにかけた思いは、宮殿造営者ルイ十四世とはまったく違う。太陽王にとっては、宮殿は絶対王政の栄《えい》耀《よう》栄華を世に誇示するものでなければならなかったが、マリー＝アントワネットには、そうした厳《いか》めしい宮殿が疎《うと》ましかった。

ルイ十六世がプチ・トリアノンの城館を正式にマリー＝アントワネットに贈与したのは一七七五年八月だった（一七七四年八月という説もある）。

もともとは、この城館はポンパドゥール夫人のためにルイ十五世が建設を命じたものだったが、ポンパドゥール夫人は工事開始二年後の一七六四年に死亡した。城が完成したのは一七六八年。ルイ十五世はこの城でデュ・バリー夫人と逸楽の時を過ごした。

プチ・トリアノンをマリー＝アントワネットにプレゼントする際にルイ十六世はこう言った——「あなたは花がお好きでしたね。あなたに一つ花束を差し上げましょう。プチ・トリアノンです」

気の利いたことが言えないとされたルイ十六世にしては、上出来ではないだろうか。

マリー＝アントワネットは、最初は庭を散歩するだけだったが、やがて頻繁にプチ・トリアノンに滞在するようになり、何日も宮廷に帰らないこともあった。

プチ・トリアノンには宮廷儀礼がなかった。起床の儀も就寝の儀も何もない。午前中はまったくの自分の時間。親しい友人たちは午後一時頃、昼食にやって来た。ここには気に入った人しか招かれなかった。いちばんのお気に入り、ポリニャック伯爵夫人との関係がマリー＝アントワネットの評判を悪くすることになるが、当の本人は「あの人と二人きりになると、私はもう王妃じゃないのよ。私自身なのよ！」と言っていた。

プチ・トリアノンの常連は、ポリニャック伯爵夫人のほか、ランバル大公夫人、ゲメネ大公夫人、ローザン公爵、ブザンヴァル男爵、ヴォードルイユ伯爵らであった。やがてこれにアクセル・フェルセンが加わる。彼は伯爵であった。

常連たちは、ちょっとした任務、仕事を片手間に片づけてやって来ると、あとはダンス、宴会、音楽会、様々な遊び、恋愛、軽妙なサロン的会話を楽しむ日々であった。羨《うらや》むべき暮らしである。べつにありがたみを感じることもなく豪勢な食事をし、高級ワインを浴びるほど飲んでいたこの人たちにとって、飢えや重税に苦しむ人々というのは自分たちとはまったく無関係な別世界の人々であり、まったく気にもかけていなかった。

マリー＝アントワネットのいちばんのお気に入りは、最初はランバル夫人だったが、あまりにおとなしかったので飽きられ、こすからいポリニャック夫人に取って代わられた。二人との関係は、レスビアンなどといったものではなく、非常に親密な女学生同士のようなものだった。マリー＝アントワネットの意中の人はフェルセンだが、ローザンやブザンヴァルに言い寄られるのも、限度を越えなければ、気分がよかった。ポリニャック夫人とヴォードルイユが愛人関係にあるのは周知の事実で、夫のポリニャック伯爵も知っていたが、まったく気にもかけず、サロンでもヴォードルイユに主人の役割をゆだねたりしていた。こうした態度が上流貴族社会では「品位ある紳士のたしなみ」であった。もし、ポリニャック伯爵がほんのわずかでも嫉妬心《しっとしん》を見せたならば、たちまちのうちに評判を落とすことになるのである。

理想の空間

プチ・トリアノンでマリー＝アントワネットがとりわけ力を傾注したのは、庭園の整備であった。プチ・トリアノン宮の自由な空間だけでは不十分で、もっと自然な空間が必要なのだった。まずフランス式の幾何学的庭園をイギリス式の自然な庭園につくりかえた。大きな池をつくり、小川を流し、道を曲がりくねらせた。それからアモー（小村落）の建設に乗り出し、建築家のリシャール・ミックらと協議を重ねながら一七八三年から四年がかりで疑似農村をつくりあげた。

池の周りにいくつもの農家風の家を配置したが、農村というよりは「田舎風離宮」と呼ぶほうがふさわしい。当時流行していた田園趣味に染まった結果であった。本当らしさを演出するために、建物の壁に亀裂をつけたり、見た目を古くさくするという念の入れようだった。畑もあって、実際に耕されていた。

一七八五年には、わざわざトゥレーヌ地方から農民一家を呼び寄せた。より本物らしい雰囲気を出すためだが、あくまでも遊び。より精巧なおもちゃを欲した、ということ。それでも、作物の出来具合などを一応は管理していた。

牛、羊、山羊《やぎ》、鶏、豚などの動物も飼われていた。これらの動物は非常に丁寧に、清潔に飼育されていた。「自然は清潔でいい香りがするもの」が当然の前提とされ、肥料や動物の糞《ふん》の臭《にお》いがしてはダメなのであった。育てられた鶏はマリー＝アントワネットの食卓にも供された。

乳製品試食所があり、アモーでつくられた牛乳、チーズなどをマリー＝アントワネットも連れと一緒に食べていた。外見は田舎風のいかにも質素な造りだが、内部は壁、床とも大理石張り。カップ、ボール、水差しなどの陶製食器は、セーヴル王立工場で製作された特注品だった。

アモーの田園風景は、理想化されたもので、現実とは異なっていた。非常に人工的ではあったが、田舎風の暮らしを好んだという点でも、マリー＝アントワネットは歴代王妃の中でユニークな存在である。

マリー＝アントワネットはプチ・トリアノンの庭園に岩山と洞窟《どうくつ》もつくった。ルソーの『新エロイーズ』や『孤独な散歩者の夢想』から着想を得たものだが、もちろん、本は読んでいない。

一七七七年から一七八一年にかけて「愛の神殿」と「ベルヴェデール」を建設した。これらの建物は、主に庭園散歩の休息所として使用された。外見はそれほど人目を引くものではないが、愛の神殿の天井装飾は非常に精巧な素晴らしいものだし、ベルヴェデールの内装は目を見張るほどに美しかった。マリー＝アントワネットの趣味のよさがよく表われていた。

こうした一連の工事事業には、土木・造園・建築関係業者のみならず、当代一流の芸術家、優秀な工芸職人が大量に動員された。

トリアノンではマリー＝アントワネットが女王だった。庭園の注意書きには、「国王の命により」ではなく、「王妃の命により」と書かれていた。ヴェルサイユの庭は一般に公開されていたが、トリアノンの庭園にはマリー＝アントワネットの許可を得た者しか入れなかった。

プチ・トリアノンでも王侯を招いて大がかりな宴《うたげ》が開かれたことはあるが、基本はあくまでも私的空間である。

マリー＝アントワネットは自分がつくりあげた田園風景の中を散歩するのが好きだった。花を摘んだり、池にボートを浮かべたり、釣りをしたり。豪華なドレスではなく、農家の娘のような服を着て、麦藁《むぎわら》帽子をかぶって散歩することもあった。天気がよければ草の上に座って昼食をし、目隠し鬼ごっこに興じた。マリー＝アントワネットと同時代に活躍したロココの画家、フラゴナールのぶらんこの絵を思い浮かべていただけるだろうか。アモーでの罪のない遊びの雰囲気は、だいたいあの絵から伝わってくるようなものだった。

マリー－アントワネットは、一七八〇年六月にプチ・トリアノンにかなり本格的な劇場もつくった。パリのオペラ座を小型にしたような感じだった。歓迎されなくなったパリには行きたくなかったので、自分のところで劇を楽しもうということ。宮廷では劇が公式に週三度上演されていたが、マリー－アントワネットは自分の劇場を欲した。騒々しい遊びの日々から、仲間内の静かな楽しみの日々に入ろうとしていた。

プチ・トリアノンの劇場

パリから劇団を招き、身内と親しい友人だけで観劇した。やがて自分たちで劇を演じるようにもなった。マリー－アントワネット自身も女優として舞台に立ち、お針子や羊飼いの役も演じた。喜歌劇を演じたときは、歌の勉強もしていたので、自ら歌いもした（マリー－アントワネットは作曲もし、作品がいくつか残っている）。パリで得られなくなった歓呼の声をここでは浴びることができた。芝居に出るためには、練習をしなければならないし、衣装の用意もしなければならない。ほかのことには時間が割けないほどに劇に熱中した時期もある。

マリー＝アントワネットが仲間内で上演した演目の中には、ルソー作『村の占い師』とボーマルシェ作『フィガロの結婚』も含まれていたことに注目したい。ルソーもボーマルシェも、思想的に危険人物だったからである。

マリー＝アントワネットは、田園趣味に傾いた時点で「自然」を称揚するルソーの影響をすでに間接的に受けていたが、ルソーの『社会契約論』はフランス革命のバイブルともされ、後に革命指導者の多くはルソーを師と仰ぐ。

『フィガロの結婚』は、反体制的であるとして上演禁止処分になったことがある。たとえば、ボーマルシェは主人公のフィガロに恋敵でもある大領主に向かって次のように言わせている(独白だが)。

「大領主だというので、あなたはご自分が大した人間だと思っていらっしゃる。……貴族であって財産があり、高い身分と社会的地位がおありになる。それをあなたは大変誇りに思っていらっしゃる。でも、そうしたものを得るために、あなたはどんなことをなさいましたか？　生まれるという労を払っただけでしょう」

これは身分制度を否定する危険な言葉であった。ルイ十六世は改革派の国王ではあったが、劇がはらむ社会的危険性を察知して『フィガロの結婚』を上演禁止処分にした。ところが、後には反改革派の黒幕ともなるマリー＝アントワネットがこの劇に熱狂するのであった。確かに、当時の社会風俗を見事に描き出し、辛みのきいた面白い劇ではあったのだが、上演禁止が解かれて一七八四年四月二十七日にこの劇がパリで初演されたところ、大当たりを取ったことが大きい。

最初は反体制的であるとして上演禁止処分を受けた『フィガロの結婚』が大好評を得た出来事は、文学史の本では「フランス革命が間近に迫っていることを証明した」と解説されるのであるが、当時の人々は世の中がひっくり返るような革命が起こるなどとは夢にも思っていなかった。マリー＝アントワネットは、この劇がプチ・トリアノンの劇場で上演されたときには自分が主役シュザンヌを務めた。この事実は、マリー＝アントワネットがいかに無邪気な女性であったかをよく示している。

要するに、流行に敏感なのである。できるだけ自然に近い庭園をつくろうとしたのは当時の田園趣味の流行に染まったため。ルソーの劇を演じたのはルソーが思想家としてもてはやされていたから。ボーマルシェの『フィガロの結婚』を上演したのはこの劇が大評判になっていたから。

ルソーやボーマルシェの作品に含まれる思想的危険性とか反体制的要素とかいったことは、

マリー＝アントワネットはまったく気にしていなかった。まるっきり無邪気、あまりにも無邪気、と言うほかはない。

プチ・トリアノンはマリー＝アントワネットにとって理想の世界だった。こんなふうに暮らしてみたいと思っていた夢を実現させた世界だった。「プチ・トリアノン、それはマリー＝アントワネットである」と言いたくなる。ただ、「トリアノンの女王」であったことは評判をさらに下げることになった。かかった費用もさることながら、人々は「ヴェルサイユ宮廷の王妃」であるべきだと思ったからである。

いつまでも夢の世界でまどろんでいられればよかったのだが、一七八五年八月に「首飾り事件」が起こったため、突然マリー＝アントワネットは現実世界に引き戻される。事件が起こったとき、マリー＝アントワネットはボーマルシェの『セヴィリヤの理髪師』（この劇もかつて上演禁止処分になったことがある）をプチ・トリアノンで上演しようと主役ロジーヌの役を練習中だった。

首飾り事件

フランス革命の予兆ともされる「首飾り事件」は、いろいろな本でも取り上げられ、映画にもなった、けっこう有名な事件である。

事件が発覚するまでの概要は次のとおり――。

五四〇個のダイヤからなる、価格一六〇万リーヴル（現在の日本円にして約一六億円）の首飾りをめぐる詐欺《さぎ》事件。主犯は、ラ・モット伯爵夫人という三十歳の女性。

この首飾りは、もともとはルイ十五世の公式寵姫デュ・バリー夫人のために作られたものだが、ルイ十五世が死亡してデュ・バリー夫人は宮廷から追放されたため、出来上がった首飾りが宙に浮いていた。宝石業者はマリー＝アントワネットに買い上げてもらいたかったが、価格が高すぎるため、宝石好きのマリー＝アントワネットも手を出しかねていた。これを聞いて、ラ・モット夫人の頭に閃《ひらめ》くものがあった。一計を案じてロアン枢機卿《すうききょう》に首飾りを買わせ、ロアンを通して自分が手に入れようと思いついたのである。ラ・モット夫人とロアン枢機卿は愛人関係にあった。

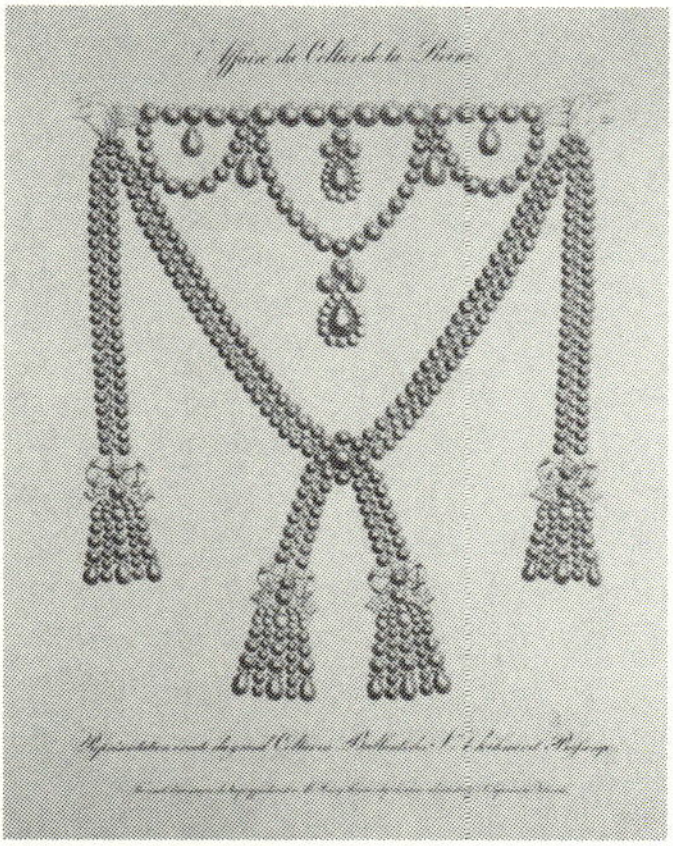

事件の元になった首飾りのスケッチ

ストラスブール司教、宮廷司祭長も兼ねるロアン枢機卿は、名門貴族の生まれで「大公」の称号も持ち、財産家として知られていた。世間的には、結構ずくめの男である。非常に自惚《うぬぼ》れが強く、宰相になりたがっていたが、マリー＝アントワネットに嫌われていた。ラ・モット夫人はここに目をつけた。この首飾りをプレゼントすれば、マリー＝アントワネットの覚えがめでたくなりますよ、と。ラ・モット夫人は宮廷に出入りすることが許されている程度で王妃と話ができるほどの身分ではなかったが、自分はヴァロワ王家の血を引いている（これは本当だった）のだから王妃とは従姉妹《いとこ》関係にあり、王妃と親しいと吹聴《ふいちょう》し、ロアンを信用させた。マリー＝アントワネットの偽の手紙をプロに頼んで作成してロアンに渡したり、マリー＝アントワネットに背格好が似た娼婦《しょうふ》を王妃に仕立てて、夜、ヴェルサイユ庭園内でロアンに会わせたり、とラ・モット夫人のやり口はなかなかに手の込んだものだった。

宝石商はロアンに首飾りを渡し、ラ・モット夫人は王妃に届けると称してロアンから首飾りを受け取って我が物にし、そのままでは処分は難しいのでばらばらにしてロンドンでダイヤを売却した。

ロアン枢機卿は確かに財産家ではあったが、大変な浪費家でもあった。パリ市内だけでも十数人の愛人を囲っていたと言われる。四回の分割契約で首飾りを購入したものの、第一回目からして代金を用意できなかった。宝石商は、ロアンは王妃の代理として首飾りを購入すると聞いていたので、直接王妃に掛け合いに行き、これで事件が明るみに出た。

宝石商が面会にやって来たとき、最初はマリー＝アントワネットはまた新しい装身具でも見せに来たのだろうと思った。素晴らしいダイヤモンドがどうのこうのと言い、一通の書状を提出して宝石商は下がっていった。書状にはわけのわからないことが書かれていた。マリー＝アントワネットはロウソクにかざして書状を焼却し、あとは気にもとめていなかった。要領を得ないと思った宝石商は、部屋付き筆頭侍女カンパン夫人のところに話を聞いてもらいに行った。カンパン夫人に「何か大変な事件が起こったようだ」と言われ、マリー＝アントワネットは改めて宝石商を召喚し、内大臣ブルトゥイユにも立ち会ってもらって事情を聞いた。一通り話を聞き終わったときには、あまりに思いがけないことだったので、マリー＝アントワネットは言葉を失った。なんと、十年以上も口をきいたことがないロアン枢機卿が自分の代理だと称して一六〇万リーヴルもする首飾りを手に入れ、代金を払わないのだという。ロアンは借金取りに追い詰められでもしたのだろう、というのがブルトゥイユの推測であった。これは自分の名をかたった詐欺事件ではないか。ことは自分の名誉に関わる！　ロアンを是非とも厳罰に処さねばならない。

事件を知らされたルイ十六世は数人の大臣を呼び、善後策を協議した。一七八五年八月十五日、国王、王妃、三人の大臣が控える前にロアンは呼び出され、事情聴取を受けた。ロアン自身がひどく驚いていた。王妃から何通もの手紙を受け取り、個人的に直接会いもしたのだから、王妃の信任を受けていると思い込んでいた。

ロアン枢機卿はこの日のうちに逮捕され、数日後、ラ・モット夫人ら事件関係者数人が逮捕された。事件はパリ高等法院の審理にゆだねられた。ラ・モット夫人は確信犯であり、罪はすべてロアン枢機卿とマリー＝アントワネットになすりつけようとしていたから、逮捕以来、一貫して首飾りとの関わりを否認し続けた。しかし、王妃の手紙を偽造した共犯者が口を割ってしまう。

フランス中が夢中になって裁判の行方《ゆくえ》を追った。なにしろ、事件の渦中にフランス王妃がいるのだから。ルイ十六世とマリー＝アントワネットはロアンが事件の中心人物だと信じていたので、当然、ロアンに有罪判決が出るものと思っていた。しかし、高等法院は、一七八六年五月三十一日、ラ・モット夫人を主犯と認定し、共犯者数名を有罪としたが、ロアンは無罪とした。判事たちの間には、ロアンは王妃の名誉を傷つけたのだから不敬罪に処すべきだという意見もあったが、結局、この点は不問に付されたのであった。

高等法院が国王の意向に逆らってロアンに無罪判決を出した背景には、王権と高等法院の対立という事情もあった。高等法院は裁判所であるが、裁判を行なうほかに、国王が出した法令を登録するか否かを判断する権限があり、登録されなければ法令として効力を持たなかった。高等法院が登録を拒否しても、国王が親裁の法廷を開いて再度登録を命じれば従わなければならなかったが、登録を渋ることによって国王に圧力をかけることができた。高等法院は、王権に対して自分たちの立場を強化することを願い、いつも王権に抵抗する機会をうかがっていた。高等法院のこの姿勢は革命初期まで続く。革命後に高等法院が解散させられることを思えば、高等法院はむしろ王権と協力すべきだったろうが、それは後になって初めてわかることである。

ロアンに無罪判決が出たため、世間の疑惑はマリー＝アントワネットに向けられることになった。ロアンを利用して首飾りを手に入れたのではないか、と疑ったのである。

マリー＝アントワネットはロアンの無罪判決に激怒し、泣きくれた。金に困り、自分の名前をかたって詐欺を働いたロアンは世間に鳴り轟《とどろ》くような形で処罰され、自分の潔白は青天白日のものとなる、と思っていたのだから。世間の疑惑の目が自分に向けられたことには、もっと大きな怒りを感じ、途方にくれたことだろう。

マリー＝アントワネットは、フランスを丸ごと非難するようにもなった。自分の名誉を護《まも》ってくれる「公正な判事たちを見つけることができなかった」国だから、と。急にフランス嫌いになったのである。

ルイ十六世とマリー＝アントワネットは、ロアンは首謀者ではなく、むしろ被害者なのだということを理解しなかった。事実よりも自分たちの思い込みを優先してしまった。

そして、もっとよく考えてみるべきことがあった。それは、この事件はマリー＝アントワネットの過去の悪評をもとにして組み立てられた、ということである。「王妃は宝石に目がない。宝石を手に入れるためには何でもするだろう」「王妃は多情な女だ。彼女を落とすことに希望が持てるという前提があるなら、ロアンが彼女の好意を信じたのも十分理由のあることだ」――こういうことが簡単に信じられる雰囲気があって初めて、この詐欺事件は成立したのである。

事件に巻き込まれたことにマリー＝アントワネットが憤慨したのはもっともなことだった。自分はまったくの無実なのだから。彼女としては、ロアンをバスチーユに一生閉じ込めておきたいと思ったかもしれない。しかし、自分が攻撃の手がかりを与えたということに気づいたかどうかは、大いに疑問だ。事を性急に運びすぎた嫌いもあるし、裁判にかけたりせずに事件を内々に処理する方法もあったのではないかとも思われる。

事件後に巷《ちまた》に出回った諷刺《ふうし》詩の一節をお目にかけよう。偽王妃役を演じた娼婦オリヴァとマリー＝アントワネットとの架空の対話である。

「マリー＝アントワネット

――尻軽女のあなた、王妃という私の役を演じることがあなたによく似合いますこと！

オリヴァ嬢

──王妃様、どうしていけませんの？　あなた様だってしょっちゅう私の役を演じられたではありませんか」

この事件以後は、マリー＝アントワネットに対する誹謗《ひぼう》中傷が習慣化し、諷刺文書、カリカチュアなどが多数出回るようになった。

マリー＝アントワネットは濡《ぬ》れ衣《ぎぬ》を着せられただけ、ということは間違いないが、フランス王妃ともあろう者が詐欺事件に関与したかのような印象を世間に残したことによって、結果的に王家の威信に傷がつくことになった。

事件のずっと後にナポレオンは「王妃は潔白だった。自分が潔白であることを喧伝《けんでん》しようとして彼女は高等法院が裁くことを望んだ。結果は、王妃は有罪だと人々は信じ、それが宮廷の評判を落とした」と述べている。革命初期に最大指導者となるミラボーは「あの事件は、大革命の序曲だった」と位置づけている。

第三章　革命勃発

国家財政の破綻

フランス革命は、偶然起こったのでもなければ、突然起こったのでもない。革命前の旧体制（アンシャン・レジーム）の社会システムはいろいろな面で時代に合わなくなってきていたので大改造を必要としており、革命は遅かれ早かれ、いつかは起こるべきものだった。そして、社会的不公正は正されなければならないとする啓蒙《けいもう》思想が十七世紀末以来少しずつ社会に浸透し、影響力を強めていた。だから、フランス革命は百年がかりで準備されてもいたのである。

太陽王ルイ十四世の時代に栄華を極めた絶対王政は、ルイ十六世の時代にはその屋台骨がきしみ始め、明らかに衰退の道をたどっていた。これはべつにルイ十六世が失政を犯したからというわけではなく、前の二人の国王、ルイ十四世とルイ十五世が戦争に女にと国費を濫費したツケが回ってきた結果であった。「首飾り事件」は、はしなくも、絶対王政凋落《ちょうらく》の一端を世間の目にさらした。

「首飾り事件」はマリー＝アントワネットにとって非常につらい試練だったが、夫との絆《きずな》を強める契機にもなった。二人は協力して問題に対処するようになる。マリー＝アントワネットは「慎重さ」を学び取り、取り巻きとは距離を置き、国全体のことを考えるようになる。彼女も三十歳を過ぎていた。

しかし、「首飾り事件」よりももっと深刻な事態がフランスを蝕《むしば》んでいた。国家財政の破《は》綻《たん》である。これが、革命勃発《ぼっぱつ》の直接的引き金になるのである。

フランス革命の本格的幕開きとされるのは一七八九年七月十四日の「バスチーユ陥落」だが、革命的雰囲気が醸成されるそもそものきっかけになった出来事は一七八七年二月に開催された名士会であった。

ルイ十六世が名士会を召集したのは、財政破綻に対処するためだった。ルイ十六世は、これまで免税特権を享受してきた第一身分（聖職者）と第二身分（貴族）が保有する土地に第三身分（平民）と同じ率の税金をかけるという抜本的税制改革によって財政危機を乗り切ろうとした。この税制改革案に有力者の賛同を取り付けるために、ルイ十六世は名士会を開いたのであった。

財政問題は、ルイ十六世即位当初から政府内では意識されていたことであり、財務監チュルゴーがこの問題に取り組もうとしたが果たせなかったという経緯がある。財政問題が広く国民に知られるようになるのは、一七八七年の名士会開催以降のことである。

それまでは、国の財政がこれほど危機的状態にあるとはほとんどの人は思っていなかった。マリー＝アントワネットもその一人だが、彼女は後に「財政状態がそんなに悪いことに、どうして私が気づくことができたでしょうか？　私が五万リーヴル要求すると、一〇万リーヴル持ってくる、というふうだったのですもの」と語っている。彼女がとくに迂闊《うかつ》だったわけではない。ヴェルサイユ宮廷の人々は、これまでのような世の中がいつまでも続くものと思っていた。そして、既得権を手放すまいとしていた。いや、手放すことなど、誰も考えていなかった。すでに手にしている既得権をさらに増大させようとしていた、と言うほうがより正確だろう。

宮廷の無駄遣いは人々の目につきやすく、批判の槍玉《やりだま》に挙げられた。確かに、宮廷内には、今から見れば馬鹿馬鹿しいとしか言えない様々な金銭的特権があった。必要でもない役職に就いて高給を得ている人もいれば、べつに国家のために何か働きがあったわけでもないのに高額の年金を手にしている人もいた。高い身分の人、すでに高額の報酬を得ている人ほど地位に対する執着心が強く、金額を増やすことに熱心だった。そのために国家財政がますます悪化しようとも、そんなことは知ったことではなかった。

一七八一年の時点で、単年度赤字額は八〇〇〇万リーヴル、国の借金額は二億一八〇〇万リーヴルであった（借金額はルイ十六世即位時よりは少ない）。これがさらに悪化してゆく。

アメリカ独立戦争を支援したのは正しい外交政策であり、一七八三年、パリ条約によってイギリスはアメリカの独立を承認した。しかし、五年間で一〇億リーヴルの金をアメリカにつぎ込むことになった。ルイ十六世がマリー＝アントワネットに請われてサン＝クルー城を購入したのは一七八五年二月のことだったが、購入代金は六〇〇〇万リーヴルであり、改装にほぼ同額の費用がかかった。

財政が危機的状況に瀕しており、このままでは国が立ち行かなくなるかもしれないと危惧《きぐ》していたルイ十六世でさえ、革命が起こるなどとはまったく思っていなかった。

後に外交官としてヨーロッパ中に名声を馳《は》せるタレーランは、一七八六年の夏ほど人々が「甘美に生きる楽しみ」を味わったことはなかった、と当時を回想して語ったという。彼の言う「人々」とは富裕な上流貴族たちのことだが、この時期は、やがて訪れる嵐の前の凪《なぎ》のような時代、貴族にとっての「古き良き時代」が消滅前にひととき輝きを放つような時代だったのだろう。

ルイ十六世は、国家の財政危機を抜本的税制改革で乗り切ろうとした。第一身分（聖職者）と第二身分（貴族）には免税特権があり、税金を払わなくてよいことになっていた。金があり余り、贅沢三昧《ぜいたくざんまい》の生活を送っている貴族は税金を払わず、食うや食わずの第三身分（平民）は税金を搾《しぼ》り取られていた。税金とは、国家の運営コスト。国家の運営コストを担っている第三身分には参政権がなく、国家運営については蚊帳《かや》の外に置かれていた。そして、税金を払っていない特権身分が政治を領導していた。これはどう見ても不公正なことであった。

第一身分と第二身分が人口に占める割合は、合わせて二パーセント。第一身分は領土の一〇パーセント、第二身分は二五パーセントを保有していた。二パーセントの特権階級が国土の三五パーセントを握っていたことになる。この三五パーセントの土地から上がる収益に第三身分と同率の税金をかけようというのが、財務監カロンヌと協議を重ねた末にルイ十六世がたどり着いた方針だった。ざっと考えても、五割以上の税収増が見込まれる。

この税制改革にはパリ高等法院の反対が予測された。そこで、名士会を開いて有力者の賛同を得、高等法院の反対を封じ込めようとした。ルイ十六世は側近たちと各種資料を綿密に検討した上で一四四名のメンバーを選んだ。そのほとんどは貴族であった。税制改革によって危機を乗り切らねばならない、国民全員が税金を払うのが正しい、名士会のメンバーは自分が選んだ、みんな自分の考えに賛成してくれるはずだ、とルイ十六世は楽観的に考えていた。

一七八七年二月に名士会を召集してみると、ルイ十六世の期待に反して、名士会は税制改革に反対した。反対の理由は、大きく言って二つ。本来、税金は払うべきものだったが、これまでは払わなくてよかったのに急に払えと言われれば損した気分になる。不公正であろうとも既得権益に人はしがみつくものだ、ということが一つ。もう一つは、貴族は絶対王政が整備されるにしたがって自分たちの権限が縮小されてきたという不満を持っていたこと。貴族たちは国家の財政危機を、自分たちの権限を回復する好機と捉《とら》えたのであった。

貴族たちは、税制問題は三部会で討議されるべきものだと主張した。これには第三身分の人々も同調し、三部会開催は全国民的要求になった。第三身分の人々には貴族たちの真意がわかっておらず、貴族が改革の先頭に立ってくれているかのように錯覚していた。

三部会は国民と国王の協議機関として一三〇二年に設置されたものだが、その後、絶対王政が着々と整備されるにつれて、王権は国民と協議する必要がなくなるほどに強化されたので、一六一四年以来開かれていなかった。

ルイ十六世が名士会で提案した税制改革案は非常に理にかなった改革案であり、「改革派の国王」ルイ十六世の面目躍如と言っていい。問題は、既得権益を突き崩すのは難しい、ということであった。これはいつの世でもそうであり、現代においてもそうである。特権階級の反対に直面し、ルイ十六世は三部会の開催に同意せざるを得なくなるが、こうしてフランスは少しずつ革命的情勢になってゆくのである。

特権階級の人々は自分たちの利益を守ろうとして国王の改革案に反対した。そのために、革命期に多くの仲間を失うことになる。このとき改革に賛成していれば、革命が起こるにしても、あれほどひどいことにはならず、ソフトランディング（軟着陸）ですんでいたことだろう。

赤字夫人

国家の財政破綻が問題にされるようになって、マリー＝アントワネットには変身の兆しが見えていた。経費節減を考えるようになったし、フランス全体のことを考えるようにもなった。

税制改革案が名士会の賛同を得られなかったことで、ルイ十六世は大きな挫折感《ざせつかん》を感じていた。これ以降、ルイ十六世は時々鬱《うつ》状態に陥り、何の決定も下せなくなることがあった。

宰相として治世を支えてくれたモールパはすでに一七八一年に死亡していたし、モールパ亡き後は、即位以来外務大臣として活躍してくれたヴェルジェンヌがいちばん信頼できる大臣だったが、そのヴェルジェンヌも名士会開催直前に死亡し、頼りにできる大臣を失ってルイ十六世は途方にくれていたという事情もある。こうして、ルイ十六世が無気力状態に陥っている間は、マリー＝アントワネットが政治に関与するようになってゆく。

メルシー＝アルジャントがヴェルジェンヌの後任としてオーストリアに都合のいい人物を外務大臣に推薦したとき、マリー＝アントワネットは「ウイーンの宮廷がヴェルサイユ宮廷の大臣を任命するのは正しくない」と答えたが、これなどもルイ十六世との結束を強め、フランス王妃としての自覚を高めたことを示している。

マリー＝アントワネットの政治的関与の最初の表われは、ロメニー・ド・ブリエンヌの財務監就任であった（一七八七年五月）。マリー＝アントワネットはカロンヌの後任にブリエンヌを推薦し、これが通ったのである。ルイ十六世も、この頃はマリー＝アントワネットを頼りにするようになっていた。「王国の利益がすべてに優先する。彼女ははっきりと政治の領域に足を踏み入れたのである」とベルティエールは述べている。マリー＝アントワネットが重要な人事に成功したのはこれが初めてであった。今回は、かつてのように「お気に入り」や「お友だち」のために動いたのではなく、フランス王妃として国のことを考えての行動だった。

一七八七年夏頃から、マリー＝アントワネットは「赤字夫人」と呼ばれるようになった。マリー＝アントワネットが贅沢放題したから国家財政が破綻したかのように言われたわけだが、宮廷費用が年間予算に占める割合は六パーセント程度にすぎず、マリー＝アントワネットが使った金など、国家の財政規模から見れば高が知れていた。

それでも、宮廷の出費は注目の的になりやすく、軍事や行政関係の支出よりも、無駄な出費だと一般の人々にもわかりやすい。経費節約のため、一七八七年夏、マリー＝アントワネットの従者関係のポストが多数廃止された。もちろん、宮廷貴族たちは激しく反発した。なるべく彼らの〝被害〟が少なくなるように妥協もしなければならなかった。

マリー＝アントワネットは衣装ダンスの整理にも取りかかり、王妃にふさわしくないと思われるドレスを処分した。一七八七年に女性宮廷画家ヴィジェ＝ルブランが三人の子供と一緒に描いたマリー＝アントワネットの肖像が、新しい王妃像である。

マリー＝アントワネットがかつての時代と違って、国全体のことを考え、倹約も考えるようになった頃になって「赤字夫人」と呼ばれるようになったのは皮肉なことであった。パリでの評判がますます悪くなっていたので、不測の事態を恐れた警視総監がマリー＝アントワネットに「パリにはお出でにならないように」と警告した。

マリー‐アントワネットと子供たち

財務監はカロンヌからブリエンヌに代わったが、ブリエンヌも状況を打開できなかった。ブリエンヌが更迭され、一七八八年八月二十六日、ネッケルが財務監に返り咲いた。この人事を積極的に推進したのもマリー‐アントワネットであった。前にブリエンヌが財務監に就任したときは「次の財務監を誰にするか」という段階での関与であったが、今回は「内閣を交替させる」という段階での関与だったから、前のときよりもマリー‐アントワネットの責任の度合いが大きかった。

マリー‐アントワネットは、前に財務監を務めたときのネッケルの実績を評価し、状況に対処できるのはネッケルだけだと判断したのだが、個人的にもネッケルに好意を抱く理由があった。財務監時代のネッケルに一五万リーヴルの支払命令書を渡したところ、ネッケルは「国庫の状態から申しますと、陛下の要請にお応《こた》えすることは絶対的に無理ですが、私の財布から陛下に同額のお金をお渡しできるだけの私財はあります」と言って、その晩のうちに金を都合してくれたことがあった。

マリー－アントワネットは隠棲《いんせい》していたネッケルのもとにメルシ－アルジャントを派遣して、復帰の条件について交渉させた。その際、ネッケルは必要だが、ある程度コントロールできるようにもしておかなければならないとして、次のように言っていた。

「誰か、彼（ネッケル）にブレーキをかけられる人が必要です。私の上にいる方は今そうできる状態にありませんし、人が何と言おうと何が起ころうと、私は補佐役でしかありません。第一の地位にある方は、私を信頼してくれてはいますが、自分は補佐役でしかないのだということをしょっちゅう私に感じさせます」

「私の上にいる方」「第一の地位にある方」とは、ルイ十六世のこと。ルイ十六世がナンバー1であり、自分はナンバー2にすぎないという、この慎重な言葉には、遊びほうけていた頃とは明らかに違う、彼女の成長ぶりが感じられる。

ネッケルを財務監に復帰させることに成功したものの、マリー－アントワネットは先行きに不安を感じていた。自分には国事、政治のことがよくわからなかったし、ネッケルがどの程度やってくれるかもわからなかった。ネッケルは「民主派」として知られていたので、やりすぎる恐れもあった。メルシ－アルジャントに次のように書いている。

ネッケル

「彼を復帰させたのは私だと思うと震えがきます。こんなことを言う私の弱さをお許しください。不幸をもたらすのが私の運命なのです。そして、忌まわしい陰謀が渦巻いた結果、彼がまた失敗するか、あるいは彼が国王の権威を後退させるかすれば、私はいっそう嫌われることになるでしょう」

ネッケルの一人娘で後に隠然たる政治力を発揮するようになるスタール夫人は、父親の財務監復帰について「難破寸前の船が父にゆだねられたわけなので、父を賛嘆してやまない私でも安心はできません」と言っている。ちなみに、スタール夫人はロマン主義文学の先駆者でもあり、作家としてヨーロッパ的名声も得る。夫は駐仏スエーデン大使だった。

一七八八年十二月二十七日、マリー＝アントワネットは夫に招請されて初めて閣議に出席した。前王妃が摂政《せっしょう》になった場合を別にすれば、フランス王妃が閣議に出席するのは前代未聞のことであった。

ルイ十六世は三部会を召集することをすでに八月八日に決定していたが、この十二月二十七日、ネッケルは三部会の第三身分議員の数を倍にすることで国王の同意を得た。ルイ十六世は、税制改革には特権身分の抵抗を予測していたので、もともと第三身分に期待をかけていた。ただ、第三身分重視の姿勢が十分ではなかった。もし本当に第三身分を頼りにするのであれば、身分部会別採決ではなく、全議員合同の採決にしないと第三身分の頭数が生きてこないのだが、そこまでは踏み込んでいなかった。三部会は、開会早々から採決方法をめぐって紛糾する。

社会全体が政治づいたことによって、女性たちも政治に関心を持つようになった。現代イギリスの伝記作家アントニア・フレイザーはマリー＝アントワネットの恋人フェルセンと駐仏アメリカ大使ジェファーソン（後に大統領）が言っていたことを紹介している。面白いので引用する。

「フェルセンはまた、たぶん彼ならではの視点で、こんなこともいっている。女性を口説こうと思う若者は、女性たちの最新の関心事に通じていなければいけない。『彼女たちを喜ばせるには、三部会や政府や憲法について話さなければなりません』。やはり外国人のジェファソンは、こんな状況についてまた別の感想を抱いた。こんな政治談議のせいで、フランス社会の陽気さと軽さが失われてしまい、フランス女性が『政治に影響をおよぼす彼女たち本来の領域』から逸脱するとしたら、彼女たちは自分たちの幸福について計算違いをしていることになる、というのだった。『ご婦人がたのやさしい胸は政治的な動乱などのためにあるのではない』」（『マリー・アントワネット』野中邦子訳）

ジェファーソンは「直接的に政治に関与するのではなく、女性的魅力を発揮することによって男たちを望ましい方向に導くのが女性本来の役割だ」と言いたかったのであろう。

一七八九年

われわれ後世の人間には、革命が本格的に始まる一七八九年は王家にとって運命の年だということがわかっている。それは、われわれは革命がその後どんな展開をたどったかを知っているからである。しかし、王家の人々にはそのような危機意識はなかった。一般の人々にとっては、一七八九年はむしろ希望の年であった。

少なくとも一七八九年の最初の数ヵ月間は、フランスには希望が満ちあふれていた。フランス全土で三部会代表議員の選挙が行なわれていた。やがて開催される三部会で多くの問題が解決されるだろう、と人々は希望に胸をふくらませていた。フランス全土から国王に対する要望をまとめた「陳情書」が続々と届いていた。そしてヴェルサイユ宮殿では、財政難から簡素化がはかられていたとはいえ、ほぼこれまでどおりの宮廷生活が続いていた。

革命初期のスローガンとなるのは「国民、国王、国法！」であった。この言葉には、国民

三部会開催

と国王が一丸となって新しい国造りにあたろう、そうすれば新たに憲法を定めて絶対王政の悪弊を正そう、という明るい希望が込められている。王政を廃止しようなどと思っていた人は国中に一人もいなかったと言っていい。人々は王様に深い愛着心を抱き、善き国王が父親のように自分たちを庇護《ひご》してくれることを期待していた。

三部会は、開会の前日、五月四日の議員たちの行進から始まった。

この行進の様子は王政そのものだった。黒一色の質素な身なりの第三身分、鮮やかな色彩の服をまとった特権身分、そして輝くばかりに豪華な装いを凝《こ》らした王家の人々。ヴェルサイユの町中にお祭り気分がみなぎっていた。

ルイ十六世は沿道の観衆から喝采《かっさい》を受けたが、マリー－アントワネットは敵意のこもった沈黙で迎えられた。彼女が嫌っていた王族のオルレアン公爵には群衆から「オルレアン公爵万歳！」という歓呼の声がかかった。これは彼女にとって屈辱以外の何物でもなかったので、精神の均衡を失って思わずよろめいてしまい、お付きの女性が体を支えようと急いで近寄ってきたほどだった。

しかし、この頃のマリー＝アントワネットの最大関心事は政治ではなかった。マリー＝アントワネットの心を占めていたのは長男のこと。長男は数年前から健康を損ねていた。背骨が曲がり、背中にこぶができ、体がすっかりゆがんで歩けなくなっていた。この年に入ってから、病状がますます悪化していた。

マリー＝アントワネットは政務の間を縫って毎日のようにムードン（ヴェルサイユ近郊）で療養している長男に会いに行っていたが、六月三日、ついに死亡した。マリー＝アントワネットはすでに二年前に生後十一ヵ月の次女を亡くしていたが、当時は乳児の死亡率が非常に高かった。長男は七歳八ヵ月だった。何より王太子だった。次女のときに受けたダメージとは比較にならない。

王太子が死亡した際、フランス人が大して関心を払わないことにマリー＝アントワネットはショックを受けた。その様子をフレイザーは次のように描いている。

「服喪の悲しみに沈む王室と狂騒的に盛りあがる国民の乖離《かいり》は、マリー・アントワネットにとって耐えがたいものだった。一年半後、王妃は兄のレオポルト大公にこういっている。彼女が涙をこらえようと必死になっているあいだ、フランス国民の『狂乱』がどれほどだったか。『私の哀れな幼い王太子が死んだというのに、国民はほとんど気づきもしない』ようだったのだ。

それらすべてが非情なまでに露呈していたのは、国王夫妻の公的な役割と私生活での欲求が激しく矛盾しているという事実だった。フランスの国家的な危機に際して、一人の子供——たとえそれが王家の子供だとしても——の死のほうが重要だというのか？　しかも、弟がもう一人いるではないか。しかし、子供を亡くして打ちひしがれている母親、感情豊かで、愛情深い一人の女性であるマリー・アントワネットにとって、それは別のことを意味していた。彼女はフランス国民のもつ非情さに気づいたのだった」（野中邦子訳）

紛糾する三部会

ルイ十六世が国民の要望に応えて三部会開催を決定したのは、三部会で税制改革が進捗《しんちょく》することを期待してのことだった。しかし、三部会は冒頭から採決方法をめぐって紛糾した。

身分部会別採決か、三身分合同の頭数採決か？

身分部会別採決なら二対一で特権身分の意見が通ることになる。頭数採決なら、他の身分からも同調者が出るので第三身分の意見が通ることになる。第三身分議員の数は、第一身分と第二身分議員の数を足した数にほぼ等しかった。

六月十七日、第三身分は「国民議会」を宣言し、他の身分代表議員に自分たちに合流するように呼びかけた。二十日には「憲法が制定されるまでは解散しない」という「球技場の誓い」（テニスコートの誓い）があった。

これまではルイ十六世は一般の国民にむしろ期待していた。特権身分には免税特権が与えられ、自分たちだけに重税が課せられていることを第三身分の人々は怒っていたから、税制改革にも賛成してくれるはずだった。三部会における第三身分の議員数も他の身分の倍にすることにしていた。ならば、三部会の議決を頭数で決定するというふうに踏み込むべきだった。しかし、ルイ十六世はこれまでどおり部会別議決にこだわるのである。「王政の伝統」を守った上での改革、をルイ十六世は望んでいたのであった。

六月二十三日、ルイ十六世は三身分の代表議員を一堂に集め、演説した。長男の服喪が明けたばかりだった。

ルイ十六世は、約一二〇〇名の議員たちに語りかけた――「私は、諸君を召喚するのにともなうすべての困難を乗り切った。国民の幸福のために私が行なおうとしていることを前もって表明することによって、いわば私は国民の願望に先手を打ったのである……」

いたずらに混乱を重ねることは止《や》め、各身分別に会議を開いて議論を進めてくれるように議員たちに訴えた。そして、こう付け加えた。

「もし、これほど素晴らしいことをしようとしている私を諸君が見捨てるならば、私は一人で国民の幸福をはかるであろうし、私一人が国民の真の代表だと考えるであろう」

これは、三部会の解散もあり得るという意味だった。実際、軍隊が呼び寄せられていた。

この日はルイ十六世が国王としてのイニシアティヴを見せた最後の日だった。この後、第一身分の多く*と第二身分の一部が第三身分に合流したため、ルイ十六世はこれを追認せざるを得ず、二十七日には聖職者と貴族に対し第三身分に合流するように命じた。こうして身分制議会である三部会から、全議員が共同で討議し採決する国会が誕生することになった。七月九日には国民議会は「憲法制定国民議会」と改称する。ルイ十六世が願っていた「税制改革」はどこかに飛んでしまい、国会の大勢は憲法制定へと大きく傾いた。

*第一身分（聖職者）の代表議員約三〇〇人のうち、二〇八人は下位聖職者で、彼らの社会的境遇は第三身分に近かった。

これ以降、ルイ十六世は「改革の必要性」と「王政の伝統」との間を揺れ動くことになる。マリー＝アントワネットにとっては、国民議会の行動は許しがたいことだった——国王軽視もはなはだしいではないか。

マリー＝アントワネットと二人の王弟を中心とする宮廷の反改革派は、軍隊の力による国民議会の解散を狙《ねら》っていた。ネッケルを財務監に復帰させたのはマリー＝アントワネットであったが、この頃には、あまりにやりすぎだと思うようになっていた。ルイ十六世としても、宮廷の人々と協調をはからざるを得なかった。七月十一日、ネッケルが解任された。マリー＝アントワネットとしては溜飲《りゅういん》が下がる思いであったろう。ルイ十六世はネッケルにできるだけ物静かにフランスを離れてくれるように申し渡していたが、人気ある財務監がいなくなったことが見過ごされるはずがなかった。

マリー＝アントワネットの考えには一貫性がなかった。いや、あったかもしれない。彼女がいちばん気にかけていたのは「王権の権威維持」と「家族の安全」であったろう。そのために持ち前のエネルギーを注ぎ込んで行動するのだが、それは広い視野に立って状況を精緻《せいち》に分析した上でのことではなく、その時々の気まぐれにもとづいているような印象を受ける。考えすぎて不決断に陥りがちだったルイ十六世よりもマリー＝アントワネットのほうが決断力と行動力があった。ただ、彼女は「思考」によってではなく「感覚」で行動する女性だった。その「感覚」が正しいこともももちろんあるけれども、そうでないこともある。いずれにしても、王家のためによかれと思って取った行動が、志と違ってよくない結果をもたらすことが多かった。前に引用した「不幸をもたらすのが私の運命なのです」という言葉は、彼女自身にもそのような予感があったことを物語っている。

バスチーユ陥落

ネッケル解任の報がパリに届くと、人々はパニック状態になった。軍隊によってパリが制圧されるのではないかと恐れたのである。人々は自衛のために武器を必要とした。

そして、七月十四日、バスチーユ要塞《ようさい》（監獄）がパリの民衆によって攻め落とされた。人々がバスチーユを襲ったのは国家権力に挑戦するためではなく、たんに武器弾薬が欲しかったからにすぎない。かつては政治犯を収容する恐るべき監獄として知られていたバスチーユだが、この頃にはそうした役割は終え、中に収容されていた囚人は七人だけであり、しかも政治犯は一人もいなかった。したがって、攻略された時点でバスチーユが持っていた政治的意味は取るに足りないものだった。

しかし、「バスチーユ陥落」の報が広がるにつれてフランス全土が革命的情勢に燃え上がってゆく。「国家の監獄が民衆によって攻め落とされた」という事実の持つインパクトは非常に大きく、「世直しは可能だ」という確信を人々は強めてゆくのである。この七月十四日がフランス革命勃発記念の日とされ、現在もパリ祭として毎年祝われているのももっともなことである。

バスチーユ陥落

バスチーユ陥落の報を受けて、十五日、ヴェルサイユ宮廷では対応が協議された。フランス北東部の都市メッスへの避難が検討されたが、ルイ十六世もマリー＝アントワネットもこれに反対した。ルイ十六世にとっては、国民を見捨てて逃げるなど、とんでもないことだった。マリー＝アントワネットは、自分はフランス王妃なのだから国王の傍《そば》に留《とど》まるべきだと考えていた。武力でパリを制圧すべきだという意見もあったが、ルイ十六世はパリと和解する道を選んだ。ネッケルが呼び戻され、国王が七月十七日にパリ市庁舎を訪れることになった。

マリー＝アントワネットは、パリに行ったりすれば夫はとても生きては帰れないだろうと思った。バスチーユ攻防戦では一〇〇人ほどの死者が出ていたし、これに続く混乱の中で何人かの要人が虐殺されていた。今や、パリは危険きわまりない町になったと思われた。マリー＝アントワネットは、夫にパリには行かないように、どうしても行くというのなら自分も一緒に連れて行ってくれるように懇願したが、残るようにと言われた。国王も不安を感じていたので、自分に何かあった場合は弟のプロヴァンス伯爵が摂政に就任する手配をした。

マリー＝アントワネットは、夫にもしものことがあった場合は国会に避難しようと思った。その際に国会で読み上げる声明書を作成し、朗読の練習もした。

「皆様、私は、あなた方の君主の妻と家族をあなた方にゆだねるためにやって参りました。天において結ばれたものが地上でばらばらにされるのを許してはなりません……」

この声明文が実際に国会で読み上げられることはなかった。夫は無事帰ってきた。マリー＝アントワネットは泣きながら夫の腕の中に飛び込んだ。ルイ十六世は出発前よりも元気になっていた。パリでは熱い歓迎を受け、自分が国民に愛されていることを確認できたからであった――「幸いにして、血は流れなかった。誓って言うが、今後とも私の命令によってフランス人の血が一滴たりとも流れることはけっしてない」

ルイ十六世は帽子に三色記章をつけて帰ってきた。青と赤はパリ市の紋章の色、白はブルボン家の色で、白を青と赤で挟む構図は王家とパリの和解を意味していた。これが、現在もフランス国旗になっている三色旗の誕生であった。

バスチーユ陥落を期に、気の早い貴族たちは外国に亡命し始める。ヴェルサイユ宮廷でも、浮き足立つ人たちが少なくなかった。人々の指弾を受けていたポリニャック夫人にマリー＝アントワネットは亡命を促した。反動派として知られていた王弟アルトワ伯爵はルイ十六世から亡命勧告を受け、これ幸いとばかりに外国に逃れた。読書係として二十年近くマリー＝アントワネットの話し相手になってきたヴェルモン神父も亡命した。

マリー＝アントワネットが知らないうちにヴェルサイユを去っていった友人たちもいた。マリー＝アントワネットは「お友だち」を必要としてきた。「お友だち」がいない、新しい環境に慣れるのはなかなか大変だった。友人と信じていた人が去っていった反面、思いがけない人が献身の情を示してくれたりもした。

以前と比べるとヴェルサイユ宮殿も寂しくなったが、規模は縮小されたとはいえ、これまでどおりの宮廷儀式が執《と》り行なわれていた。起床の儀も就寝の儀も。

宮廷の人々は、一抹の不安を胸に覚えながらも、基本的には今のような生活がいつまでも続くものと思っていたし、いったん外国に亡命した人たちの多くもいずれは宮殿に戻れるものと思っていた。

マリー＝アントワネットは自分が憎まれていることをますます意識するようになったので、

なるべく目立たないように暮らすことを心がけ、ヴェルサイユ宮殿の敷地から外に出ることはなかった。二人の子供が彼女にとって最大の慰めだった。十一歳になる長女のマリー＝テレーズは母親に距離を置くようになっていたが、四歳の王太子ルイ＝シャルルは健康そのものので可愛《かわい》い盛りだった。

王家の子供たちの養育係の任にもあったポリニャック夫人が亡命したため、後任にトゥルゼル公爵夫人が任命された。四十歳の未亡人。当時の貴族社会では、「夫は夫、妻は妻」という仮面夫婦が多かったが、トゥルゼル公爵夫妻は堅い絆で結ばれた仲睦まじい夫婦として知られたものだった。マリー＝アントワネットがポリニャック夫人に求めたのは「友情」だったが、トゥルゼル夫人に期待したのは「美徳」。「神と国王に忠実であれ」が夫人のモットーだった。

マリー＝アントワネットは、子供の面倒をよく見たという点でも歴代王妃たちと違っていたが、トゥルゼル夫人に長文の手紙を書いて王太子ルイ＝シャルルの教育方針を指示した。「私の息子は、あと二日で四歳四カ月になります。体型や外見については書きません。見ればわかることですから。……あの子は自尊心が異常なほど強いですが、これはうまく導けば、いつか長所にもなり得ます。誰かと一緒にいて慣れるまでは、自分を抑えることができますし、やさしく愛想よく見えるように苛立《いらだ》ちや怒りを押し殺すことさえできます。一度約束したことは必ず守ります。でも非常に口が軽く、聞いたことを簡単に口外します。しかも、嘘《うそ》をつくつもりはないのですが、想像力を交えて話します。これがあの子の最大の欠点で、これはしっかりと直さなければなりません」

こうして王太子のだいたいの性格を述べた後、あまり厳しくは当たらず、子供の自発性を尊重し、どこか遠出に無理に連れ出すよりも外で自由に遊ばせるほうがよいとマリー＝アントワネットは結論づけている。現代でも通用しそうな新しい考え方である。この手紙からは、マリー＝アントワネットは読んでいなかっただろうが、ルソーの教育論『エミール』と相通じる近代性が感じられる。

トゥルゼル夫人は堅物の女性だったが王太子には好かれ、最後まで王家の人々に忠実に仕え続ける。

八月四日、国会では封建制廃止が宣言された。これは「気前の良さ」の熱狂に駆られた貴族議員たちの主導のもとになされたものだが、「バスチーユ」後、フランス各地で貴族領主の館が襲われ、土地台帳が燃やされる事件が頻発していたので、これを鎮める狙いもあった。賦役《ふえき》労働や領主裁判権などの人的隷属は無償で廃止されたが、領主への年貢は有償廃止（二十年から二十五年分の年貢相当額を支払うべし）だったので、実質的中身は十分ではなかったが、生まれによる身分制社会の原則を否定するものだったから、思想的には大きな意味があった。ルイ十六世はこの宣言について意見を聞かれはしなかったが、国会で「フランスの自由の復興者」と宣言された。八月二十六日には『人権宣言』が採択され、「人間の自由と平等」「国民主権」等の原則が謳《うた》われた。この『人権宣言』がその後の世界に与えた影響は計り知れない。

地方出身の議員たちがプチ・トリアノンを見学に訪れるということもあった。議員たちは出身地で「トリアノン宮には宝石で飾られた部屋がある」と聞いていたが、実際にはそんな部屋はなかった。「あれは何かの劇の書き割りで、ガラス細工だったのですよ」と説明を受けて納得していた。

ヴェルサイユ宮殿最後の日

十月五日、武装した八〇〇〇人の女性がパリからヴェルサイユに押しかけてきた。いわゆる「ヴェルサイユ行進事件」である。王家がヴェルサイユ宮殿を追われるという重大な結果をもたらすこの事件は、もとはと言えば、些細《ささい》なことがきっかけだった。

ルイ十六世は、ヴェルサイユ宮殿の防備が手薄になっていたため、フランドル連隊を呼び寄せていた。前から宮殿警備についていた近衛兵《このえへい》部隊の士官たちは、十月一日、助っ人に来てくれた連隊士官たちのために歓迎会を開いた。べつに特別のことではなく、軍隊では恒例のことだった。

最初はルイ十六世もマリー＝アントワネットも歓迎会に出席するつもりはなかったのだが、宴会が盛り上がり、兵士たちから強く出席を要請されたため、王太子を連れて途中から出席した。

国王と王妃は兵士たちから熱狂的に迎えられた。マリー＝アントワネットは、歓呼の声を受けるのはずいぶん久し振りのことだったので、涙が出るほどに嬉《うれ》しかった——これほどに自分を愛してくれる人たちがいるのだ、と。四歳の王太子がにこにこしながら馬蹄形《ばていけい》に配置されたテーブルの上を駆け回るというほほえましい光景もあった。翌日はフランドル連隊が近衛兵部隊のために返礼の宴席を設け、このパーティーでも兵士たちの王家に対する忠誠心が大いに表明された。

兵士たちが自分たちを大歓迎してくれたことで、マリー＝アントワネットは幻想を抱き、「私は木曜日（十月一日）の出来事にうっとりとしています。国民と軍隊は、私たち自身がそうであるように、国王に愛着心を持つべきです」と語っている。プチ・トリアノンの庭のために新しい計画を立てたりしていたが、マリー＝アントワネットが幻想に浸ることができたのは、ほんの三日間ほどのことだった。

兵士たちによる宴会について、パリでは様々な噂《うわさ》が流れ、これがとんでもない事件を生む

ヴェルサイユ行進

ことになる。事件の背景にあったのは、食糧事情。前年が凶作だったため、パンの値段が高騰し、品不足になっていた。人々は飢えに対して大きな恐怖心を抱いていた。実際に飢饉《ききん》の際に多くの人が飢え死にしたという集団的記憶があった。

兵士たちが三色記章を踏みにじって侮辱したという噂、自分たちが飢えの恐怖にさらされているときに士官たちが豪勢な料理をたらふく食ったという噂が、人々の憤激を誘った。

それでも、十月五日の朝、パリで女性たちが市庁舎前に集まり始めた時点では、重大な事態になるという気配はなかった。女性たちは陽気でさえあった。どこかちょっとハイキングにでも行くといった雰囲気だった。最初はそうだったが、時間の経過とともに、そして人数が増えるとともに、「怒り」が「陽気さ」に取って代わっていった。

八〇〇〇人にふくれあがった女性の一団は、槍や矛やサーベルで武装し、大砲も引いてヴェルサイユに向け行進を開始した。

この事件は必ずしも自然発生的なものではなく、ある種の人々によって計画されたものだという見方もある。

この十月五日の朝、ヴェルサイユの空は雲で覆われ、雨もよいであった。ルイ十六世はいつもどおり狩りに出かけた。マリー＝アントワネットはと言えば、プチ・トリアノンに出向いた。これもいつもどおりである。マリー＝アントワネットが事件の知らせを受けたのはプチ・トリアノン庭園の洞窟《どうくつ》の中であった。*

*プチ・トリアノン宮にいたという説、アモーにいたという説もある。距離的に言うと、洞窟のほうがアモーよりもプチ・トリアノン宮にずっと近い。

この洞窟には苔《こけ》が敷き詰められ、寝そべることができるようになっていた。誰かが洞窟に近づいてきたときには隙間《すきま》から見てわかる仕掛けになっていて、闖入者《ちんにゅうしゃ》がやって来る前に別の出口から外に出られるようになっていた。洞窟でフェルセンと逢《あ》っていたとも言われているが、はっきりとはしない。洞窟は物思いにふけるにも最適の場所だったから、士官たちに大歓迎された余韻に浸っていたのかもしれない。

マリー＝アントワネットのところに急を告げる伝令がやって来たのは午前十一時頃だった。

またいつでも戻ってこられると思って洞窟を離れたことだろう。

ルイ十六世も知らせを受けて、一時頃、急遽狩猟《きゅうきょ》から戻ってきた。広い森の中で国王を見つけるのに少し時間がかかった。国王、王妃、王弟、大臣たちが集まって対策を協議した。軍隊を使って女性たちの前進を食い止めようという意見もあったが、見送られた。バスチーユ陥落のときと同じく、王妃と家族の避難が検討された。しかし、マリー＝アントワネットは夫と一緒でなければ避難しないと拒否した。結局、女性たちを待ち受けるという無難な案に落ち着いた。

宮殿の鉄格子の門が閉められた。太陽王の時代以来、この門が閉められたことはなかった。パリの女性たちは降り出した雨の中、ずぶ濡《ぬ》れになって、夕方ヴェルサイユに到着した。女性たちは、まず、国会に押しかけた。この日議長を務めていたムーニエのはからいで、女性たちの代表五人がルイ十六世と面会することになった。女性たちはパリに麦を送ってくれるように要請し、国王はそれを約束した。国王と女性たちの会見は和やかな雰囲気のうちに終わった。

夜になってから、やはり国王一家を避難させようという意見が出されたが、このときには宮殿の中庭に群衆が入り込んでいて、馬車の用意ができなくなっていた。

女性たちを追ってパリを出発した国民衛兵隊司令官ラ・ファイエット侯爵が、夜十一時頃、二万人の兵士たちとともにヴェルサイユに到着した。国民衛兵隊の後ろには武器を手にした一万人ほどの男たちが続いていた。ラ・ファイエットは国王に面会して宮殿の安全を請け合った。

マリー＝アントワネットは非常に落ち着いていた――「私の首を求めてパリからあの人たちがやって来たということはわかっていますが、死を恐れないことを母から学んでいます。私は確固として死を待ちます」

この夜はこれ以上の騒ぎは起こらず、マリー＝アントワネットも夜中の二時頃、自分の寝室で眠りについた。国王の寝室のほうが安全だと言ってくれた人もいたが、マリー＝アントワネットは自分が民衆の憎悪の対象になっていることがよくわかっていたので、自分が傍にいれば夫にも危険が及ぶことを恐れた。

マリー＝アントワネットが初めて本当に危機感を感じたのは、このヴェルサイユ行進事件からであろう。伝記作家のアンドレ・カストロが、マリー＝アントワネットはこの夜「歴史に関わる人物になった」と言っているのはこのことを指している。事件の知らせを受けたのが、プチ・トリアノンの庭においてであったというのは非常に象徴的である。フェルセンと一緒だったにせよ、一人だったにせよ、いずれにしても、プチ・トリアノンの庭にいたということは、まだ本当には危機感を感じていなかったということを意味する。自分がつくりあげた田園風景の中で憩う余裕があったということだから。

翌十月六日の早朝、群衆が宮殿内になだれ込んだ。暴徒と化した群衆がマリー＝アントワネットの寝室に迫ってきたため、マリー＝アントワネットはかたわらにあった衣服を羽織って逃げなければならなかった。宮殿を警護していた兵士数人が殺害され、首を切断された。寝坊をしたラ・ファイエットが遅ればせながら国民衛兵隊を率いてやって来て、群衆を宮殿内から排除し、騒ぎはいったんは収まった。

王宮内に暴徒が乱入するなどということがあっていいのだろうか？　いちばん安全なはずの王宮の中で王妃が生命の危険を感じさせられるなどということがあっていいのだろうか？しかも、ここは絶対王政の象徴、ヴェルサイユ宮殿なのである。こんなことはあり得ないはずだった。しかし、それが実際に起こってしまった。王宮の安全を維持できないほどに王家の威信が低下していたのであった。

宮殿中庭に集まった民衆は、「パリへ！」「パリへ！」と叫び、国王がパリに移り住むことを要求した。ヴェルサイユは旧体制の都市であり、パリは革命の都市だ。国王がヴェルサイユに留まっていれば、いつ何時《なんどき》、反革命の側に取り込まれるかわからない。王様がパリに来てくれない限り、人々は安心できないのであった。群衆の要求には、津波のような抵抗しがたい勢いがあった。

群衆の要求に応えて、ルイ十六世は家族とともにパリに移ることを決意した。引っ越しの準備をする間もないままに、昼過ぎに国王一家は群衆に取り囲まれ、王家の人々や主だった廷臣侍女たちとともに馬車を連ねてパリに向かった。群衆は大喜びしていたが、この朝の戦闘の際に死亡した近衛兵の首が槍の穂先に突き刺され、これが旗印のように掲げられていた。

王家がヴェルサイユに戻ってくることはもう二度とない。この日が、マリー＝アントワネットにとってヴェルサイユ宮殿最後の日になるのである。彼女は三十四歳になろうとしていた。初めてヴェルサイユにやって来た日から十九年と五カ月がたっていた。

革命運動に参入したのは貧困層だけではない。三部会の第三身分代表議員からして、財産と教養がある上層市民がほとんどだった。革命前の社会でエリートであった名門貴族の中にも革命に参入した者たちがいた。この貴族たちは啓蒙思想の洗礼を受け、「自由なるもの」に憧《あこが》れ、より公正な社会を求めていた。しかし、バスチーユ陥落やヴェルサイユ行進事件の際に犯された残虐行為によって、革命への熱意に冷や水を浴びせかけられた人もいた。

後に十九世紀フランス文学を代表する作家の一人となり、政治家としても活躍するシャトーブリアン子爵もそうした一人であった――「あの断ち切られた首、そしてそのすぐ後に見た首が、私の政治的考えを変えた。私は人食い人種たちの行状にぞっとし、フランスを離れてどこか遠い国に行こうという考えが心に芽生えた」

首を槍に突き刺して街を練り歩くことは、バスチーユ攻略の際にも行なわれていたし、今後も行なわれる。

バスチーユ陥落後に大量亡命の第一波があった。ヴェルサイユ行進事件後に大量亡命の第二波がやって来る。

フランス革命の時代は、不思議な時代であった。一方において、人間に対する愛と信頼があり、もう一方において、血の残酷があった。一方において「明」の側面、すなわち人間解放の夢があり、もう一方において「暗」の側面、すなわち野蛮さがあった。人間の偉大さと崇高さ、そして人間の卑小さと愚かさ、この二つのものが同居し、相互に綾《あや》をなすのがフランス革命の時代なのであった。一言で言えば、人間の栄光と悲惨、ということになろうか。

第四章　チュイルリー宮殿

荒れ果てた王宮

国王一行がヴェルサイユ宮殿を後にしたのは、十月六日の正午過ぎだった。途中パリ市庁舎に立ち寄って、国王一家がチュイルリー宮殿に着いたのは夜の十時近くだった。

チュイルリー宮殿は、十六世紀にカトリーヌ・ド・メディシス*によって建設され、太陽王ルイ十四世も、一六八二年にヴェルサイユに移るまでは、パリ滞在中はここを居城とした。その後、ルイ十五世が少年時代を過ごして以来、チュイルリー宮殿は王家から七十年近くも見捨てられたままになっていて、種々雑多な人々が勝手に住み着き、荒れ放題に荒れ果てていた。

*騎士道的国王アンリ二世（在位一五四七―五九）の王妃。フィレンツェのメディチ家出身。夫の死

後、国王に即位した息子の摂政《せっしょう》となる。聖バルテルミーの虐殺の首謀者。

十月六日の朝になって、突然、宮廷移動の通知を受けたチュイルリー宮殿管理官ミックにとっては、これは災難以外の何物でもなかった。ミックは、国王一家がヴェルサイユからパリに到着するまでの移動時間を利用して、荒れ果てた宮殿をなんとか王宮らしく体裁を整えなければならなかった。住人を立ち退《の》かせ、職人を大動員してペンキを塗り直したり絨毯《じゅうたん》を敷いたりと獅子奮迅《ししふんじん》の働きをしたが、やはり間に合わなかった。王子の部屋はドアを閉めようとしてもすぐに開いて閉まらず、やむなく家具で押さえなければならなかった。

こんな具合だから、チュイルリー宮殿はヴェルサイユ宮殿とは比べものにならない住み心地の悪さだった。マリー＝アントワネットはパリに観劇にやって来たときなど、何度か一時的にチュイルリー宮殿に滞在したことがあり、その部屋はきれいに手入れがなされていた。移動当日の夜は、マリー＝アントワネットとルイ十六世はこの部屋で寝た。王弟プロヴァンス伯爵夫妻はパリにリュクサンブール宮殿を所有していたので、そこへ行った。ほかに行くところがない者たちは、チュイルリー宮殿内であり合わせの寝場所を確保しなければならなかった。

チュイルリー宮殿は、革命終了後、ナポレオンをはじめ何人もの君主の定住の居城となって華やかな宮廷が花開くことになるが、一八七一年、パリ・コンミューンの騒乱（労働者による政府が一時的に成立した事件）の際に焼け落ちて現存せず、今はチュイルリー庭園にその名を残すのみである。

国王一家に続いて国民議会もパリに移り、チュイルリー宮殿のすぐ北隣にある「マネージュ」と呼ばれる建物を議場にした（マネージュとは「調馬場」という意味）。これで、パリが名実ともに革命の中心地となった。

移転翌日の朝、王太子は目を覚ましたとき、マリー＝アントワネットに尋ねた。

「ねえ、ママ、今日はまだ昨日なの？」

王太子は半分寝ぼけていて、昨日と今日の区別がつかなかった。

「ここはみんな汚いね、ママ」

「ルイ十四世はここにお住まいになり、居心地がいいと思ったものなのですよ。私たちはルイ十四世以上に気むずかしくあってはなりません」

宮殿の外では、がやがやと人の話し声がしていた。パリの女たちが集まっていた。女たちは、国王と王妃が宮殿内にいることを確かめにやって来たのであった。マリー＝アントワネットは人声に引かれて、テラスに出てみた。一人の女がマリー＝アントワネットに話しかけてきた。

「王様たちに災いをなす廷臣たちはすべて遠ざけ、良き町パリの人々を愛さなくてはなりません」

「私はいつだってパリの人たちを愛してきました」

これに応えて、別の女が言う。

「そうでしょうとも。でも七月十四日にあなたはパリを包囲して大砲を撃ち込もうとしましたし、十月六日には国境に逃げようとしたではありませんか」

「それは違います。あなた方は嘘《うそ》をつかれたのです」

女たちはだんだん打ち解けてきて、マリー‐アントワネットが帽子につけている花とリボンがほしいと言った。マリー‐アントワネットは喜んで女たちに分けてあげた。

女たちは「マリー‐アントワネット万歳！」「私たちの良き王妃万歳！」と叫んだ。

この女たちは、昨日と一昨日、ヴェルサイユでマリー‐アントワネットに恐ろしい言葉を投げつけた女たちよりもずっと態度が柔らかかった。王様がパリに来てくれたからにはパンも手に入りやすくなるだろう、王様がパリに来てくれたのは自分たちのことを思ってくれたからだ、とルイ十六世とマリー‐アントワネットに対して事件のときよりも親しみが持てるようになっていたのだろう。それでも、女たちの相手をすることはひどく神経をすり減らすことだったので、宮殿内に引き込んだ後、マリー‐アントワネットは泣き崩れてしまった。

「ヴェルサイユ行進事件」で受けた心の傷は相当に深く、屈辱感と怒りを忘れることができなかった。ちょっとした物音にも身を震わせた。傍《そば》でマリー＝アントワネットの様子を見守っていたスタール夫人によると、外国大使たちが表敬訪問に訪れてきても、「涙で声を詰まらせることなしには一語たりとも発せなかった」という。とくに後々までマリー＝アントワネットを苦しめたのは、命がけで自分を守ってくれた二人の近衛兵《このえへい》の首が槍《やり》に突き刺されたままずっとパリまで揺れ動いていた光景だった。

チュイルリー宮殿の内装整備が急ピッチで進められた。ヴェルサイユ宮殿から家具調度類が次々に運び込まれ、新たな家具が第一級の職人に発注された。

もともとが王宮だったので部屋の数は十分すぎるほどあったし、改装整備が進むにつれて名前にふさわしく宮殿らしくなっていった。

チュイルリー宮殿の警備についていたのは近衛兵ではなく、パリ国民衛兵隊だった。国民衛兵隊はバスチーユ陥落の前日、パリを守るために設立された民兵組織である。この頃は、国民衛兵隊の隊員になれるのはある一定以上の社会的レベルの市民に限られていたので、態度振る舞いはけっして粗野ではなかったが、マリー＝アントワネットは近衛兵に警護されることに慣れていたので、国民衛兵隊には違和感を感じた。

革命は沈静化の兆しを見せていた。これが一時的なものなのか、持続するものかはわからなかったが、マリー＝アントワネットとしては期待が持てた。彼女自身の評判はけっしてよくなかったけれども、ルイ十六世は善き国王として国民に敬愛されていた。国王一家が強制的にパリに移されたのも、王家に対する恨みからではなく、「王様が自分たちの近くにいてくれれば安心だ」という気持ちからであった。

十月七日にメルシー＝アルジャントに宛てた手紙でマリー＝アントワネットはこう語っていた。

「私たちがどこにいるか、どうしてここにやって来たかは忘れて、私たちは民衆の動きに満足しなければなりません。とくに今朝は。もしパンが不足しなければ、多くのことが元に戻るだろうと思います。私は民衆に声をかけています。民兵たち、魚売りの女たち、みんなが私に手を差し伸べてくれ、私も手を差し伸べています。……民衆は、今朝、私たちに留《とど》まってくれるように求めました。私は、傍にいた国王からの伝言だと言って、私たちが留まるかどうかはあなた方しだいだ、私たちとしてもそれがいちばんいいと思っている、憎しみはすべて終わるべきだ、少しでも血が流れれば嫌悪感を催させて私たちを遠ざけることになるでしょう、と答えました。いちばん近くにいた人たちが、すべては終わったと請け合ってくれました」

国民議会の王家に対する対応も非常に丁重なものだった。予算面でも王室に最大限の配慮がなされ、チュイルリー宮殿での宮廷費は年間二五〇〇万リーヴル（現在の日本円にして約二五〇億円）だった。公的費用は宮廷費から支出されるのではなく別に国家予算が組まれることになったので、ルイ十六世は以前よりもかえってリッチになったと感じたほどだ。マリー-アントワネットの飲料水はヴェルサイユ時代と同じくヴィル-ダヴレの泉から取り寄せられていたし、王妹エリザベトはヴェルサイユ近くの自分の領地から毎日牛乳を届けさせていた。

廷臣侍女の数は減ったが、ヴェルサイユで行なわれていた儀式も徐々に復活した。起床の儀、就寝の儀、毎日のミサ、謁見……。週に二度、日曜日と火曜日に、ルイ十六世とマリー-アントワネットは公開の食事をした。コンサートなし、宴会も舞踏会もなし、演劇の上演もなしだったので、ヴェルサイユ時代のような宮廷の煌《きら》びやかさはなかった。マリー-アントワネット個人にとっては、十数年がかりで創意工夫を重ねて自分好みに整備し続けてきたプチ・トリアノンの庭がなくなったわけで、かつて心赴くままに暮らした楽しみが失われていた。ルイ十六世にとっては狩りができなくなったことがつらかった。錠前《じょうまえ》作りのほうは、宮殿内に新たに工房を設けるのは造作もないことだったが。

最初の頃は、マリー-アントワネットには自分たちにどの程度の行動の自由が許されているのかわからなかった。とりあえずは王太子を連れてチュイルリー庭園を散歩した。庭園はこれまでどおり、一般にも開放されており、王妃に出会うと人々は帽子を取って挨拶《あいさつ》した。王太子は人々に好感を与え、人気者になった。王太子はだんだんパリが気に入ってきて、「ヴェルサイユよりもパリのほうがいい。前よりもパパとママに会えるようになったもの」と答えるようになる。宮廷の規模が縮小されたため、家族で過ごす時間が増えていたのであった。

ローズ・ベルタンもチュイルリー宮殿に注文を取りに来るようになったが、「これからは簡素化を心がけなければならない」と言い含められ、請求書の金額はピークの一七八八年から三分の一に減り、仕立て直しや寸法直しが増えた。

手先がけっこう器用だったマリー＝アントワネットはタピストリー作りに励むなど、あまり表には出ないようにしていたが、国民の信頼を回復するためにそれなりの努力もせねばならないと思うようにもなった。

マリー＝アントワネットには、フランス王妃の伝統的義務とされている慈善事業に乗り出すことが期待されていた。まず、パリの公益質屋から二〇リーヴルを限度に無料で品物を引き出せるように手配した。四〇人の裕福な婦人によって構成される慈善協会の会合に出席して、意見を述べた。また、孤児院を訪問したり、民衆運動の拠点サンタントワーヌ街の工場を視察に訪れたりした。復活祭の週に伝統的に行なわれる貧者の洗足《せんそく》の儀式にルイ十六世とともに出席し、ルイ十六世が手ずから洗った貧者の足をマリー＝アントワネットがタオルで拭《ふ》いた。健気《けなげ》な努力であった。

ルイ十六世は狩猟ができなくなっても食事の量は減らなかった。宮殿内で体を動かせるのはビリヤードくらいしかない。夕食後、毎晩マリー＝アントワネットとビリヤードの腕を競い合ったが、運動量としては十分ではなかったので太り始める。マリー＝アントワネットは侍女に手ほどきできるほどにビリヤードが上手《うま》かった。

一七九〇年五月頃の段階で、マリー＝アントワネットは次のような希望的観測を持っていた。

「この不幸な人々に信頼感を持たせなければなりません。私たちに対して不信感を持つように、そして、それが持続するように、ずいぶんと工作がなされてきたのですもの！　人々を私たちのほうに引き戻すには、忍耐の限りを尽くし、私たちの意図の純粋さを知らしめるしかありません。人々は、遅かれ早かれ、自分たち自身の幸福のために、唯一の指導者とともにあることがどんなに大切かを知ることでしょう。この指導者というのが、善意の限りを尽くし、人々が平安に幸せに暮らせるように、いつでも自分の意見、安全、自由までをも犠牲にしてきた人物なのですもの！　これほどの苦労の数々、これほどの美徳がいつの日か報いられることがないなどと、どうして信じられるでしょう！」
「指導者」というのは、もちろんルイ十六世のこと。

革命との曖昧な関係

国王一家がパリに移されてから、革命は沈静化の様相を見せていた。この流れに乗り、ルイ十六世とマリー＝アントワネットは革命と和解することに努めているかに見えた。しかし、二人とも、内心では革命の現状に納得していなかった。革命によって王権に制限が加えられたことが不満だった。

ルイ十六世は、スペイン国王カルロス四世に宛てた十月十二日付の手紙で次のように語っていた。

「長い時代にわたって私の家系に確保されてきた国王の尊厳が、私の代で卑しめられるがままに放置することはできません。そうならないようにする責務を、私は自分自身に対して、子供たちに対して、家族に対して、従者全員に対して負っています……。今年の七月十五日以降、私は強制されてやむなく国王の権威に反する行為をしてしまいましたが、それらすべての行為に対して厳粛なる抗議をここに行ない、これをその手にゆだねるために陛下を選びました」

つまり、七月十五日以降に行なった政治的行為は強制されたものだからすべて無効だという証人になってほしい、と頼んでいるのである。これから行なう行為もやはり強制されたものだから無効、ということになる。

ルイ十六世は二重の行動、もっとはっきり言えば、二枚舌の行動を取らざるを得なくなった。表面上は革命の現状を是認し、革命支持を公言する、しかし、もう一方においては、国王として失った権限をなんとかして回復させたいと願う。これはもちろん、マリー＝アントワネットも同意の上である。二人はこれを不誠実な行為とはまったく思っていなかった。そうすることが正義だと思っていた。マリー＝アントワネットが「私は本当の過ちは何一つ犯していないと世界に胸を張って言える」と言うとき、そこにはいかなる不誠実さもない。

国民は一時的に迷いを起こしているだけだ、いずれ時間がたてば国王とともにあるしかないということがわかるだろう、それまでの辛抱だ――とこんなふうにマリー＝アントワネットは考えていた。

一七九〇年二月四日、ルイ十六世は国会に出向いて演説し、起草中の憲法を支持する、王妃も支持していると言明した。国王の演説は議員たちから嵐のような拍手で迎えられた。感激した議員たちはチュイルリー宮殿の国王の間までルイ十六世を送ってきた。そこに居合わせたマリー＝アントワネットは議員たちに即興のスピーチをして、これも議員たちに大いに喜ばれた。

ルイ十六世とマリー-アントワネットはパリ市内を自由に動けるようになったほか、パリ西郊外のサン-クルー城にも行けることになった。例の、費用が一二〇〇万リーヴルほどかかった城である。一七九〇年六月十一日から十月三十日まで五カ月近く、ここに滞在した。城の近くには森があり、ルイ十六世は久し振りに狩りをすることができた。

サン-クルー城のほうがチュイルリー宮殿よりも見張りが緩《ゆる》やかだった。何より、パリの革命的喧噪《けんそう》からも遠かったので、ルイ十六世とマリー-アントワネットはここでゆっくりと骨休めすることができた。来客に制限はなく、フェルセンも自由に出入りしていた。深夜の三時頃に見張りに呼び止められ、逮捕されそうになったこともあった。報告を受けた内大臣のサン-プリエストがマリー-アントワネットに「注意したほうがよろしいのでは」と言うと、「もしそうするのが適当とお思いなら、あの方にそう言ってください。私としては何とも思いません」と、あっさりしたものだった。

もしマリー-アントワネットに逃げる気があったなら、ここからならかなり簡単にできたはずである。午後に長時間の散歩が許され、夜の九時頃に帰ることもあった。護衛（監視役）の兵士が一人か二人ついていたが、撒《ま》くこともできただろうし、味方にすることもできただろう。ちょっと散歩に行くと言って子供たちと一緒に馬車に乗り込み、そのまま国境方面に馬車を走らせればいいだけである。ルイ十六世は乗馬が得意だから、待ち合わせ場所を決めておき、後で馬に乗って追いかければいい。逃げようと思えば逃げられたのにそれをしなかったということは、一七九〇年の夏から秋にかけてのこの時期には、革命を自分たちが望む方向へ持っていけると二人が考えていたということを意味する。前に引用したマリー＝アントワネットが希望的観測を述べた言葉は一七九〇年五月のときのことである。このときの言葉を借りるなら、「ルイ十六世という唯一の指導者」のもとにフランス人を結集できると期待していたのであった。そして、そう思える雰囲気は確かにあった。

「全国連盟祭」はそうした雰囲気をもっともよく例証する出来事であった。

一七九〇年七月十四日、「全国連盟祭」がシャン＝ド＝マルス公園*で盛大に開催された。明治維新前の日本が藩ごとに自律的閉鎖的に暮らしていたのと同様に、革命前のフランスも地方ごとに生活が営まれていて、国全体としてのまとまりが弱かった。維新後に日本が中央集権国家になるように、フランスも革命後に中央集権国家になる。「全国連盟祭」は、こうした流れの中に位置づけられる。

＊現在エッフェル塔が建っている場所。エッフェル塔はフランス革命百周年を記念して一八八九年に建設された。

フランス人として一つにまとまろうという願いのもとに行なわれたこの祝祭には、フランス全土から馳《は》せ参じた人々とパリの人々、合わせて四〇万人が参加した。当時のパリの人口が六〇万だったことを思うと、ものすごい数の参加者である。会場は終始熱気に包まれていたが、ルイ十六世が「国民と国法に忠誠を誓う」と宣誓したときには会場の雰囲気は最高潮に達した。現場に居合わせたスタール夫人によれば、観衆には「国王と自由は完全に一体化したものと感じられていた」とのこと。国王を中心にして自分たちは一つになるのだ、国王と国民が一体となって正義の社会を打ち立てるのだ——この日は「国民、国王、国法！」のスローガンがもっとも光り輝いた日だった。

ラ・ファイエット

マリー＝アントワネットが王太子を抱き上げて群衆に示したとき、「王妃万歳！」「王太子万歳！」の歓声が会場いっぱいに響き渡った。

この群衆の喜びをマリー＝アントワネットが真に共有できればよかったのだが……。

パリの人々の様子のほかに、マリー＝アントワネットにはもう一つ気になることがあった。それは、亡命貴族たちの動向である。

早々に外国に亡命し、外国を拠点に活動していた彼らは、武力で革命をつぶそうとしていた。彼らはマリー＝アントワネットのことを「民主主義者」とみなしていた。「民主主義者」は、反革命貴族たちにとっては罵《ののし》りの言葉である。やむを得ず協調的態度を取っているだけなのに、「革命に与《くみ》している」とみなしたのである。これは、ちょっとでも進歩的な人物をマリー＝アントワネットが「過激派」とみなしたのとちょうど逆の関係である。たとえばマリー＝アントワネットは、王家のためにいろいろと尽力してくれたラ・ファイエット侯爵を「革命派」として嫌っていた。ラ・ファイエットは富裕にして由緒正しい名門貴族の出身で、アメリカ独立戦争の際にはアメリカに渡ってアメリカ人とともに戦い、めざましい戦果を上げて「両世界の英雄」として革命前から有名人だった人物である（両世界とは、「新世界＝アメリカ」と「旧世界＝ヨーロッパ」のこと）。革命前には、ヴェルサイユ宮殿の舞踏会でマリー＝アントワネットはラ・ファイエットとダンスをしたこともある。ラ・ファイエットは啓蒙《けいもう》思想の洗礼を受け、「フランスに自由を打ち立てるため」に確かに革命に参入しはしたのだが、それはあくまでも王政を当然の前提にした上でのことだった。

亡命貴族たちは革命に対して様々な挑発行為を行なっていた。こうした振る舞いは、マリー＝アントワネットにとって非常に迷惑であった。亡命貴族たちと連携しているのではないかと革命運動家たちから疑われ、王家のパリでの評判が悪くなるからである。

革命議会最強の男、ミラボー

　ミラボーは革命初期の最大指導者である。持ち前の雄弁さで革命議会をリードしてきた。がっちりした体格、豊かな髪、天然痘の跡が残るあばた面はライオンを思わせ、国会の壇上に立てば、まだ一言も発しないうちにすでに辺りを圧倒する迫力があった。先頭に立って革命を推進してきたが、ラ・ファイエットと同様に、あくまでも王政を前提とした上でのことだった。絶対王政には打撃を加えてきたが、国王が特権階級ではなく国民に依拠することによって国王の権威は増す、と考えていた。だから、革命を推進しつつ、国王の権限を回復、強化しようともしていた。

　ミラボーは、若い頃は借金、喧嘩、女出入りと、放蕩《ほうとう》無頼の生活を送り、何度となく牢獄《ろうごく》にぶち込まれた。欠席裁判で死刑の判決を受けたことさえある。地方の会計検査院長夫人と駆け落ちしたことが誘拐《ゆうかい》とみなされたためであった。この事件のために、ミラボーは四年近くもの間、ヴァンセンヌ城の主塔に収監された。ここはバスチーユと同じように政治犯を収容する監獄として使用されていた。ミラボーはただの落ちこぼれではなく、時代の趨勢《すうせい》を見通す優秀な頭脳にも恵まれていた。ヴァンセンヌに収監されていた四年近くの歳月を無駄にはせず、本を読みまくり、原稿を書いた。毎日十四時間も勉強したということである。

　ミラボーは伯爵の称号を持つれっきとした貴族だが、素行不良である上に危険思想の持ち主ということで郷里プロヴァンス地方の貴族仲間から総スカンを食らい、三部会選挙では第三身分から立候補せざるを得なかった。貴族仲間からは嫌われていても、第三身分の人々の間では非常に人気があり、選挙期間中は「プロヴァンス地方の希望の星」になったかの観があった。見事当選し、鳴り物入りといった雰囲気で南仏からヴェルサイユの三部会に乗り込んできた。四十歳の男盛りだった。

ミラボーは革命議会で雄弁を振るう一方、王家のために働きたいとも思っていた。その仲立ちをしてくれたのが、ラ・マルク伯爵であった。王家の信任厚いラ・マルク伯爵は、ミラボーとも親しく、手元不如意《ふにょい》なミラボーにたびたび金を都合してやったりしていた。

ミラボー

最初ラ・マルクがマリー＝アントワネットにミラボーの話をしたとき、「いくら私たちが不幸になっても、ミラボーに頼るほどつらい立場に追い込まれることはけっしてないと思いますよ」と言って、マリー＝アントワネットはミラボーを拒否した。

ルイ十六世にとっても、ミラボーはかつての素行の悪さで知られ、激烈な革命指導者ということであまり近づきになりたくない人物だったが、ミラボーが議会で王権強化のための論陣を張っていたのは事実であり、この点を買った。革命議会に大きな影響力を持つミラボーが相談役になってくれるなら、王家にとっても好都合だった。

ラ・マルクが間に入って、宮廷とミラボーとの間で交渉が開始された。宮廷の相談役になる見返り、報酬についての交渉である。まず、ミラボーの借金の肩代わり（約二〇万リーヴル、現在の日本円にして約二億円）、毎月六〇〇〇リーヴルの手当、もしルイ十六世がミラボーの働きに満足した場合は議会解散時に一〇〇万リーヴルの成功報酬（この金はラ・マルクに預けられる）、という条件で話がついた。ミラボーとしては、自分の思想を裏切ったのでもなければ自分を売ったのでもなかった。宮廷の言いなりになるつもりはまったくなく、むしろ宮廷を説得しようと思っていた。これまでどおりの路線を進むだけであり、国王に認められて国王のために働けるのが嬉《うれ》しかった。これで借金取りに追い回されることもなくなり、政治活動に専念できるようにもなった。もちろん、宮廷との取引は絶対に一般に知られてはならなかった。ことが露見すれば、ミラボーの革命家としての信用は地に堕《お》ち、非難の的になるだろう。

宮廷はミラボーを使うことには踏み切ったが、信用はしていなかった。時間稼ぎのために利用しようということでしかなかった。

ルイ十六世とマリー＝アントワネットの状況判断はまだまだ甘かった。革命の勢いを止める力量を持っているのはミラボーだけだった。これまで革命を先頭に立って引っ張ってきたミラボーだが、革命は行きすぎの兆候を見せていて、このままでは危ない、国王が強力な行政権を持つようにしないとフランスはとんでもない混乱に陥る危険がある、とミラボーは考えていた。

マリー＝アントワネットは絶えず自分たちの「忌むべき立場」を嘆いてはいたが、彼女もルイ十六世もミラボーが自分たちの運命を手中に握っていることを理解せず、自分たちだけで何とかできると思っていた。

要するに、自分たちの運命を楽観視していたということであり、ミラボーを見くびっていた、あるいは、誤解していたということである。それともう一つ、ミラボーと連絡を取り合っているというだけでも、ウルトラ王党派からは「過激な革命派と手を結んでいる」とみなされる恐れがあるという事情もあった。

一方、ミラボーは、自分の考えをわかってもらうには、一度直接会って話す必要があると思っていた。自分の言葉が持つ力に自信があった。鍵を握っているのは王妃だと考え、まずは王妃に会えるようにしてほしいとラ・マルク伯爵に頼んだ。ミラボーは、マリー＝アントワネットの性格を鋭く見抜いていた。

「国王の傍に男らしい人間は一人しかいない。それは王妃だ。国王の権威を再構築することの中にしか彼女の安全はない。王冠がなければ命などいらないと彼女は思っていると私は信じたい。そして私が確信しているのは、王冠がなければ彼女は生きながらえることができないだろうということだ」

マリー＝アントワネットは単独でなら逃げる機会はいくらもあった。それを彼女はすべて拒み、常に国王とともにあることを選んだ。それだけ誇り高く、「王妃の地位」に対する責任感が強かったということである。

ミラボーがマリー＝アントワネットに初めて会ったのは一七九〇年七月三日、サン＝クルー城においてであった。ミラボーは、マリー＝アントワネットを芯《しん》が強く、優雅な女性と思った。

ミラボーは「奥様、王政は救われました」とマリー＝アントワネットに言った。

王妃との会見後、王家のために働けるのが嬉しくてたまらず「もう何も私を止めることはできない。約束に反するよりは、むしろ死ぬほうがましだ」とミラボーはラ・マルク伯爵に語っている。

ミラボーは、本当は宰相になりたかった。国会議員と大臣の兼職を禁じる規定があったために叶《かな》わなかったが、当人としては影の宰相になった気分であったろう。宮廷からもらっていた月に六〇〇〇リーヴルの報酬も、大臣の俸給を少し下回る程度だったから、影の宰相としての給与と心得ていたのかもしれない。

ミラボーは国王の権限強化のために国会で熱弁を振るい、ある程度の成果は収めた。その後の事態の推移を考えると、ルイ十六世とマリー＝アントワネットはミラボーを頼りにするほうがよかったのだが、二人はこれまでどおりブルトゥイユやフェルセンをいちばん頼りになる味方として信頼し続ける。ミラボーとこの二人とでは、考え方の方向が逆だった。ミラボーは革命に依拠した上での王権強化を考えていたが、ブルトゥイユとフェルセンは革命を否定した上での王権強化を考えていた。

「バスチーユ」以来、マリー＝アントワネットが友人と信じていた人たちが次々に去っていったがフェルセンは残った。国王一家がパリに移されてからは、フェルセンはヴェルサイユ時代以上にマリー＝アントワネットに頻繁に会うようになっていた。もちろん、フェルセンの存在はマリー＝アントワネットにとって大きな心の支えになっていたが、毎日のように会うようになったのは恋人としての仲が深まったからではなく、フェルセンの政治的重要性が増したからであった。つまり、マリー＝アントワネットはフェルセンの政治的意見をいちばん頼りにするようになったのである。それは、王家にとって、いい結果をもたらさない。しかし、恋する女にとって、いちばん愛《いと》しく思う男の意見に従おうとするのは自然なことであろう。

募る息苦しさ

パリに強制的に移されてから、マリー＝アントワネットはパリの人々と協調することにそれなりに努めてきた。一七九〇年五月の段階では、前に引用したマリー＝アントワネットの言葉によく表われていたように、人々をルイ十六世のもとに結集させることに希望を持っていた。マリー＝アントワネットには、人を惹《ひ》きつける魅力、能力、才覚があった。これを最大限に発揮すればパリの人々を味方につけることは可能だった、とラ・ファイエットは述べている。確かにそのとおりだと私も思う。

しかし、マリー＝アントワネットが約五カ月間サン＝クルー城に滞在してチュイルリー宮殿に戻ってきたのは一七九〇年十月末だったが、この頃には、マリー＝アントワネットの心は「パリ脱出」に大きく傾いていた。

あの「バスチーユ陥落」の騒動以来、できれば革命の脅威から逃れたいという気持ちが、マリー＝アントワネットの心のどこかにずっとあっただろう。マリー＝アントワネットは束縛《そくばく》を嫌悪する女性である。なんであれ、他人から強制されることを極度に嫌う。かつてヴェルサイユの宮廷儀礼に対して感じた反発心、反骨精神は依然として健在であった。というより、反逆者魂は彼女の本質的一部であった。パリに移されてから、状況の好転をじっと待った。もう一年以上も待って、その我慢も限界に達したのではないだろうか——そもそも、自分はフランス王妃である。その自分が自由に行動できないなどということがあってはならない。プチ・トリアノンの庭園で心赴くままに暮らした《自由》はどうなったのか？

日々、監視されていること、行動の自由を束縛されていることが、マリー＝アントワネットには耐えがたくなっていた。サン＝クルー城で五カ月間、少しはのんびりできた後だけに、パリでの暮らしがよけい鬱陶《うっとう》しく感じられたのかもしれない。パンフレット等による常軌を逸した誹謗《ひぼう》中傷は相変わらずであり、周りの状況は期待に反して前よりも悪くなっているように思われた。

一七九〇年暮れの段階で、マリー＝アントワネットは「パリ脱出」を心に決め、フェルセンに頼んで逃走用の特別製馬車を発注していた。ただし、一人で逃げるつもりはまったくなかった。子供たちはもちろんだが、ルイ十六世が一緒であること、これが絶対条件だった。もし、ルイ十六世がパリ脱出にどうしても同意しない場合は、〝誘拐〟することさえ考えていた。

そのルイ十六世のほうはどのような心境だったのか？

これまでルイ十六世は、何度か家族は避難させようとしたが、自分が逃亡することは拒否してきた。自分はフランス国王である、民の幸福をはかるのが国王の務めである、国王たる自分が国民を見捨てて逃げるなどとんでもないことである、というのがルイ十六世の考えだった。

しかし、翌九一年春には逃亡計画に賛成するようになった。

国会では憲法制定作業が着々と進められていた。時間とともに国会の重要性が増してゆき、それに反比例して国王の権限が縮小されていった。以前は、国事に関する重要事項は国王が主催する閣議で決定された。今は、重要な決定はすべて国会でなされ、国王はそれに形式上の同意を与えるだけになっていた。本来国王にあるはずの行政権は、実質上、国会に移っていた。ミラボーは、国王が強力な行政権を持たないと国が安定しないと考え、そのために国会で奮戦していたのだが、革命の大勢を変えることはできなかった。

自分の権限がどんどん縮小され、もはや自分のペースで改革を推《お》し進めることなど到底不可能になっていた。何かにつけて無理強いされ、革命が息苦しくてならなかった。どこか安全な地方都市にいったん身を落ち着けて、そこで態勢を立て直すしかないように思われた。

ルイ十六世が逃亡計画に賛成する最後の決め手になったのは、宗教問題だった。

一七九〇年七月十二日、聖職者市民憲章が国会で可決され、八月二十四日、ルイ十六世はこれを認可した。一七九〇年十一月二十七日、革命への誓約を聖職者に強制する法令が可決され、十二月二十六日、ルイ十六世は「死ぬ思いで」これを認可した。聖職者市民憲章によって、革命に忠誠を誓った「宣誓派」とそれを拒否した「非宣誓派」とに宗教界が分裂することになった。一七九一年三月十日、ローマ教皇が聖職者市民憲章を弾劾した。これが、ルイ十六世がパリ脱出を決意する最後の決め手になったのである。

なぜ、この問題がそれほどにルイ十六世にとって重大であったのかは、われわれ日本人にはかなりわかりにくい。

二十一世紀の今日でも、西欧の人々の「神」を思う心にはわれわれ日本人には思いが及ばないところがある。日本人の中にも非常に信仰心の厚い人はいるけれども、一般日本人の「苦しいときの神頼み」とは隔絶したところがある。西欧の人々にとっては、「神」は自分自身の存在、人格と密接に結びついている。今日では西欧でも宗教心が希薄になってきたことが話題になったりもするが、フランス革命の頃までは、今では考えられないほどに人々の宗教心は強かった。生活全体がキリスト教の教えにすっぽりと包み込まれ、日々の生活がキリスト教のリズムで営まれていた、と言っていい。ルイ十六世はとりわけ信仰心が厚かった。「宗教あってこその世の中」と信じていたルイ十六世の心を思いやるのでなければ、宗教的要因が逃亡決意の決め手になったことが理解できない。聖職者が二つの集団に分裂したが、ルイ十六世にとってはローマ教皇に信任された「非宣誓派」が本当の聖職者であり、ローマ教皇に否認された「宣誓派」は異端であった。本当の聖職者から宗教的救いを受けられない人々が大勢出るというのは、ルイ十六世にとっては思うだに恐ろしいことであったろう。政治的にも人々は混迷のさなかにある、できるだけ速やかにフランスを立て直して人々を救済しなければならなかった。

一七九一年春に、ルイ十六世は心労から一週間寝込んだ。高熱を発し、血を吐いた。

マリー＝アントワネットにももちろん信仰心はあったけれども、ルイ十六世のように深いものではなく、礼儀作法に反しない程度だったから、べつに思い煩《わずら》うことはなかった。マリー＝アントワネットは、王権の権威が揺らいでいると意識してから政治に関与しようとするようになった。パリ脱出は、権威再確立のための第一歩だった。国王がその気になり始めている今こそ、決行の時だった。時々、無気力状態に陥るルイ十六世とは違って、彼女の行動力は旺盛《おうせい》なままだった。もともとが改革派の国王である十六世には革命に対するある種の理解があり、革命を全否定することはできなかった。これに対し、マリー＝アントワネットにとっては、革命は絶対的悪だった。ルイ十六世が時々無気力、不決断に陥ったのに対してマリー＝アントワネットが常に断固としていたという違いは、こうしたところからも生じた。

実は、ミラボーも、国王が一時的にパリを離れるのも悪くはないと考えていた。パリでは過激派の影響を受けやすい。どこか静かなところにいったん身を落ち着けて態勢を立て直すのもよい、と。ミラボーの脱出案は、パリから堂々と出て行かなければならない、というものだった。国王たるもの、こそこそと逃げてはいけない、あらかじめ国会でパリを出ることを表明し、白昼、衆人環視の中で出て行かなければならない。コンピエーニュとか、パリ近郊に身を落ち着け、軍隊で安全を確保した上で革命の主導権を取り戻す、というのがミラボーの脱出案の骨子であった。

このミラボー流脱出案は、言ってみれば「革命的脱出案」である。この案はあまりにも大胆すぎて、マリー＝アントワネットが採用するには無理があった。

一七九一年二月十九日、ルイ十六世の伯母たちがローマに向けて旅立った。途中、革命派に身柄を拘束されたが釈放され、無事ローマにたどり着くことができた。この伯母たちの脱出は、国王の脱出も近いのではないかという警戒心を人々に抱かせた。

逃走に使われる特別製馬車は、三月に出来上がっていた。

四月二日、ミラボーが病死した。まだ四十二歳の若さだった。これまでの不摂生がたたったのだろう。影の相談役を失って、ルイ十六世は戸惑いを感じたに違いない。

四月十八日、サン＝クルー城に行くために国王一家は馬車に乗り込んだが、周りを国民衛兵隊と群衆に取り囲まれて出発できないという出来事があった。サン＝クルー城に行く許可は国会から得ていた。国民衛兵隊司令官ラ・ファイエットとパリ市長バイイが、馬車を出発させるように説得に当たったが人々は耳を貸さなかった。人々は、このまま国王一家が逃亡するのではないかと恐れたのだった。

結局、国王一家は馬車に二時間も閉じ込められた末に、出発をあきらめ、宮殿に戻らざるを得なかった。この出来事で、ルイ十六世とマリー＝アントワネットは我慢の限界を悟らされた。もはや、「決行するかしないか」ではなく、「いつ決行するか」しか問題になり得ない状況になった。

マリー＝アントワネットはメルシー＝アルジャントへの手紙で「(この出来事によって)私たちはこれまで以上に計画どおりにしなければならないと思いました。私たちの境遇は恐ろしいものです。この境遇を来月逃れることが絶対的に必要です」と言っている。

五月六日付の手紙では、マリー＝アントワネットはメルシーにこう語っている。

「あなたは、私の考えができ得る限り穏やかに、時間をかけて、世論を尊重する、ということであったことをご存じです。しかし、今日、状況はすっかり変わってしまいました。このまま滅びるか、私たちに残されている唯一の方策を取るか、のいずれかです。私たちは、この方策が危険なものではないと信じるほど盲目ではありません。しかし、身を滅ぼすにしても、それは栄光をともなうものでなければなりません。私たちの義務、名誉、宗教のためにできることはすべてした上でのことでなければなりません。すべてがこの場を離れて逃れることを私たちに命じています。この場に留まり続けていれば、私たちの沈黙と無力さによって、数々のおぞましい出来事に暗黙の了解を与えていることになります」

「危険の中にあっても、危険を回避することよりもむしろ美しくあることを考える」――マリー＝アントワネットはそういう女性だとラ・ファイエットは語っているのだが、この言葉は彼女の本質を突いている。マリー＝アントワネットは敗北を認めない女性だが、敗れるときは美しく敗れようとする。「身を滅ぼすにしても、それは栄光をともなうものでなければなりません」――これが、「美しく敗れる」ということである。

前にも述べたように、マリー＝アントワネットは政治的教育・訓練をいっさい受けたことがない。政治状況を冷静に分析して方針を出す、ということができなかった。彼女の方針は、革命に対する憎悪と恐怖、「王権は神聖にして侵すべからず」という固定観念から導き出されるのであった。王家のためを思って彼女が打ち出す方針が、多くの場合、王家にとってマイナスをもたらす結果に終わるのはこのためである。その最たるものが、この「ヴァレンヌ逃亡事件」なのである。

しかし、こう言い切れるのは、われわれ後世の人間は計画が失敗に終わったということを知っているからである。計画推進中の当事者たちは結果がわからない状態の中で動いている。

というより、成功するだろうという期待感の中で動いている。期待感というよりも、確信に近かったかもしれない。そしてもし計画が成功した場合は、マリー＝アントワネットは王家を救った最大の功労者になったはずだ。革命の勢いを止めることはできなくても、少なくとも王家の人々は処刑されずにすんだはずである。そして、二十数年後のこととはいえ、ナポレオン時代をへてブルボン家が王座に復帰するのだから、そのときには、健在であればルイ十六世が国王に返り咲いたはずである。

ヴァレンヌ逃亡事件

国王一家がパリを脱出して安全の地を目指したこの出来事は、ヴァレンヌという小村で捕まってパリに連れ戻されることになったので「ヴァレンヌ逃亡事件」と呼ばれる。

目指した目的地は、ベルギー国境に近いモンメディという町であった。ここに軍隊の駐屯地があり、司令官はブイエ将軍（男爵）であった。ブイエ将軍は一七九〇年八月にナンシーの反乱を情け容赦もなく弾圧し、断固たる王党派として知られていた。脱出の全体的計画案は、主としてフェルセンとブイエ将軍の二人によって練られた。フェルセンは毎日のようにマリー＝アントワネットに会いに行き、計画の進展具合を逐一報告していた。

逃避行の一部始終は、中野京子『ヴァレンヌ逃亡　マリー・アントワネット　運命の24時間』（文春文庫）に詳しい。ここでは、事件の概略を簡単に述べるに留める。

逃避行の一行は、国王、王妃、王女、王子、国王の妹、以上王家の人間五人、それに養育係のトゥルゼル夫人、侍女二人、護衛の兵士三人、計一一人であった。王妹エリザベトに計画が明かされたのは決行前日だった。それほどに秘密が厳重に守られたのである。国王一家とトゥルゼル夫人は逃走用に発注した特別製馬車に乗り、侍女二人は別の軽馬車で、護衛の兵士は騎馬で同行することになっていた。

トゥルゼル夫人がロシア人コルフ夫人を名乗り、王妃はその侍女、国王は従僕に変装、王子には女の子の格好をさせて王女と王子はコルフ夫人の娘ということにし、各人に偽のパスポートが用意された。

計画はこうだった——。深夜、警備の隙《すき》をついて、何人かずつに分かれて宮殿から出る。中庭で待機する辻馬車《つじばしゃ》に乗って、逃走用馬車まで行く。辻馬車にはフェルセンが御者として乗っている。中庭にはいつも多くの辻馬車がたむろしていたので、フェルセンの辻馬車がとくに目立つことはないが、辻馬車にたどり着くまでに見咎《みとが》められる恐れがあった。このため、決行予定の二週間前から、ルイ十六世に体型の似た人間に中庭を歩かせるという用心がなされた。辻馬車に乗り込んだ後、逃走用馬車のところに行き、乗り換える。逃走用の馬車も途中までフェルセンが御者を務めることになっていた。

計画は綿密に練られていた。いつ決行するかが問題だった。ぎりぎりになって、決行が何度か延期された。そのたびに逃走路で国王を出迎えることになっていた兵士たちにも連絡がなされたが、これが良くない結果を生む。旅程の遅れを決行延期と誤解される可能性が生じたからである。ワンチャンスで決行すべきだった。そして、もっと楽に脱出できる時期が以前にあったのに、国王逃亡の噂《うわさ》が囁《ささや》かれ、人々が警戒している時期に決行されることになったのも不運だった。

決行されたのは六月二十日から二十一日にかけての深夜。夏至《げし》、一年でいちばん昼が長い日だった。

パリからモンメディまで、およそ二五〇キロ。東京から福島までとだいたい同じ距離である。一日で行ける距離だが、馬車で長距離の旅行をする場合は、宿駅ごとに馬を替えなければならない。これが、なかなか大変だった。宿駅の数は二〇カ所ほどあり、宿駅ごとに必要な数だけの馬を集めなければならないし、交換作業にも時間がかかる。

脱出が失敗に終われば、王家は大打撃を受けることになる。マリー＝アントワネットは、失敗した場合の危険性についてどの程度認識していたのだろうか？　先ほど引用した手紙で「私たちは、この方策が危険なものではないと信じるほど盲目ではありません」と言ってはいるが、たぶん失敗することは考えていなかっただろうし、成功する可能性があるというだけで彼女には十分であったろう。ともかくも自由を束縛されている現状から逃れたい、成功すれば自由になれるということしか頭になかっただろう。第一の難関だった宮殿脱出に無事成功し、逃走用馬車に乗り込んでモンメディ目指して馬車が走り始めた時点では、「ついに自由を手にした」とマリー＝アントワネットは思ったのではないだろうか。

逃避行は速やかに、スピード第一で遂行されなければならなかった。しかし、これができなかった。

われわれ一般人がどうしてもパリから脱出せざるを得ない場合は、家族だけで、荷物は最少限にして、できるだけ素早く逃げようとするだろう。ルイ十六世とマリー＝アントワネットにわれわれ一般人と同じように行動することができたなら、おそらく成功していたであろう。計画はずいぶんと綿密に練られたものだったから。

しかし、王家の人間には、一般人のように行動することができない。常に自分の身の回りの世話をしてくれる人間が必要だった。普通の女性は自分で髪をセットして着替えをすることができるが、マリー＝アントワネットにはできない。

大勢の供を引き連れてゆるゆると進む、いわば大名行列に慣れていたルイ十六世とマリー＝アントワネットには、身軽に逃げるという発想がなかった。朝起きてから夜寝るまで、常に従者の世話になって生活してきた彼らには、従者なしの旅行などあり得なかった。数百人の供を引き連れて旅行していた彼らにとっては、従者六人は少なすぎるくらいであったろう。

立派な大型馬車を用意し、レンジ、ワイン貯蔵庫を積み込み、目的地に着いたときの正装も用意した。自分たちは国王、王妃なのだから、人前に出るときはそれにふさわしい服装でなければならなかった。万が一の事故に備え、馬車の部品も遺漏《いろう》なく積み込んだ。準備が万端すぎたのである。一日ですむ旅行なのに、ヨーロッパ周遊ができるほどの備えをしてしまった。積み込む荷物が多すぎたために、馬車が重くなり、スピードが落ちたことも失敗の原因のひとつだった。小型の軽馬車であれば、もっと速く走れたし、替えの馬の数も少なくてすんだのだが。

これまで行く先々で人々の歓迎を受けるのを常としてきた彼らにとって、ノンストップの旅行も無理だった。宿場ごとに馬を替えるのに時間がかかるというのに、途中、馬車から降りて休憩を取った。予定が大幅に遅れ、出迎えの兵士たちとも会えなくなった。これまでにも予定が何度か変更されたので、兵士たちは今回もそうなのだろうと思って引き揚げてしまったのであった。やはり、どうしても危機意識が足りなかった。自分たちは王家の人間であり、特別な存在だという意識から抜けきれなかった。

ヴァレンヌからパリに連れ戻される国王一家

それでも、目的地から四〇キロ手前のヴァレンヌまではたどり着けた。全行程の八割は走破したのである。ここで替える馬が見つからず、ぐずぐずしている間に正体を見破られ、身柄を拘束された。予定どおりにいっていれば、替えの馬は用意されているはずだった。

国王一家はパリに連れ戻されることになり、翌朝、ヴァレンヌを発《た》った。急を聞いてブイエ将軍が兵士を引き連れてヴァレンヌにやって来たのは、国王一家が出発した後だった。橋はバリケードで封鎖されていて渡れず、川は馬で渡るには深すぎた。それに、国王一家を乗せた馬車は周りを大勢の人間に取り囲まれてもいた。

往《い》きはヴァレンヌまで一日で着いたが、帰りはパリに戻るのに四日かかった。苦渋に満ちた帰還であり、すさまじい憎悪にさらされた帰還であった。ヴァレンヌを発った日はそうでもなかったが、翌日からは行く先々で人々は敵意をあらわにするようになった。人々は怒っていた。ルイ十六世は国外に出るつもりはなかったが、「国王は国外に逃れ、外国の軍隊と一緒になってフランスに攻め込もうとしたのだ」と思った人も多かった。信頼していた国王に裏切られたのだ。いたるところで国王一家が乗った馬車に罵声が浴びせかけられた。マリー＝アントワネットとエリザベトは、食事のために馬車から降りた際、興奮した群衆に衣服を引き裂かれたこともあった。

国会は三人の議員を国王一家のもとに派遣した。議員たちが合流したとき、マリー＝アントワネットはほっとした。これで自分たちの安全は確保されたと思った。実際、三人の国会議員は国王の馬車を警護している部隊の指揮権など、国王一家護送に関して全権を委任されており、任務を果たそうと張り切っていた。一人は王家寄りの人間で、マリー＝アントワネットとも顔見知りだった。あとの二人は左派だった。

二人の左派議員は国王一家の馬車に乗り込んだ。バルナーヴは国王と王妃の間に座り、ペティオンはエリザベトとトゥルゼル夫人の間に座った。王太子は母親の膝《ひざ》の上に、王女はトゥルゼル夫人の膝の上に。二人の議員は最初は固く構えていたが、王太子が馬車の中を動き回り、議員たちの膝の上にもやって来て服を触ったりしたことが車内の緊張を解きほぐした。

帰りの馬車の中で、マリー＝アントワネットは二人の国会議員を味方につけようと懸命に努力した。「懸命に」といっても、彼女のことだから、自分の意図を悟られないように、もの静かに優雅に話したことだろう。もともと、周囲の人間を自分の思っている方向に持ってゆく才覚に長《た》けていた。義姉の意向を察したエリザベトも援護射撃をした。脈がなさそうなペティオンには早々に見切りをつけ、マリー＝アントワネットはバルナーヴに照準を定めた。バルナーヴは第三身分出身、郷里のグルノーブルでは弁護士をしていた。議会では最左翼に位置してきたが、上流階級の出で育ちがよく、立ち居振る舞いが洗練されていた。まだ二十九歳だった。

馬車という狭い空間の中でのことである。体が接触するような状態で、三日間も一緒に過ごしたのである。王妃と親しく話をしているうちに、バルナーヴはその魅力に捉《とら》えられ、恋心を抱くようになった。国民議会の議員の中でももっとも頭脳明晰《めいせき》な一人であり、かつてはミラボーの宮廷との関係を非難したこともある彼だが、やがてミラボーの後を継いで宮廷の影の相談役となるのである。

第五章　革命の嵐の中で

逃亡事件の余波

国王が従僕に変装してまでも逃亡しようとしたことに人々は憤慨した。国王が自分たちを見捨てて逃亡をはかったことは裏切り行為であり、「国王は外国の軍隊に頼って革命をつぶそうとしている」という噂《うわさ》が、俄然《がぜん》、信憑《しんぴょう》性を増すことになった。

この逃亡事件をきっかけにして「王政を廃止せよ」という声がフランス全土から怒濤《どとう》のように沸き起こってくる。国王と国民との間の信頼関係が崩れたのである。

革命のスローガン「国民、国王、国法！」がよく物語っているように、これまで人々は、国王と協力して新しい国造りに励もうと思ってきた。ルイ十六世を善き国王として敬愛し、ルイ十六世が改革の先頭に立ってくれることを期待してきた。王様は空気と同じように自然なもの、なくてはならないもの……であるはずだった。しかし、王様がいなくなった五日間、ちゃんと生活できたではないか。王様がいなくなっても日は昇り、日は沈んだ。王様がいなくなっても国はなくならない、王様がいなくなってもべつに困りはしないのだ、ということを国王自らが証明してしまった。

ヴェルサイユからパリに移されたときよりも、王家の立場はずっと危機的なものになった。あの出来事も王家にとって大きな試練だったが、あのときは国王の廃位などまったく問題にならなかった。今回は、国王廃位が現実味を帯びたのである。王家はこれまでにない危機にさらされた。

逃亡計画はマリー＝アントワネット主導のもとに進められた。マリー＝アントワネットはルイ十六世を〝誘拐《ゆうかい》〟してでも計画を実行する覚悟ではあったが、最終的にはルイ十六世の判断に従うというのがマリー＝アントワネットの基本的態度だから、ルイ十六世が同意しなければ計画は実行されなかったであろう。最後の決定権を握っていたのはルイ十六世であり、ルイ十六世も賛成したのだから、逃亡事件の最終的責任はルイ十六世にある。これは、全革命期を通じてルイ十六世が犯した最大の失策であった。

国王を廃位せよという世論の高まりを受けて、国会はとりあえず王権停止の措置を取り、事件調査委員会を設置した。

国会では憲法制定作業が最終段階を迎えていた。新たに成立する体制は、憲法にもとづく王政、すなわち、立憲王政であった。革命前の絶対王政とは違って国王の権限は憲法によって制限されるが、国王は国家の代表であり続け、行政権は国王にあり、立法権は議会にある、というのが立憲王政である。これまでルイ十六世は憲法に同意を表明していたので、革命指導者たちも〝安心して〟国王の存在を前提にして新体制の構築を進めてきた。憲法制定後は国民議会は解散することになっていて、次の議会に新体制下の立法権をゆだねるべく、すでに選挙の準備にも入っていた。

こうしたときに、ヴァレンヌ逃亡事件が起こったのであった。

国王の逃亡は革命指導者たちにとっても青天の霹靂《へきれき》であり、非常に困惑した。国王がいなくては困るのであった。

絶対王政の悪弊は正さなければならなかったが、革命指導者たちは最初から立憲王政を目標にしてきた。ここへきて国王が廃位されれば新体制は成り立たない。これまでの二年間の仕事はすべて無駄になり、また一からやり直さなければならない。それに、国王がいなくなれば国民が一つにまとまる核がなくなり、社会は大混乱に陥って収拾のつかないことになるだろう、と恐れた。なんとか事態を沈静化しなければならなかった。

そこで革命指導者たちは、国王は逃亡したのではなく、反革命派に誘拐されかかったのだ、

バルナーヴ

ということにしたかった。事件調査委員会は、国王と王妃にも直接事情聴取を行ない、調査結果を発表した。「国王はブィエ将軍に誘拐された」というのが結論であり、これが国会で承認された。国王はシロだ、ということになったのである。

アントワーヌ・バルナーヴは、アレクサンドル・ド・ラメット、アドリアン・デュポールとともに「三頭政治家」と呼ばれていた有力議員だった。ヴァレンヌからの帰路にマリー＝アントワネットに魅了されて以来、王家を救うことにとくに熱意をかき立てられていた。バルナーヴは、七月十五日、国会で演説し、これ以上革命を前に推《お》し進めるのは危険だ、と議員たちの恐怖心を煽《あお》った。

「われわれは革命を終えようとしているのであろうか？　それとも、また革命をやり直そうとしているのであろうか？　諸君は、すべての人間を法の前において平等なものとした。諸君は、市民的ならびに政治的自由を確立し、国民の主権から奪われていたすべてのものを国家のために奪い返した。もう一歩進むことは、不吉で罪ある行為となろう。自由の線上をもう一歩進むことは王政を破壊することになろうし、平等の線上をもう一歩進むことは私有財産制を侵害することになろう」

われわれはなすべきことはもう十分にした、もう革命を終了すべき時期である、とバルナーヴは力説した。

この演説は、議員たちの拍手喝采《かっさい》に迎えられた。先行きに不安を感じていた議員たちが多かったのである。

国会では「国王誘拐説」が承認されたが、パリには誘拐説を認めず、国王廃位を主張する共和派の活動家も多かった。一七九一年七月十七日、共和派はシャン-ド-マルス公園で集会を開いた。この集会を解散させるために国民衛兵隊が出動したが、何かがきっかけになって国民衛兵隊が群衆に発砲する事態になった。このため、五〇人の死者が出た。「シャン・ド・マルス虐殺事件」と呼ばれるこの事件は偶発的に起こったものだが、結果的には、この事件によって革命指導者たちは先進的共和派押さえ込みに成功することになった。事態が穏健派有利に流れる状況の中で、急進派の活動家が多数逮捕され、ダントンはイギリスに逃れ、ロベスピエールは知人の家に身を潜めた。

逃亡事件の後でも、なお王政に愛着を抱く国民も多かった。これまで国王の権限を縮小しようと考えていた人々の間にも、情勢の急展開を前にして恐れをなし、国王に近づこうとする人々が増えていた。ヴァレンヌからパリに着いたとき、パリの人々の態度はぞっとするほどに冷たかったが、こうして王家が革命と共存共栄をはかることが十分に可能な状況になったのである。

問題は、王家の人々の態度だった。

これまでも、王家の人々には革命家たちに対する抜きがたい不信感、嫌悪感があった。宮廷は、本当は王家のことを考えて行動してくれていたミラボーもラ・ファイエットも信用しなかった。二人とも革命を推進してきた忌むべき人物だ、と考えていた。だから、ミラボーを影の相談役にはしたが、利用はしても信用はしていなかった。ラ・ファイエットに対しても、ルイ十六世もマリー＝アントワネットも常に警戒心をもって接していた。

今回、パリ脱出に失敗したことは、マリー＝アントワネットと革命との間にあった溝をさらに深める結果になったように思われる。

脱出は、彼女にとって大きな賭《かけ》だった。《自由》と《国王の権威》を賭けた、一か八《ばち》かの賭だった。賭けた希望が大きかっただけに、敗れたショックも大きかった。パリに連れ戻されるということ自体が彼女にとって屈辱以外の何物でもなかったが、帰りの道中は家族の身の安全も保障されていなかった。自分たちに浴びせかけられた口汚い罵《ののし》りの数々によって民衆の恐ろしさ、不気味さを身にしみて感じさせられたことだろう。途中、自分たちに挨拶《あいさつ》にやって来た地方の貴族が目の前で群衆に殺されるということもあった。逃避行の護衛についてくれた三人の近衛兵《このえへい》は、帰りも馬車の傍《そば》に付き添っていたが、いつ群衆に惨殺されるかわからなかった。ヴェルサイユからチュイルリーに移されたときのように、また近衛兵の首が槍《やり》の穂先に突き刺されて旗印にされるのだろうか、とマリー＝アントワネットは気が気ではなかった。

なんとかチュイルリー宮殿にたどり着き、自室で帽子を脱いで鏡を覗《のぞ》いたとき、美しいブロンドであったマリー＝アントワネットの髪は真っ白になっていた。まだ三十五歳だというのに。

事件後、マリー＝アントワネットは容貌《ようぼう》も変わった。肌の色艶《いろつや》が悪くなり、目の輝きが失われた。体が痩《や》せ、萎《しお》れたような感じがした。急に老け込み、女性としての魅力が減じていった。

脱出失敗によって、マリー＝アントワネットの中で何かが壊れたのである。

しかし、気力が衰えることはなかった。革命に対してより頑《かたく》なになり、革命をより許しがたいと思うようになる。

八月末までは国王と王妃は厳重に監視された。いつでも目視して確認できる警備体制が取られていた。宮殿内でも自由には動けなかった。マリー＝アントワネットが王子に会いに行くときにも四人の兵士が付き添った。王子の部屋には別の監視人がいて、マリー＝アントワネットに付き添ってきた兵士がドアのところで「王妃！」と叫ぶと、中にいた兵士がドアを開けるのであった。マリー＝アントワネットは、腹立たしくてならなかったろう。

純真な若き革命家、バルナーヴ

マリー＝アントワネットは、議会には穏健派が多く、自分たちが必要とされていることは、事件後間もない頃から知っていた。六月二十九日にフェルセンに宛てた手紙でもマリー＝アントワネットは「議会は私たちを丁重に扱いたいと思っています」と書いている。

何度も言うが、マリー＝アントワネットは敗北を認めない女である。どんなに苦しい状況の中にあっても、最後は勝利を得ようとする。ヴァレンヌからの帰りの馬車で征服したバルナーヴは、そのためのカードの一枚だった。前にミラボーを議会対策に使ったように、今度はバルナーヴに王家のために働いてほしかった。

マリー＝アントワネットはバルナーヴに手紙を書き、相談に乗ってもらえるかどうか打診した。バルナーヴは王妃から手紙をもらったことが嬉《うれ》しくてたまらず、何度も夢中になって読み返した。バルナーヴとしては、王家の影の相談役になっても自分の思想を裏切ることにはならない。この点はミラボーと同じだが、ミラボーとは違って無報酬で引き受けた。マリー＝アントワネットはバルナーヴにいろいろと助言を求めはしたが、やはりミラボーの場合と同じく、利用することしか考えず、信用はしていなかった。バルナーヴは誠心誠意王家のために働こうとしていたが、マリー＝アントワネットはバルナーヴの誠意をもてあそんだ。あなたの言うとおりにすると言いつつ、裏では逆の行動を取るのである。

逃避行の途中で別れたフェルセンはベルギーに避難していたので、マリー＝アントワネットは手紙でしか連絡が取れなくなっていた。「王妃とバルナーヴは愛人関係にある」という噂が流れたりもしたので、フェルセンは嫉妬《しっと》していた。

フェルセンは手紙で「本気で革命の側に立つおつもりですか？」と心配していた。マリー＝アントワネットは「ご安心ください、私は過激派のほうに行ったりはしません。何人かの過激派に会ったり、接触を持ったりしているのは、利用するためにすぎません。あの人たちには強い嫌悪感を感じますので、あの人たちの仲間になったりすることはけっしてありません」と答えている。

マリー＝アントワネットはフェルセンへの手紙の中でバルナーヴを「過激派」と呼んでいる。確かに革命初期にはバルナーヴは最左翼に位置していたが、この時期には完全な穏健派になっていた。革命に与する者をすべて「過激派」とみなすのは、これまでどおりのマリー＝アントワネットの悪い癖である。

フェルセンは当然ながら、革命派とは絶対に手を組まないようにとマリー＝アントワネットに忠告し続けた。

こんなことを言うと、マリー＝アントワネットとフェルセンを理想のカップルと思っている人たちから嫌われることになるが、敢《あ》えて言おう。フェルセンは悪《あ》しき助言者だった。思想的にあまりにも反動的でありすぎた。ヴァレンヌ逃亡事件もそうだが、フェルセンの意見に従ったために、マリー＝アントワネットはどんどん窮地《きゅうち》に追い込まれてゆく。バルナーヴの意見に従うほうが彼女自身にとっても、王政にとってもずっとよかった。もちろん、フェルセンがマリー＝アントワネットのために全身全霊を打ち込んで尽くそうとしていたことは間違いない。愛する男のために身を滅ぼすのは美しい、という考え方もあるだろう。

厳しい監視下にあっても、マリー＝アントワネットはフェルセンに手紙を書き続けた。七月五日付のフェルセンへの手紙には、シモーヌ・ベルティエールによれば「かつて見られなかった言葉遣い」があった。フェルセンに対する思いが直接的に書かれていたのである。

「あなたを愛しておりますし、そのための時間しかないとさえも申し上げることができます。……あなたにお手紙を差し上げることができるときは誰宛にすればいいのかをお知らせください。お手紙を書くことなしにはもう生きていけないのですもの。さようなら、もっとも愛され、もっとも愛情深き人よ。心を込めてあなたを抱擁します」

バルナーヴら三頭政治家を使っての議会対策は、新憲法における国王の権限をより強いものにするためにも必要だった。しかし、これは一時的方策にすぎなかった。マリー＝アントワネットは、究極的方策を考えていた。それは、外国の軍隊を使って革命を屈服させる、というものだった。

革命のフランスと周りを取り囲む旧体制のヨーロッパ諸国との間には、抜きがたい敵対関係が生じていたから、いつ戦争になってもおかしくなかった。フランスは金がなくて軍の装備が整わず、貴族の司令官・士官が大勢亡命して軍の組織ががたがたになっていたから、戦争になればフランスは負ける、パリに進攻するヨーロッパ連合軍によって自分たちは解放される、というのがマリー＝アントワネットの考えであった。

マリー＝アントワネットは、ヨーロッパ君主たちによる「軍事会議」なるものを考えていた。君主たちは、時々は戦争をし合ってきたが、多かれ少なかれ互いに姻戚《いんせき》関係にあり、「君主ファミリー」というものが存在する。マリー＝アントワネットは、この君主同士の絆《きずな》を当てにしたのである。フェルセンやメルシー＝アルジャントやブルトゥイユを使って君主たち、とりわけ兄レオポルトに働きかけ（ヨーゼフ二世は死亡し、代わってその弟のレオポルトがオーストリア皇帝になっていた）、「軍事会議」にこぎ着けようとした。

ルイ十六世が逃亡に失敗して逮捕されたことは、他のヨーロッパの君主たちにとっても恐ろしい出来事だった。一七九一年八月二十七日にオーストリア皇帝とプロシア国王が連名で発表した「ピルニッツ宣言」は、そうした君主たちの危機感を反映したものだった。この宣言は、革命のフランスを軍事的脅しによって屈服させようとしたものである。これはマリー＝アントワネットが願っていたことであり、マリー＝アントワネットの活動の成果の一つとも言えた。

マリー＝アントワネットは、ヨーロッパ諸国が軍事力を誇示し、フランス人を震え上がらせることを望んだのだが、この宣言は火に油を注ぐ結果になった。革命がつぶされて領主への年貢や身分的差別が復活することを一般のフランス人は極度に恐れていた。だから大多数のフランス人はなんとしてでも、命をかけてでも、革命を守ろうとした。

マリー＝アントワネットは、ヨーロッパの君主たちがフランス革命政府に軍事的圧力を加えることによって自分たちが解放され、革命前の権限を回復することを願っていた。しかし、「君主ファミリー」は普通の家族のように無償の愛によっては結ばれていない。共通の利害はあった。たとえば、革命が自国に波及してきては困るので「革命のウイルス」を退治すること。けれども、他国のために自国の軍隊を動かすとなれば、何らかの見返り、領土や外交上の利益を求めるのが君主というものである。自国の繁栄をはかるのが君主の務めなのだから。君主たちの間には利害の対立もあった。

だから、君主たちはマリー＝アントワネットが望むようには動いてくれなかった。

マリー＝アントワネットには、軍事的に革命を屈服させて国王の権威を再確立したいという思いのほかに、自分に数々の無礼を働いた不逞《ふてい》の輩《やから》、すなわち、民衆活動家や革命家連中を処罰したいという思いもあった。

権威を回復した国王のもとにフランス人が結集すればフランスは平和になるとマリー＝アントワネットは考えていたが、彼女が夢想していた「国王のもとに結集する良きフランス人」とは、いったいどのような人々だったのだろうか？

立憲王政の成立

一七九一年九月、新しい国家体制、立憲王政が成立する。

バルナーヴらの活躍によって、憲法の中身は当初よりも国王にとってかなり有利なものになっていた。これはマリー＝アントワネットが上げたプラスの成果である。

この憲法では、国王は不可侵の存在とされ、国王には拒否権が与えられていた。「不可侵の存在」ということは、国王は政治的責任を問われない、超法規的存在だということ。拒否権とは、国会を通過した法令の発効を停止させる権限で、停止有効期間は四年であった。大臣、大使、将軍の任命権は国王にあった。戦争と平和の決定権は失われたが、その発議権は国王にあった。国王が国会に開戦を提議し、それを国会が承認すれば、フランスは戦争に踏み切ることができる、という規定である。逆に言えば、国王が開戦を国会に諮《はか》らない限りはフランスは戦争できない、ということである。

確かに、国王は革命前の絶対王政におけるような全能の君主ではない。革命前は、行政、立法、司法のすべての権限が国王に集中していた。それでも、「首飾り事件」の裁判、そして特権身分にも税を課そうとした税制改革の際の混乱を思い浮かべていただけば、革命前でも国王はすべて思いどおりにできたわけではなかった、ということがおわかりであろう。ただ、建前は、国王は神から国を統治する権限を委任されたとする「王権神授説」にもとづく体制ではあった。革命によって「王権神授説」は否定され、消滅した。立憲王政においては、建前上も国王の絶対性が否定された――ここが革命前との決定的違いである。

ヴァレンヌから帰ったばかりの頃は、国王の廃位が問題にされていたのである。それが、事件後の混乱が収束され、なんとか立憲王政が成立した。ルイ十六世に立憲君主としての地位が保障され、これで王家には革命と共存共栄をはかる道ができたのである。

一七九一年九月十四日、ルイ十六世は国会に出向き、憲法に対して忠誠を誓う演説を行なった。演説の内容は、バルナーヴら三頭政治家が考えたものであった。ルイ十六世は、王妃、王太子、王女を国会にともなっていた。国王の演説は拍手喝采を受けた。しかし、自分が演説している間、議員たちが当然のごとくに座りっぱなしであることにルイ十六世は強いショックを受けた。議員たちは立って自分の話を聞くべきではないか、というのがルイ十六世の考えだった。確かに、かつては宮廷では国王の前ではすべての人間は立っていなければならなかった。*チュイルリー宮殿に帰ってから、ルイ十六世は議員たちの不敬な態度に涙を流し、マリー＝アントワネットは夫を抱いて慰めたという。

*公爵夫人には、化粧台で使うような小さな椅子に座る特権があった。今のわれわれにはたいした特権とも思われないが、革命前はこの特権を得ようと画策する女性たちも多かった。

ヴァレンヌ逃亡事件による非常に苦しい状況からやっと抜け出たばかりのこの時期にも、ルイ十六世にはこのようなプライドを持つ余裕があった、ということである。裏を返せば、自分たちがどれほど危機的立場に追い込まれていたかも本当にはわかっていなかった、ということでもある。

マリー＝アントワネットは憲法を受け入れるふりをしたが、本当のところは、彼女にとって憲法は「唾棄《だき》すべき作品」「実行不可能な馬鹿馬鹿しいことの連鎖」でしかなく、王国の不幸と滅亡をもたらすものでしかあり得ないものであった。

彼女にとっては、革命前の絶対王政が正しきものであり、国民主権などというものは絶対に容認できなかった。「国民主権」などと言うのでは、「国民」のほうが「国王」の上にあるようではないか、「国王」が「国民」の上にあるのが正しい秩序というものだ、というのが彼女の考えだった。

マリー＝アントワネットにとっては、出来上がった立憲王政はあくまでも一時的なもの、いずれはくつがえして「本来の王政」に戻るまで暫時《ざんじ》堪え忍ぶもの、でしかなかった。ルイ十六世も憲法には不満であったが、マリー＝アントワネットとは少し考えが違っていた。誓いはできるだけ守りたかった。

国王の宣誓をへて成立した立憲王政を祝う明るい雰囲気があった。人々はお祭り気分に浸っていた――これで革命による混乱も終わり、フランスの社会は新しいスタートを切ったのだ。人々が喜ぶこうした光景を見ても、マリー＝アントワネットの心は少しも晴れなかった。

憲法制定の大任を果たし、国民議会は解散した。この議会の議員は次の議会選挙には立候補できない決定がなされていたので、多くの議員は郷里に帰った。これで革命は終わったと思った議員も多かった。

一七九一年十月、新しい議会が成立した。この議会は立法議会と呼ばれる。

かつては遊ぶことしか考えなかったマリー＝アントワネットが、今は大変な努力家になって政治に取り組んでいた。母マリア－テレジアから受け継いだ血、「ハプスブルク家の王者の血」が目を覚ましたのだろうか。

バルナーヴは、マリー－アントワネットが「立憲王政における王妃」という新しい役割をこなせるように、いろいろと助言した。なるべく機会を捉《とら》えて人前に出るように、姿を見せるようにすれば人々も親しみを持つようになる、等々と。バルナーヴは、自分の言うとおりにしていれば、幸せで穏やかな日々が戻ってくるとマリー－アントワネットに請け合った。

しかし、マリー－アントワネットは、例によって、君主たちによる「軍事会議」を実現させるために画策していた。フェルセンやメルシ－アルジャントを使って君主たちと連絡を取っていた。

バルナーヴはマリー－アントワネットの態度に疑問を感じるようになり、何度か直接会い、新体制に同化するように説得した。けれども、バルナーヴも、王妃にはその気がないことをついには悟らざるを得ず、一七九二年一月にグルノーブルに帰った。

バルナーヴは王妃に宛てた別れの手紙で次のように語っている。

「あなたが従わされている計画はほとんど成功の望みはないと私は思っています。あなたは援軍から遠すぎます。援軍があなたのところにやって来る前にあなたは破滅することになるでしょう」

バルナーヴは郷里で革命について自分の考えをまとめ、『フランス革命序説』というすぐれた著作を残している。後の恐怖政治の時期に、バルナーヴは王家との関係を追及され、断頭台に上ることになる。バルナーヴは最後まで一片の布切れを保持していた。それは、ヴァレンヌからの帰途に群衆によって引き裂かれたマリー＝アントワネットのドレスの一部であった。バルナーヴの恋心の証《あかし》であるこの布切れは、現在、パリのカルナヴァレ博物館に所蔵されている。

フェルセンとの再会

一七九二年二月十三日、フェルセンがベルギーからマリー＝アントワネットに会いにやって来た。八カ月ぶりの再会であった。国王一家をチュイルリー宮殿から脱出させたのはフェルセンだということはばれていたので逮捕される危険があったが、フェルセンは鬘《かつら》で変装し、厳しい監視の目をかいくぐって、チュイルリー宮殿のマリー＝アントワネットの部屋に入ることに成功した。ここに、フェルセンは一泊二日滞在した。

この再会がことさらに伝記作家たちの関心を引き、多くの物語が紡《つむ》がれてきた。「愛の一夜」ではなかったかというのであった。

確かに舞台装置は整っていた。この再会が、二人が会う最後の機会になるのだから。これまでは何もなかったとしても、最後の一夜には……とみな想像をたくましくした。その先頭に立ったのがツヴァイクである。前にも述べたように、普通は王妃が恋人を持つなど絶対に許されないことだが、マリー＝アントワネットの場合は許されてきた。それどころか、二人が身も心も本当に恋人同士になることが期待されてもいた。だから、ツヴァイクが愛のセレナーデを奏でたのは読者の希望にも沿っていた。

まず、最初に言っておこう。実際にこのときが二人が会う最後の機会になるのだが、二人ともこれが最後になるとは思っていなかった。二人とも、自由を回復して国王の権威を再確立するためにいろいろと計画をめぐらし、その成功を信じていた。だから、二人とも、またいつでも会えると思って別れたことだろう。

また、マリー＝アントワネットの部屋のドアの前には銃を持った歩哨《ほしょう》が立っていた。フェルセンは歩哨の交替時間とか、一時的にドアを離れた隙《すき》とかに部屋の中に入ったのだろうが、この歩哨がいつ何時《なんどき》室内に入ってくるかわからないという状況だった。マリー＝アントワネットのアパルトマンには中二階の隠し部屋のようなところがあって、ここにフェルセンは二日間いて見つからなかったのだから、警備の兵士たちはこの隠し部屋の存在を知らなかったのだろう。マリー＝アントワネットがこの隠し部屋に行くことはもちろん可能だが、長時間王妃の姿が見当たらないということになれば、当然騒ぎになったはずである。それに、これまで「愛の夜」を過ごす機会はいくらでもあったのに、なぜ、それが難しいこの夜に設定しなければならないのだろう？

本当のところは当事者以外にはわからないのだが、とても「愛の一夜」といった雰囲気ではなかっただろう。そもそも、フェルセンの訪問の目的は、愛ではなく政治だった可能性が高い。今後の戦略について詰めの協議が必要だった。フェルセンは翌日ルイ十六世にも会って、逃亡を提案し、ルイ十六世はこれを拒否した。

私は、フェルセンにとってマリー＝アントワネットは崇拝の対象であったろうと考えている。フェルセンには愛人は別にいて、マリー＝アントワネットと会った後は愛人の家に行き、一週間滞在した。愛人の名は、エレオノーラ・サリヴァン、数々の浮き名を流してきた、すこぶる付きの美人であった。エレオノーラはこの頃はクロフォードという大富豪のイギリス人と同棲《どうせい》していた。フェルセンはクロフォードの目を盗んで逢瀬《おうせ》を重ねたのである。ある晩、フェルセンが食事中に突然クロフォードが帰ってきたことがあった。クロフォードは「彼女が食べ残したと思って、私が残したものを食べた」とフェルセンは日記に書き残している。逮捕される危険を冒してチュイルリー宮殿にマリー＝アントワネットに会いに行き、その後は旦那《だんな》にばれないように愛人の家に一週間滞在、とフェルセンもなかなか大変だった。

フェルセンのアヴァンチュールはスエーデンにまでも伝わり、フェルセンの妹が「身を慎むように」という警告の手紙を書き送っている。王妃様が知ったら、どんなに悲しむでしょう、と。フェルセンはマリー＝アントワネットと同い年の三十六歳、まだまだ恋多き年頃だった。

拒否権夫人

一七九二年三月、ジロンド派内閣が成立した。

「ジロンド派内閣」とは言っても、六人の閣僚のうち、ジロンド派は三人だけだった。ジロンド派は、かつては最過激派のジャコバン派と同グループだったから、ミラボーやバルナーヴよりもずっと左寄りの集団だった。ジロンド派は君主の存在しない「共和国」に漠然とした憧《あこが》れを抱いていた。漠然とした憧れ、と書いたのは、ジャコバン派のように現実的に国王を廃位して共和国を打ち立てることまでは考えていなかったからである。ルイ十六世としては話もしたくないような連中であったろうが、立法議会ではジロンド派が多数派を握っていたので、ジロンド派主導の内閣を組閣せざるを得なかった。

ジロンド派は開戦を主張した。

革命のフランスと周囲の旧体制諸国との間には不倶戴天《ふぐたいてん》の敵対関係が生じていたので、以前から戦争が起こりそうな雲行きだった。

開戦は全国民的願いでもあった。人々は、まず革命を守りたかった。さらには、専制君主の軍隊をやっつけることによってその国の人々を解放しようとも思っていた。フランスは「自由の十字軍」たるべしというのであり、つまりは《自由》の輸出を願っていたのである。

この戦争に宮廷は反対しなかった。というより、ルイ十六世とマリー＝アントワネットも戦争を望んでいた。戦争でフランスが負け、革命がつぶされることを見込んでいたからである。

しかし、結果的には、戦争の始まりが王家の立場を決定的に悪くする。開戦を契機にして、革命闘争は熾烈《しれつ》なものになってゆくのである。

戦争の発議権は国王にあり、国民も開戦を望んでいたのだから、ルイ十六世は思いどおりに戦争に踏み切れることになったのだが、その様子は嬉しそうではなかった。

ルイ十六世はブルトゥイユへの手紙では「内戦になる代わりに、戦争は政治的なものになるであろうから、事態はずっとよくなるだろう。フランスの物質的精神的状況から言って、戦争を支え続けるのは不可能である」と述べている。「対外戦争は内戦よりましだ。フランスは戦争に負けるだろう」という意味である。

マリー＝アントワネットは、ヨーロッパ諸国と戦争になればフランスは当然負けると思っていたが、敗戦を早めるために動いた。

まだ宣戦布告がなされる前の三月二十六日に、ベルギーにいるメルシ＝アルジャントに手紙を書いて、軍事機密をもらした。陸軍大臣デュムーリエの作戦はサヴォワとリエージュ（ベルギー東部）の攻撃から開始することである、リエージュの攻撃を行なうのはラ・ファイエット指揮下の軍隊であると述べた後、「以上が、昨日の閣議で決まったことです。この作戦を知ることは、警戒態勢を取り、あらゆる方策を適宜講じるために役立ちます」と付け加えている。三月三十日付のフェルセンへの手紙でもフランスの作戦を暴露している。メルシとフェルセンが受け取った情報は、当然、オーストリア側に伝えられる。

フランス王妃が敵国に軍事機密をもらすのは、法的には、国家反逆罪にあたる。しかし、彼女には法を犯しているという意識はまったくなかった。嫁入り先で困っている、だから実家に助けを求めた、というだけのことなのである。彼女にとっていちばん大事なのは、フランスに秩序を回復する、国王の権威を再構築する、ということだった。したがって、そのためなら敵方に軍事機密をもらすのも正義の行為、ということになる。「敵方」と書いたが、そもそも彼女にとっては「敵方」ではなく、「味方」なのである。

ルイ十六世が国会に開戦を提案したのは四月二十日であった。七五〇人の議員のうち、開戦に反対したのはほんの一〇人ほどだった。フランスはまず、オーストリアに宣戦布告した。まもなく、プロシアも対仏戦争に参入する。翌年には、イギリス、オランダ、スペインも参戦する。やがては、フランスは一国でほとんど全ヨーロッパを相手に戦争することになる。当初は短期間でフランスの敗北に終わりそうにも見えたこの対ヨーロッパ戦争は、一八一五年にナポレオンがワーテルローの戦いに敗れるまで、延々二十三年間も続くことになる。

宮廷にとって、革命政府が戦争を始めてくれたのは願ったりだった。外国軍の圧力によって革命を屈服させるというのはマリー＝アントワネットが以前から考えてきたことだったから、開戦になったことを彼女は喜んでいた。

オーストリア軍もプロシア軍も、ヨーロッパ最高の軍隊である。装備もすぐれ、軍規軍律もしっかりしている。フランス軍は士気は高いけれども、銃どころか軍服・軍靴《ぐんか》さえも行き渡らず、組織ががたがただった。フランス軍は臨戦態勢が整っておらず、ただでさえ勝てる見込みがあまりなかったのに、作戦が相手にばれていたのだから、準備万端で待ち受けていたオーストリア軍を前にして緒戦は惨めな結果になった。王妃が軍事機密を流したという証拠は何ひとつなかったが、人々はチュイルリー宮殿内部にこそ裏切り者がいるということを本能的に感じ取った。「オーストリア委員会」なるものが非難の的になった。こんな委員会は存在しなかったが、非難の矛先は正確な方向を向いていた。

人々は、外国の軍隊に呼応する国内の反革命集団に対する警戒心を強め、革命闘争は熾烈化してゆく。

国会は、戦時体制強化のため、五月下旬から六月初旬にかけて二つの法令を採択した。一つは、革命に忠誠を誓うことを拒否した聖職者（非宣誓派）を国外追放処分にする法令。非宣誓派の聖職者は反革命派の精神的支柱とみなされていた。もう一つは、全国から二万人の連盟兵を呼び寄せてパリに駐屯させる法令。これはパリの防備を強化するため。ルイ十六世は、この二つの法案に拒否権を発動するのである。

フランス人は戦争に勝つために全力を挙げて努力していた。国王と王妃は、フランスが戦争に負けることを願っていた。だから、戦時体制を強化するための二つの法律に対して拒否権を発動した。拒否権は憲法で認められていた国王の権限だから、法律上は、これを発動するのは何ら不都合なことではない。しかし、国王と国民の願いがこれほどまでに違ってしまったことが問題なのである。これほど利害が対立してしまったのでは、国王として国民の上に君臨するのは無理ではないだろうか？　ルイ十六世とマリー-アントワネットは、このことにこそ気づくべきだった。

ルイ十六世とマリー-アントワネットは、フランス国民に依拠するのではなく、外国軍によって解放されてかつての立場に復帰することを望んでいた。これは、フランス国民に対する裏切り行為であった。しかし、二人にとってはこうすることが正義であった。

国王の拒否権発動は国民の戦意に水を差すものだったから、人々は憤慨した。これは王妃の差し金に違いないということで、マリー＝アントワネットは「拒否権夫人」と呼ばれることになった。

失われたチャンス

マリー＝アントワネットには、革命政府と交渉して少しでも自分たちの立場を有利にするという発想がなかった。力によって革命政府を屈服させることしか考えていなかった。それも、外国の軍隊の力によって、である。彼女には、正義のためには手段を選ばず、という大義名分があった。けれども、こうした考えが命取りになる。

これまでにも、王家に手を差し伸べてきた革命家はいた。ミラボーがそうであり、バルナーヴがそうだった。彼らは革命前の悪弊を正し、フランスを生まれ変わらせるために革命に参入したが、革命が行きすぎたものになることを恐れていた。国民主権の原則を確立し、憲法を制定した段階で革命を終わらせたかった。ルイ十六世を立憲王政のトップに据え、新しい社会をスタートさせたかった。これらの革命家と手を組めば、王家は平和的に革命と共存することができた。けれども、王家には、なるべくは革命前の「本当の王政」に戻したいという願望があったために、連携がうまくいかなかった。

一七九二年六月、ジロンド派の内務大臣ロランが国王に長文の手紙を送ってきた。ジャコバン派との主導権争いで押され気味だったジロンド派は、これ以上革命が急進化することを望まず、国王と手を組んで革命を落ち着かせたかった。戦時体制強化のための二つの法案に国王が拒否権を発動したことで国民の不満が高まり、王家の立場が危ういものになったことに、ジロンド派は危機感を感じた。

内務大臣ロランの名で送られてきた書簡を実際に書いたのは夫人であった。ロラン夫人は、自分たちと手を結ぶように必死に国王に呼びかけた。

ロラン夫人

「人権宣言は政治的福音書となっており、フランス憲法は、人々がそのためには死も覚悟している宗教となっております」

「《祖国》とは、人々が犠牲を払ってきたもの、それに対する心遣いによって日々にさらに愛着を感じるもの、人々が大きな努力を重ねて築き上げてきたもの、不安の中においても高くそびえ立つもの、頼りとする気持ちと同じくらい奉仕の気持ちによっても愛するもの、それが《祖国》というものでございます」

「二つの重要な法令が制定されましたが、二つとも公共の安寧と国家の安泰に本質的に関わるものでございます。この二つ法令に対する認可が遅れていることが不信を産み出しているのです。もしこうした事態が長引けば、それは不満を呼び起こし、そして、私はこう申し上げなければならないのですが、現在のような昂奮《こうふん》した状況においては、どんな結末にたどり着くやもわからないのです。

もはや、尻込みしているときではございません。時間を稼ぐ手段すらもございません。革命は人々の心の中にしっかりと根を下ろしております。今であればまだ避けることができる不幸を賢明にも予防しないならば、革命は血の代価をあがなって遂行され、それによって革命はさらに確固たるものになるでしょう……」

格調高く、先見性にあふれた手紙であった。

ロラン夫人には、王家が絶体絶命の危機的状況に追い込まれていることがよくわかっていた。もしこのまま王政が倒れるならば、革命はさらに急進化してジャコバン派の天下になるであろう。そうなれば、自分たちジロンド派の命運も尽きる。王家の運命と自分たちジロンド派の運命が密接に結びついていることがロラン夫人にはわかっていた。だから、自分たちと手を結ぶようにルイ十六世に必死になって訴えかけたのである。

ルイ十六世は、この必死の呼びかけに耳を貸さなかった。三日後に大臣を罷免《ひめん》する旨の数行の短い手紙を送りつけてきただけだった。マリー＝アントワネットと相談の上であることは間違いない。これが王家が生き残る最後のチャンスだったというのに、ジロンド派が差し伸べてきた手を、王家はあっさりはねつけたのであった。おそらくは、ルイ十六世もマリー＝アントワネットも、自分たちがどれほど危機的状況に追い込まれているかがよくわかっていなかったのだろう。

ロランは国王への手紙の写しを国会に送った。議場で朗読された手紙は熱狂的な拍手を巻き起こし、国会は、大臣が罷免されたことは国民にとって残念なことであると宣言し、手紙を印刷して全県に配布することを決議した。

この後は、ロラン夫人の予測どおりの展開になる。

情勢は急速に流動化していった。

ルイ十六世がロランを罷免して一週間後の六月二十日、国王の煮え切らない態度に憤激したパリの人々がチュイルリー宮殿に乱入した。槍や斧《おの》や棍棒《こんぼう》を手にした群衆は、国王の前を延々二時間にわたって示威《じい》行進した。人々は、国王に拒否権を撤回するように求めていた。マリー＝アントワネットも国王とは別の場所で威嚇《いかく》的な民衆の脅威にさらされたが、幸いにして、大きくて重厚なテーブルが彼女と群衆を隔てていた。この六月二十日は「球技場の誓い」の記念日であり、ヴァレンヌ逃亡事件の一周年にもあたっていた。

六月二十日は、マリー＝アントワネットにとって、これまでもっとも屈辱的な日だった。

これほど長時間にわたって暴力行為の直接的脅威にさらされたことはなかった。フェルセンへの手紙では「私はまだ生きていますが、これは奇蹟《きせき》です」と言っている。

こんな目に遭《あ》っても、ルイ十六世は拒否権を取り下げようとはしなかった。無気力状態から抜け出て、かえって断固としていた――「一部の破壊分子に惑わされた群衆が武装して国王の住居に入ったことを知って、フランス人は悲しむだろう」

このルイ十六世の見解は、必ずしも的外れではない。というのは、パリと地方とでは温度差があり、地方にはパリの暴走を怒っている人もけっこう多かったからである。

ルイ十六世とマリー＝アントワネットは六月二十日を精神力によってなんとか切り抜けはした。しかし、こんなことが起こるということは、王家にとってもはや安全な場所はないということである。

事件を知ったラ・ファイエットは、司令官を務めていた任地からパリに駆けつけ、国会で事件関係者の処罰を求めた。ラ・ファイエットはチュイルリー宮殿にもやって来て、王家に一つの提案をした。七月十四日に予定されている式典中に国王一家を軍隊を使って連れ出し、安全な地まで送り届けたい、というものだった。マリー＝アントワネットはこの申し出を断わった。ラ・ファイエットのことが嫌いだったし、こんな男に救われるよりは身を滅ぼすほうがましだという誇り高さがマリー＝アントワネットにはあった。皮肉たっぷりに「ラ・ファイエット氏が私たちを救いたいと思っているのはよくわかりましたが、誰が私たちをラ・ファイエット氏から救ってくれるのでしょう？」と語ったという。部屋付き筆頭侍女のカンパン夫人が王妃のために防弾チョッキを用意するほどに追い詰められた状況だったのだから（着用はしなかった）、本当はこんなことを言っている場合ではなかった。

ジロンド派の手をはねつけ、ラ・ファイエットの提案を拒否しても大丈夫、とマリー＝アントワネットが思った根拠は何だったのだろうか？

マリー＝アントワネットにもルイ十六世にも、名誉を失うよりは死を選ぶという覚悟があったことは確かである。これ以外の現実的理由・根拠があったとすれば、外国軍がフランス軍を打ち破ってパリを制圧し、自分たちを解放してくれるものと信じていた、ということしか考えられない。もう少しの辛抱だ、と。

七月三日付の手紙では、マリー＝アントワネットはフェルセンにこう書いていた──「私たちの状況は恐ろしいものです。でも、あまり心配しないでください。私は勇気を感じますし、私の中の何かが『私たちはまもなく幸せになり、救われる』と語っています。これだけが私の支えです……。いつになったら、私たちはゆっくり逢えるのでしょうか？」

確かにフランス軍はオーストリア・プロシア連合軍に一方的に負け続けてはいた。しかし、バルナーヴが王妃への別れの手紙で言っていたように、援軍はまだまだ遠すぎた。

王政倒れる

プロシア軍の総司令官ブルンスヴィック公爵の宣言書の内容がパリに伝わってきたのは七月末であった（公爵が署名したのは七月二十五日）。オーストリア・プロシア連合軍の司令官にも任命されていたブルンスヴィックはいずれパリに進攻するつもりであったが、その前に軍事的脅しをかけてパリの人々を屈服させようというのが、宣言書の狙《ねら》いであった。抵抗する者は「戦争の厳しい法規に従って」扱われるであろう、王家の人々に少しでも危害が加えられるようなことがあれば、パリは「軍事的に徹底的に壊滅せしめられるであろう」と警告していた。

この宣言書は、外国軍の進軍が遅いことに我慢しきれなくなったマリー＝アントワネットがフェルセンを仲介にして君主たちに要請したものだったが、宣言書の内容はマリー＝アントワネットが願っていたこととは少し違っていた。標的を「混乱を煽動《せんどう》する者たち」に限定し、残りの健全な人々を国王のもとに結集させるのが彼女の目的だった。だから、フランス人の国民としての誇りを傷つけないように、内政干渉と取られないように注意してほしいと頼んでいた。それなのに、宣言書の内容はフランス人全部を敵に回すものだった。

宣言書を起草したのはフェルセンだと言われている。マリー＝アントワネットから何度も危急を告げる手紙を受け取っていたため、ついやりすぎてしまった。愛《いと》しい女性をこんなにも苦しめるパリという都市全体が憎くてならなかったのだろう。

この宣言書は外国軍と宮廷が連絡を取り合っているという疑惑をさらに増大させ、王家の破滅を早めることになった。

七月三十日、マルセイユ連盟兵団六〇〇人がパリに到着した。彼らは革命歌を歌いながらパリの街を練り歩き、革命の高揚感をいやが上にもかき立てた。彼らが歌った歌が「ラ・マルセイエーズ」と呼ばれ、フランス国歌となる。

パリの街には王政を倒そうとする雰囲気が満ちあふれた。いつ外国軍がフランス領内に進攻してくるかわからないという危機感の中で、人々はなんとしてでも祖国を守るのだという熱意に燃えていた。

遅かれ早かれ、パリの民衆と地方から上京していた連盟兵団がチュイルリー宮殿を攻めてくることは確実だった。

マリー＝アントワネットの心を占めていたのは「どちらが先か」ということであったろう。オーストリア軍とプロシア軍がフランス領内に進攻してくるのは時間の問題と考えられていた。連合軍がパリにやって来るのが先か？　それとも、民衆が宮殿を攻めてくるのが先か？

ヴァレンヌから帰った後も何度か逃亡が計画されたが、すべて立ち消えになった。八月七日夜出発予定という新たな逃亡計画もあったが、これも直前に中止になった。

九日の夜は、「就寝の儀」が行なわれなかった。前日までは、曲がりなりにも宮廷儀礼が維持されていたのである。この夜はチュイルリー宮殿では、明日あるかもしれない攻撃に備えようとしていた。しかし、王宮が攻撃目標になるということ自体が、すでに絶望的なことではあるまいか。

深夜二時半頃、早鐘《はやがね》が一斉に打ち鳴らされ、非常召集の号砲が鳴り轟《とどろ》くのが聞こえた。パリの民衆が行動を起こし始めたのであった。

九〇〇人のスイス傭兵《ようへい》部隊が兵営から呼ばれ、宮殿の警護についていた。急を聞いて駆けつけてきた王党派の騎士たちが二、三百人いた。二〇〇〇人の国民衛兵隊は敵方に寝返る可能性があり、ほとんど当てにできなかった。ざっと見積もって、宮殿側の兵力は全部で一五〇〇人くらいであった。

人々は緊張気味ではあったが、宮殿内の空気はそれほどピリピリしたものではなかった。動き回る人もいれば、窓辺に涼を求める人もいた。手近の長椅子で仮眠を取る人もいれば、腰を下ろして休む人もいた。王女も兵士もごちゃ混ぜになっていたが、国王の前で座ったりしてはいけないのではないか、と突然言い出す人もいた。

空が白み始めた四時頃、マリー＝アントワネットは王妹エリザベトに呼ばれて窓際に行き、真っ赤に染まった美しい朝焼けを見た。

七時半頃、攻め手が宮殿前に到着して戦闘配置につくのが宮殿の窓から見えた。

前夜から宮殿内にいたセーヌ県*の最高幹部レドレールは、国会に避難するようにルイ十六世に勧告した。マリー＝アントワネットは「だって、兵力があるではありませんか」と言って、戦うことを望んだ。大砲も何門かあった。レドレールに「パリ中が攻めてくるのだから、勝ち目はない。国王の命も保証できない」と言われて、避難を受け入れるしかなかった。国王一家は午前八時半頃、国会に向け出発した。


*現在はパリは独立した一つの県だが、この頃はパリはセーヌ県の県庁所在地だった。


国王一家には大臣、侍女ら十数人が付き従っていた。その中にリアンクール公爵がいた。バスチーユ陥落の際、ルイ十六世に「暴動か？」と聞かれて「いいえ陛下、革命でございます」と答えた人物である。リアンクール公爵は次のような証言を残している。

「国王はまっすぐに歩いていた。態度は落ち着いていた。しかし、不幸が顔に描かれていた。王妃は泣き濡《ぬ》れていた。時々涙をぬぐい、元気な様子を見せようと努め、数分間はその様子を保っていた。しかし、一瞬、私の腕に寄りかかってきたとき、私は王妃がすっかり震えているのを感じた」

国会の議場に着いた国王一家は、議長席の後ろにある速記官用の部屋に招じ入れられた。

狭くて、天井が低く、蒸し蒸しする部屋だった。ここに夜十時まで留まることになる。マリー＝アントワネットはずっと泣いていた。ハンカチが使い物にならなくなるほどに。

この間に、チュイルリー宮殿では、攻め手と宮殿を守護するスイス傭兵部隊との間で戦闘が始まった。守備隊を指揮していたのは八十四歳の老元帥ミリーであった。ミリーは、多勢に無勢であることはわかっていたが、ここを死に場所にしようと決意していた。

もしルイ十六世が最高指揮官として宮殿に留まっていたら、戦いの趨勢《すうせい》はどうなっていただろうか？　攻め手の兵力は守備側の十倍以上あった。

当時砲兵中尉として地方の兵営に勤務していたナポレオンは、たまたま休暇でパリにあり、チュイルリー宮殿攻防戦の様子を観察していた。「ルイ十六世が馬に乗って戦いの現場に姿を現わしたならば、ルイ十六世は勝利を手にしたであろう」というのがナポレオンの見解であった。ナポレオンならば、攻め寄せる軍勢に躊躇《ちゅうちょ》なく大砲を撃ち込んだことであろう。

ルイ十六世は、文書でスイス傭兵部隊に戦闘中止命令を出した。これで、宮殿守備隊の敗北が決まった。

パリの民衆の勝利を確認した国会は、王権停止を宣言した。

この日、国会は一日中、傍観者に終始した。活動したのはパリであった。正規のパリ市議会に取って代わった反乱市議会とパリの民衆が、この日の主役であった。バスチーユ陥落が

チュイルリー宮殿の攻防戦

第一革命の幕開きとなったとすれば、「八月十日」は革命の新しい段階、第二革命の幕開きになったと言ってよい。

当日夜は、国王一家は国会のすぐ隣にあったフイヤン修道院へ連れて行かれた。ここで三夜を過ごした。この間、国王一家をどこに収容すべきかが論議された。リュクサンブール宮殿という案もあったが、警備がしやすいということでタンプル（旧タンプル騎士団本部）が選ばれた。

国王一家の管理はパリ市にゆだねられた。八月十三日、タンプルに移送される際、マリー＝アントワネットの靴が破れていて、足指がはみ出ていた。マリー＝アントワネットは「フランス王妃が靴に不自由することになるなんて、とても信じられないことですわよね」と言っていた。

第六章　囚われの日々

タンプル塔

タンプルは、中世に「国家の中の国家」と言われるほどに隆盛を誇ったタンプル騎士団(聖堂騎士団)の本拠であった場所である。「タンプル騎士団」は日本では「テンプル騎士団」として知られている。「タンプル」はフランス語読み、「テンプル」は英語読みである。

タンプルは、セーヌ川の北側、現在のパリ三区、マレー地区にあった。城壁のような塀に囲まれた広大な一画であり、一カ所しかない門は二つの塔に守られ、門の前には堀があり、跳ね橋が架かっていた。全体が独立した要塞《ようさい》都市のような様相を呈していた。かつて「国家の中の国家」と呼ばれた頃は、ここは通常の法律が及ばない、一種の聖域のような場所だった。あまりにも強大な勢力を持つタンプル騎士団は、王権の障害とみなされるようになり、一三〇七年に時のフランス国王フィリップ四世によって解散させられた。騎士団の幹部数十人は火炙《ひあぶ》りの刑に処せられた。騎士団本拠跡地はマルタ騎士団に譲渡されたが、その後何人かの大貴族の持ち物になり、革命の少し前の頃は王弟アルトワ伯爵の所有になっていた。革命後、政府によって接収された。

敷地内には、所長館であった豪勢な建物から普通の民家や物置のようなものまで、大小様々な建物がたくさんあった。アルトワ伯爵が所有していた頃は、所長館で豪華な宴《うたげ》が催されたこともたびたびあり、ルイ十六世とマリー＝アントワネットも出席したことがある。だから、タンプルは二人にとって未知の場所ではなかった。

ルイ十六世は、最初は自分たちは所長館に収容されるものと思い、部屋の割り振りまで考えていた。しかし、夕食後に、収容場所はタンプル塔であると通告された。この塔は敷地の西の外れにあり、普通の城郭でいうと天守閣に相当するような建築物だった。塔の壁の厚さは三メートル近くもあった。万が一、敵の攻撃を受けて敷地が占拠された場合、最後に閉じこもって籠城《ろうじょう》するにふさわしいようなところなのである。ここが国王一家の収容場所として選ばれた理由が、これでおわかりであろう。警備が容易、ということである。監視する側にとって安全だから塔が選ばれたのだが、監視される側にとっても安全だった。外から攻撃するのは容易ではない建物だからである。ここであれば、チュイルリー宮殿のように簡単に乱入されることはなかった。

タンプルの管理はパリ市にゆだねられていた。八月十日に傍観者に終始した国会は、この日の主役であったパリ市に国王一家の身柄を引き渡さざるを得なかったのである。

タンプル塔は、「大塔」と「小塔」の二つの部分からなっていた。「大塔」が塔本体で、この本体の北側に張り付くような形でついていた低めの小さな塔が「小塔」であった。パリ市は大塔に国王一家を収容したかったが、長い間誰も住まずに放置されてきたために埃《ほこり》まみれにゴミだらけといった有様で、とても住めたものではなかった。「小塔」にはマルタ騎士団時代の図書室があり、一〇〇〇冊を超える蔵書を管理する図書係が住んでいた。そこで、大塔の整備が終わるまで、とりあえず国王一家は小塔に収容されることになった。図書係の男は大いに抗議したが、有無を言わさず追い出された。

当初は、養育係のトゥルゼル夫人母娘やヴェルサイユ時代のお気に入りランバル夫人も一緒だった。八月十九日から二十日にかけての夜、従者たちは別の場所に移され、国王一家の世話係として従僕一人だけが残された。ミシュレによれば、国王一家の食事のためにコックが十数人いたということである。

小塔の三階と四階が国王一家の住居にあてられた。三階に王妃、王女、王子、王妹が住み、四階に国王が住んだ。各階に二つの部屋と通路を兼ねた小部屋があった。三階と四階の行き来は自由にできた。小塔は所長館とは比べものにならない粗末な建物で、家具調度品も内装も最低クラスだった。

許可が出れば、塔を出て庭を散歩することができた。外に出られるのをいちばん喜んだのは王子であった。まだ七歳だった王太子はボール遊びに夢中になった。

タンプル塔は中世に建てられたものなので、古くさくて陰気な感じがするというのが全体的印象だった。マリー＝アントワネットはかつてここを訪れたとき、「塔は気持ちが悪いから取り壊してほしい」と義弟に頼んだものだった。今にして思えば、あれは何かの予感が働いたのかもしれないという気がした。

一七八九年十月六日にヴェルサイユ宮殿を追われ、強制的にパリに移されて以来、国王一家は行動の自由を制限されてきたから、すでにある程度は囚われの身であった。それでも、チュイルリー庭園を散歩することができたし、パリの町中に出て観劇することもできた。時々は、パリ西郊外のサン＝クルー城に骨休めに行くこともできた。

それまでヴェルサイユ宮殿で自由気ままに暮らしてきたマリー＝アントワネットにしてみれば、このような生活も耐えがたいものではあったろう。生活の不便のほかに、王権の威信が損なわれたことも、彼女には我慢のならないことだった。それで、パリを脱出しようとした。これに失敗した後は、人々の敵意は格段に強まり、監視の目もずっと厳しくなった。

それでも、住んでいたのはチュイルリー宮殿である。住み心地はヴェルサイユ宮殿とは比べものにならないほど悪いとはいえ、宮殿と名の付くところに住んでいた。そして何よりも、チュイルリー宮殿時代はマリー＝アントワネットはフランス王妃だった。正式に王政廃止宣言が出るのは一七九二年九月二十一日だが、八月十日に王権停止が宣言されてからはルイ十六世は事実上もはや国王ではなく、したがって、彼女ももはや王妃ではなかった。

タンプルに身柄を移されてからは、国王一家は名実ともに囚われの身となり、マリー＝アントワネットは一人の囚人にすぎなくなった。

タンプル塔では、従僕が一人いるだけで、廷臣侍女は一人もいないのだから、宮廷儀礼などあるわけがない。一家水入らずの暮らしで、普通の家族の生活に近かった。身の回りのことも自分でしなければならなかった。マリー＝アントワネットは髪のセットは従僕のクレリーにやってもらったが、着替えなどは自分でやるようになった。王妹エリザベトは、もともと家事能力があった。掃除、洗濯、裁縫はお手のものだった。ルイ十六世が王子の勉強を見てやり、王妃が王女に音楽を教えた。家族揃《そろ》ってゲームに打ち興じることもあったし、王妃と王妹が交替で朗読係を務める読書会もあった。それ以外の時間は、ルイ十六世は読書、マリー＝アントワネットとエリザベトは手芸、王子と王女は勉強の復習をして過ごすことが多かった。

パリ市から交替で派遣されてくる者たちが牢番《ろうばん》役を務めた。牢番たちは二十四時間態勢で囚人たちを監視し、部屋の扉も閉められなかった。牢番役の中には、八月十日のチュイルリー宮殿攻撃に参加した者もいただろう。これまでに、国王と王妃に口汚い罵声《ばせい》を浴びせかけたことがある者もいただろう。国王一家にことさらつらく当たろうとする者も多かったけれども、なかには、国王夫妻

王妹エリザベト

と身近に接して「なんだ、悪人でも怪物でもないじゃないか。普通のいい人たちじゃないか」と親近感を持つ人たちもいた。

ミシュレはそうした人が家で妻と交わした会話を再現してくれている。ミシュレが『フランス革命史』を書いていた頃は、革命を体験した人たちからまだ直接話を聞くことができた。以下は、牢番役を終えて家に帰ってきた夫に妻が尋ねる場面である。

「それで、どうだったのさ。あんた、王様を見たのかい？」

「ああ、見たとも」と男は悲しそうな様子で答えた。

「で、どんな様子だった？　何をしてた？」

「実際のところ、こう言うよりほかに答えようがないなぁ、専制君主は律儀な男の様子をしていたよ、とね。最初からわかっていたのでなければ、マレー地区の人のいい年金生活者だと思ったことだろうよ。お祈りをすました後は、息子と一緒に勉強して時間を過ごすんだ。とくに、ラテン語の復習をしてたな」

「で、それから？」

「それからな、『メルキュール』誌のなぞなぞをやっていたよ。奥さんの退屈を紛らわせるためだ」

「それから？」

「そうだな、夜、召使いの世話をやいていたよ。シャツ姿で起きてきて、召使いに煎《せん》じ薬を飲ませていたよ……」

塔の外の動き

マリー＝アントワネットたちには外の動きが気になったが、タンプル塔は外界と隔絶されていたので、外の様子を知るのは難しかった。それでも、ニュースを知るために様々な工夫がなされた。

塔は敷地の外れに位置していたから、塔の窓から外の様子をうかがうことができたし、塀のすぐ外で声を張り上げれば塔の中まで声が届いた。塔の正面方向にある民家の窓から紙に大きな文字を書いてニュースを知らせてくれる人がいた。新聞の売り子に頼んで大声で最新ニュースをがなり立ててもらう手配もなされた。従僕のクレリーは外出を禁止されていたが、クレリーの妻が下着を届けるなどの口実をつくって時々会いに来た。コックのチュルジは食材買い出しのために外出が許可されていた。四人同士の会話は厳しくチェックされていたので自由には話せなかったが、創意工夫を凝らすことによってマリー＝アントワネットたちは最低限のニュースは知ることができていた。

タンプル塔に閉じ込められてからもマリー＝アントワネットとエリザベトは外国軍による救済を期待していたが、八月下旬にオーストリア軍とプロシア軍がフランス領内に進攻し、パリ目指して進軍中であることを知った。やがて両国軍によってパリは制圧され、自分たちは解放される――この希望を支えに彼女たちは暮らしていた。

一七九二年の九月初め、国王一家の心を凍らせるような出来事があった。九月虐殺事件である。

八月末に国境の都市ロンウィが陥落していた。九月二日、ヴェルダンがプロシア軍に包囲されているとの報がパリに届いた。ヴェルダンの要塞が敵の手に落ちれば、途中には要塞がないので、パリまでのルートががら空きになる。人々は「パリ陥落も時間の問題か」と戦々恐々となった。こうして人々が浮き足立っていたとき、牢獄内の囚人たちが進軍する敵軍と呼応してパリの街に打って出るという噂《うわさ》が流れ、パニック状態に陥った人々が数カ所の牢獄に乱入し、囚人千数百人を虐殺したのであった。

フォルス監獄に収監されていたランバル夫人も事件の犠牲になった。マリー＝アントワネットのレスビアン相手ということで、とくに目をつけられていた。虐殺された後、首が切断されて槍《やり》に突き刺され、タンプルまで行進させられた。マリー＝アントワネットはそれを見るように強要されて気を失ってしまった。見ずにすんだものの、一晩中すすり泣いていた。

九月二十一日、立法議会は解散し、代わって国民公会が成立した。この議会は、フランス史上初めての普通選挙で選ばれた。ダントン、マラー、ロベスピエールら有力革命家がずらりと顔を揃える国民公会は、これまでもっとも強力な議会になる。国民公会は九月二十一日に開いた最初の会合で王政廃止を宣言した。ここに、千数百年続いた王政は正式に廃止され、フランスは共和国となった。

パリ市の幹部の一人エベールがわざわざタンプル塔までやって来て、ルイ十六世の前で王政廃止宣言を読み上げた。エベールは得意満面の様子だったが、ルイ十六世は眉《まゆ》一つ動かさずに聞いていた。

しかし、共和国宣言がなされる前日、九月二十日に、マリー=アントワネットの希望を打ち砕く出来事が起こっていた。四月の開戦以来一方的に負け続けてきたフランス軍が、この日、国境から九〇キロのところにあるヴァルミーで初めて勝利を収め、プロシア軍を押し返したのである。

プロシア軍は装備も完璧《かんぺき》、きっちりと統制のとれたピッカピカの軍隊だった。一方、フランス軍は銃どころか軍服・軍靴《ぐんか》さえも兵士たちに行き渡らないというボロボロの軍隊だった。そんなフランス軍がヨーロッパ最高の軍隊に勝ってしまった。

この戦争は、貴族的軍隊と国民軍的軍隊との戦いだった。貴族的軍隊では、生まれによる身分によって階級が決まる。指揮官が軍人として能力がすぐれているかどうかは二の次三の次になる。これに対し、国民軍的軍隊では、階級は軍人としての能力実力によって決まる。フランス革命政府は、身分・学歴・年齢等には関係なく、軍人としてすぐれた者を将軍に登用するという方針で軍隊を再編成していた。ナポレオンも、こうした流れの中から将軍になった。形式本位の軍隊と実力本位の軍隊が戦った場合、ある程度態勢を整えれば、装備が劣っていても実力本位の軍隊のほうが強い、というのがヴァルミーの戦いの意味するところであった。

プロシア軍に同行して戦いの一部始終を見守っていた文豪ゲーテは「この日、この場所から、世界史の新しい時代が始まる」という言葉を残している。

このヴァルミーの戦い以降はフランス軍が優位に立ち、オーストリア軍とプロシア軍をフランス領内から追い払っただけでなく、今度は逆にベルギーに進攻する。

ヴァルミーの戦いによって、近々自分たちは解放されるという王家の人々の希望が遠のいてしまった。フランス国民にとっては狂喜すべき出来事が、王家の人々にとっては絶望となったわけである。王家の人々と一般フランス人の利害の対立がいかに大きいかを物語って余りある。

深まる家族の絆

廃位されたルイ十六世は「ルイ・カペー」となった。ルイ十六世はブルボン家の五代目の国王だが、ブルボン家は九八七年から一三二八年までフランス王位にあったカペー家の傍系であった。君主はファーストネームでしか呼ばれない。ナポレオン・ボナパルトも皇帝になった後は「ナポレオン」としか呼ばれない。王政が廃止されてルイ十六世も国王ではなくなったのだから、苗字をつけるのがよかろうということで「ルイ・カペー」と呼ばれることになったのである。ルイ十六世としては、とても自分の名前とは思えなかった。

タンプルに来るまでは、マリー＝アントワネットはヴェルサイユ宮殿にしても、チュイルリー宮殿にしても、だだっ広いところで大勢の廷臣、侍女、従者たちに囲まれて暮らしてきた。

タンプル塔で初めて、マリー＝アントワネットは一家水入らずの生活を経験した。塔の二つのフロアを使ったが、さして広いスペースではない。居間に使っていた部屋は、小さめの教室ぐらいの広さであったろう。そんな狭い空間に一家五人で一日中、一緒に過ごしたことなどかつてなかった。

囚人同様の境涯になって一家の結束が強まった。家族揃って顔を合わせることなどめったになかったヴェルサイユ宮殿時代には、とうてい起こり得ないことだった。大勢の人間にかしずかれることもなく、家族だけで狭い空間で起居を共にする——二十四時間監視される囚人生活とはいえ、マリー＝アントワネットはフランスに輿入《こしい》れして以来、タンプル塔で初めて家族団欒《だんらん》というものを経験したのであった。もう議会対策で頭を煩《わずら》わす必要もなかった。

ルイ十六世はダンスが上手に踊れるわけでもなかったし、気のきいた軽妙な会話が得意でもなかったから、ヴェルサイユ宮殿の笑いさざめくような社交的な場では影が薄くなったのもやむを得なかった。

タンプル塔でマリー＝アントワネットはルイ十六世の長所を見直すことになった——もの

に動じない、やさしい、包容力がある。

ルイ十六世はいつも冷静に落ち着き払っていた。こうしたルイ十六世の態度が家族に安心感を与え、浮き足立ちそうになる家族の気持ちを静める効果があった。囚われの身の不便さ、不快さなどなんでもないのだ、牢番たちの嫌がらせなども取るに足りないどうでもいいことなのだ、それよりも精神の自由を保って暮らすことが大事だ、と家族に示しているようだった。ルイ十六世がいなければ、家族全員がどこまで落ち込んだかわからなかった。

これまでは、マリー＝アントワネットは自分が一家の中心だと思っていた。自分のほうが夫よりも有能だとも思ってきた。それでも、危機的な状況に陥ったときにはマリー＝アントワネットはいつでも夫の傍《そば》に留《とど》まろうとした。なぜ？　それは、王妃としての責任感からであったが、夫の傍にこそ自分の安全があるということが、無意識的にもせよ、わかっていたからでもなかったろうか。

今や一家の中心がルイ十六世であることは明らかだった。自分は無力であり、夫がいるおかげで家族が一つにまとまっていられるのだ——これはマリー＝アントワネットの「ある種の目覚め」と呼ぶにふさわしい。

マリー＝アントワネットの心の変化は、当然、態度に表われる。結婚して二十年以上たって、ルイ十六世はやっと妻に愛されるようになったと感じることができた。

タンプル塔におけるほどに、国王一家の家族の絆《きずな》が強くなったことはかつてなかった。不幸のどん底に突き落とされてやっとできた家族の絆は、しかしながら、外部からの理不尽な力によって断ち切られてゆく。まだ、不幸のどん底には達していなかったのである。まずルイ十六世が家族から奪われ、次いで王太子が家族から切り離され、やがてマリー＝アントワネット自身が家族から引き離されるというふうに、国王一家はばらばらにされてゆく。

ルイ十六世の死

大塔の改修工事が終了したのを機に、パリ市は国王一家の監視をより厳格にしようと目論んでいた。

九月二十九日の朝、パリ市議会の決定書を手にした役人たちがやって来て、「紙、インク、ペン、鉛筆」を囚人たちから取り上げた。ルイ十六世とエリザベトは全部引き渡したが、マリー＝アントワネットと王女は鉛筆を隠すことに成功した。この日の夕方、ルイ十六世は家族を小塔に残したまま大塔に移された。

翌日、ルイ十六世は家族との行き来を禁じられた。マリー＝アントワネットの必死の懇願により、夕食は家族揃って取ることが許可された。マリー＝アントワネットとエリザベト、そして王女と王子の喜びようは非常に大きなものだったので、その様子を見て牢番たちも涙を誘われた。パリ市は、今後も家族一緒に食事を取ることを許可した。「食事中、話をするときは、フランス語で、大きな声ではっきりと話すこと」という条件がつけられた。所長館にあった家具調度品が大塔に運び込まれた。

一カ月後、家族も大塔に移された。名前のとおり、大塔のほうが広かった。大塔では、ルイ十六世は王太子と共に三階に住み、マリー＝アントワネットたちは四階に住んだ。小塔のときとは、上下が逆になったのである。上下を逆にしたのには、それなりの意図が込められていた。裁判になった場合、国王が外に出やすくするという意図が。

ルイ十六世は、二枚舌を使って国民を欺いたとして、裁判にかけられることになった。裁判は、裁判所ではなく、国会で行なわれた。手順は普通の裁判とほぼ同じで、ルイ十六世には三人の弁護人がつけられた。前国王が国会に召喚された十二月十一日から裁判が始まった。

国会で尋問を受けてタンプル塔に帰ったルイ十六世に、今後は家族との接触を禁じる旨の通告がなされた。マリー＝アントワネットは、せめて息子だけでも夫の傍に残してほしいと役人に頼んだが、聞き入れてもらえなかった。

ルイ十六世と家族を切り離しておいたほうが裁判を円滑に進められると革命政府は判断し

たのだろうが、無益で残酷な措置と言わざるを得ない。

ルイ十六世に会えなくなって、マリー＝アントワネットは、今さらながらに夫との絆の強さを認識させられた。夫がいなくては気持ちが安定せず、夫が傍にいてくれたことによって自分がどれだけ安心していられたかを身にしみて感じた。

マリー＝アントワネットとエリザベトは、窓を利用して手紙をやりとりするなど、ルイ十六世と連絡を取り合うために涙ぐましい努力をした。裁判の経過などまでは聞けず、お互いの健康状態を伝え合うのが精一杯だった。

ルイ十六世は国家に対して裏切り行為を行なったとして追及されていたが、自分は君主としての義務を果たしてきただけだと無実を確信していたので、国会喚問の際は二度とも堂々としていた。

一七九三年一月十五日に審理が終了し、評決に移った。有罪かどうかについては、反対票なしで「有罪」と決まった（棄権が三七票）。どんな刑を科すべきかについては、「死刑」三八七票、「追放、幽閉等」三三四票であった。死刑票の中には、執行猶予付き賛成票が二六票あった。「執行猶予付き」は事実上は死刑反対と同じだから、この分を引いて反対票に加えれば、三六一対三六〇になり、実際にはわずか一票差で死刑に決まったのであった。

ルイ十六世は、前年のクリスマスの頃に、すでに遺言書を書いていた。息子には、けっし

処刑場のルイ十六世

て復讐《ふくしゅう》を考えてはいけないと諭していた。ルイ十六世はフェルセンと妻との関係を知っていた。普通、妻が好きな男をつくったなら、夫たる者、怒るものだろう。ルイ十六世はどこまでもやさしい夫であった。怒るどころか、自分が死んだ後に妻が後悔の念に駆られはしないかと心配したのである――「もし彼女が自分に何らかの落ち度があったと思うようなことがあれば、私が彼女に対して何の不満も抱いていないということを確信してもらいたい」と書いている。

刑の執行は一月二十一日と決定された。二十日に家族と会うことが許可された。別れ際に、ルイ十六世は明日の朝、刑場に向かう前にもう一度会うことを約束した。

二十一日朝、ルイ十六世は家族と会うのを

回避してタンプル塔を後にし、革命広場（現在のコンコルド広場）で処刑された。ルイ十六世の態度は終始落ち着いていた。これは信仰心によるところが大きいであろう。この世の死は永遠の生の始まりである、現世で得られなかった正しい裁きは来世で受けられる、と確信しつつ死んでいったに違いない。

ルイ十六世ほど善意の国王もめったにいない。即位以来、民の幸福を願ってきた改革派の国王は、力及ばず、王政の悪弊の責任を一身に負わされ、ルイ・カペーとして断頭台の露と消えたのであった。

カペー未亡人

ルイ十六世の死による打撃で、マリー＝アントワネットは完全な無感覚状態に陥った。すでに裁判中から、よく眠れず、食欲も失っていたが、夫の死後はげっそりと痩《や》せ、別人のように面変わりした。まるで影のような存在になるほどにマリー＝アントワネットの健康状態が悪化し、エリザベトと王女は非常に心配した。

革命政府にとって、古い社会の残滓《ざんし》を一掃するために、旧体制国家を象徴する国王の死が必要だった。しかし、制度上は何の政治的権限も持たない王妃の死は必要ではなかった。王妃は交戦国との大事な取引材料であった。王妃の釈放と交換に何らかの外交上の利益が得られるかもしれなかった。

国王という重要な囚人がいなくなったので、これまでのような厳重な監視態勢を取る必要がなくなり、タンプル塔の監視が緩くなった。これが、マリー＝アントワネットの立ち直りのきっかけになる。近々王妃は釈放されるのではないかという噂もあった。

マリー＝アントワネットは喪服を要求し、認められた。以前の出入り業者のところで作ることも許可された。タンプル塔に画家を呼び、喪服姿の肖像画を制作することも認められた。クシャルスキーという画家で、以前、マリー＝アントワネットの肖像画を手がけたことがあった。肖像画を描かせたのは、彼女の王妃としての自覚による。夫が処刑されて境遇が変わったのだから、喪服姿の自分を描かせて国民に知らせる義務があると感じたのである。

監視態勢が緩くなった結果、外部との連絡も可能になった。国王が処刑されたことによって、王家の人々に対する警戒心は峠を越していた。パリ市の役人の中にさえも、王妃に同情して王党派に転じる者が出た。こうした役人も巻き込んで脱出が計画された。ノルマンディー地方に逃れ、船でイギリスに渡るという計画だった。三月八日が決行予定日であったが、偽のパスポートが手に入らなかったため、中止になった。たぶん、買収資金が足りなかったのだろう。

中止になったとはいえ、協力者が何人もいたことをマリー＝アントワネットは心強く思った。あれは「美しい夢でした」と彼女は語っている。

一七九三年春、戦況が悪化した上に、フランス西部で大規模な農民反乱が起こった。反革命派に対する警戒心が高まり、これにともなって、タンプル塔の監視態勢がふたたび強まった。

三月に革命裁判所が、四月には公安委員会が設置され、革命政府の機能が強化された。昔からの顔なじみで、失敗に終わった脱出計画にも加わったジャルジェという人物に、マリー＝アントワネットは二つの使命を課した。

一つは、亡命してドイツにいる二人の王弟にルイ十六世の遺品を送り届けること。もう一つは、所在不明のフェルセンを探し出して手紙を手渡すこと。羽を広げた鳩《はと》の図柄に「すべてがあなたのほうに私を導く」というイタリア語の文がついていた。

九三年七月三日、マリー＝アントワネットは息子から引き離された。王太子に共和主義教育を施すため、というのが口実。息子を手放すまいと一時間も必死になって抵抗した。革命政府が王妃と王太子を切り離したのには、二つの狙《ねら》いがあった。一つは逃亡を防止すること、もう一つは王太子を独立した人質にすること。王太子が庭に出てきたときには、マリー＝アントワネットは目隠しされた窓の隙間《すきま》から何時間も王太子を見守っていた。

靴屋のシモンが王太子の教育係に任命されていた。前からタンプル塔で何でも屋的な仕事をしていた男である。べつに教育者としてふさわしい人物でもなく、下町の活動家にすぎなかった。読み書き能力も王太子以下だった。父親を失い、母親からも切り離された王太子は寂しくてならなかったろう。最初の二日間は、王太子がすすり泣きしているのが上階のマリー＝アントワネットたちにも聞こえた。ところがそのうちに、自分の相手をしてくれる周囲の大人たちに気に入られようとして、王太子は革命歌を歌い、母親と叔母を指して「あのあばずれどもは今にギロチン行きになるんじゃないか？」などと言うようになる。

マリー＝アントワネットは夫を奪われ、息子からも切り離されたが、今度は、彼女自身が家族から引き離される番だった。

八月二日の午前二時、マリー＝アントワネットは寝ているところを起こされ、コンシエルジュリ移送を通告された。これは、革命裁判所で裁かれることを意味する。しかし、コンシエルジュリ移送を通告されても、彼女はべつに何も感じなかった。あまりにもひどいことがいろいろとありすぎたから。

コンシエルジュリ

コンシエルジュリは、パリのど真ん中、セーヌ川の中州シテ島に、今も革命当時そのままの姿で建っている。かつては王宮の一部で、「コンシエルジュ」と呼ばれる高級役人が管轄する場所だった。その後、政治犯を収容する監獄になり、革命期には革命裁判所に送致されてくる未決囚の収監所になった。コンシエルジュリは「死の一時的休息所」と言われた恐るべき監獄である。ここに収監された囚人の多くは生きて牢獄から出ることがなかった。このような監獄が、マリー＝アントワネットの終《つい》の棲家《すみか》となるのである。

マリー＝アントワネットは裁判にかけられることになったわけだが、革命政府の本音は、彼女を外交交渉の切り札にしたい、ということだった。しかし、ヨーロッパの君主たちはいっこうに交渉に応じようという態度を見せなかった。マリー＝アントワネットの実家、ハプスブルク家からして、まったく熱心ではなかった。次兄レオポルトも死亡し、その長男のフランツがオーストリア皇帝（フランツ二世）になっていたが、フランツはマリー＝アントワネットに会ったことが一度もなく、叔母とはいえ特別の関心を持てなかった。フランス政府はこうした君主たちの態度にしびれを切らし、前王妃の裁判が間近に迫っていると警告するために、彼女をコンシエルジュリに移送したのであった。

マリー＝アントワネットはヨーロッパ連合軍によって解放されることを願ってきた。ヨーロッパの君主たちが自分たちの解放を最優先してくれるものと信じていた。しかし、君主たちにとっては、領土の拡大や占領地の確保のほうがはるかに大事だった。マリー＝アントワネットは、君主たちから見捨てられつつあった。

コンシエルジュリでのマリー＝アントワネットの囚人番号は二八〇であった。

タンプル塔も牢獄とほとんど変わるところがなかったが、国王一家を収容する場所として特別に設定された場所なので、それなりの家具もあり、設備は普通の牢獄よりはずっとよかった。コンシエルジュリに収監されたことで、フランス王妃は普通の犯罪者と同じ境遇に落とされたのである。

コンシエルジュリの総管理人リシャールの妻に、前王妃受け入れの準備が命じられた。夫がコンシエルジュリに勤め始めたのは、ずいぶんと昔のこと、王政廃止など誰も考えたことさえない頃である。もちろん、王妃を囚人として迎えることになろうなどとは想像さえできない時代だった。

マリー＝アントワネットの独房は半地下室になっていて、明かり取りの小さな窓が地面すれすれのところについていた。すぐ脇をセーヌ川が流れていることもあって、部屋全体がじめじめとし、煉瓦《れんが》張りの床が湿気を帯びて光っていた。広さは一五平方メートルほど。粗末な十字フレームベッド、机、二脚の椅子、トイレ兼用の籐《とう》椅子、ビデが備わっていた。リシャール夫人は特別に上等なシーツとレースの縁飾りが付いた枕を用意してくれた。着ていた黒いドレスがところどころほつれたり擦り切れたりしていたので、リシャール夫人はわざわざ布地を買ってきて繕《つくろ》ってくれた。下着、小間物、靴下等が整えられ、スリッパは新しい物に取り替えられた。

リシャール夫人は食事にも配慮してくれた。特別料理を運んできて、自分で給仕したりもした。一つ、驚くことがある。マリー＝アントワネットはヴェルサイユ宮殿時代からヴィル＝ダヴレの泉の水を飲料水として愛用していたが、ここコンシエルジュリにもヴィル＝ダヴレの水が届けられていた。

もちろん、こんなことで悲しみが和らげられるわけではない。リシャール夫人は王妃の無聊《ぶりょう》を慰めようという好意から男の子を独房に連れてきたことがあったが、このときはマリー＝アントワネットは泣き出してしまった。同じ年頃の子供を見て息子のことを思い出したのであった。亡き夫を想起して、「今はあの人は幸せよ」と溜《た》め息交じりに言ったりもした。

監視のため、独房内に銃を持った二人の憲兵が常駐した。憲兵とマリー＝アントワネットの間には高さ一・三メートルの衝立《ついたて》が置かれた。身の回りの世話に、ロザリーという若い女性がつけられた。この女性は前王妃のためにできる限りのことはしようという、非常に健気《けなげ》な女性だった。ポケットマネーで小さな鏡を買ったり、自分の部屋から化粧台用の小さな椅子を持ってきてくれたりした。ロザリーがいてくれたおかげで、マリー＝アントワネットはずいぶんと助かっている。

囚人には牢獄の中庭を散歩することが許されていたが、前王妃には独房を出ることが禁じられた。中庭は男囚用と女囚用とに仕切られていたが、柵越しに束《つか》の間の恋が取り交わされることもあった。コンシエルジュリは、ノミや南京虫《なんきんむし》は当たり前、時にはネズミに足をかじられることもあるという極めて劣悪な衛生状態であったが、女囚たちはこれにめげず精一杯のおしゃれをしていた。マリー＝アントワネットは明かり取り用の窓から中庭を散歩する女性たちを眺めることができた。

独房内で、彼女には何もすることがなかった。紙とペンは取り上げられていた。たまに手に入る軽い小説を読むくらい。刺繡《ししゅう》と編み物も禁じられていたので、壁に張られた布地のクロスから糸を取り出し、紙縒《こより》を作ったりしていた。指にはめた指輪をぼんやりとした様子で回していることも多かった。おそらくは無意識の行為であったろう。

マリー＝アントワネットの健康状態は非常に悪かった。婦人病による慢性的な出血に悩まされていた。美貌《びぼう》の面影はまったくなく、ヴェルサイユ宮殿で彼女を見かけたことがある者たちは、その変わりように息を呑《の》むほど驚いた。

しかし、「死の一時的休息所」コンシエルジュリは、奇妙なことに、タンプル塔よりも監視が緩かった。タンプル塔で監視についていたのはパリ市によって選ばれた人間、多かれ少なかれ革命に関わっている人間、活動家だが、コンシエルジュリの看守は普通の刑務所職員なのであった。コンシエルジュリ全体を管理する役職に就いているリシャールは王政時代に任命された人物であったので、前王妃に対する態度は非常に丁重なものだった。

独房に常駐する二人の憲兵はパリ市によって任命されていたが、タンプル塔の警備兵たちよりも親切だった。定期的に花を持ってきてくれたし、非宣誓派の僧侶と会うことも黙認してくれた。

マリー＝アントワネットの監視責任者はミショニというパリ市の高級行政官だったが、この男もけっこう好意的だった。独房にやって来るたびに、子供たちの様子や外の出来事について教えてくれた。

カーネーション事件

フェルセンはマリー＝アントワネットをなんとか救出しようと、オーストリア皇帝やプロシア国王に援助を求めていたが、はかばかしい成果は得られなかった。君主たちに懇願することしかできない自分の無力さを嘆き、妹への手紙で「彼女は恐ろしい牢獄に閉じ込められているのだと思うと、空気を吸うことさえ後ろめたく感じられる」と書いている。

しかし、フェルセンとは別にマリー＝アントワネットの救出を計画していた人物がいた。ルージュヴィルという男で、こちらのほうは計画が具体化した。この出来事は「カーネーション事件」と呼ばれている。

牢役人たちは、好奇心から前王妃に会いたがる人たちを時々独房に連れてきて、なにがしかの謝礼を受け取っていた。監視責任者のミショニも視察のついでに人を連れてくることがあった。見物にやって来るのは知らない人ばかりだったから、普段はマリー－アントワネットは無視していたが、八月二十八日にミショニが連れてきた男を見たときは体が震えた。見覚えがあったのである。この男がルージュヴィルであった。聖ルイ騎士団の一員で、一七九二年六月二十日に群衆がチュイルリー宮殿内に乱入した際、マリー－アントワネットは危ないところを助けてもらったことがあった。

ルージュヴィルは初対面を装っていたが、ボタンホールに差していたカーネーションの花を取り外してそれとなく床に落とし、目配せをした。ミショニとルージュヴィルが出ていった後で拾ってみると、花の中に手紙が入っていた。救出を計画中であり、買収資金を用意している、実はミショニも仲間である、と書かれていた。二日後にルージュヴィルがやって来て、マリー－アントワネットに買収資金一万八〇〇〇リーヴルを渡し、決行は九月二日の夜だと告げた。マリー－アントワネットは、二人の監視兵のうち、若いほうのジルベールを抱き込むことにすでに成功していた。

九月二日の夜十一時頃、ミショニとルージュヴィルが独房にやって来た。ミショニは、マリー－アントワネットはタンプル塔に移されることになった、と牢番や監視の兵たちに宣言した。二人の監視兵に付き添われながら、マリー＝アントワネットたちはいくつもの扉をくぐり抜け、ここさえ越えれば外に出られるという最後の扉のところに来た。外には逃走用の馬車が待機していた。

この最後の扉のところで、ジルベールがことの重大さに怖《お》じ気づいて外に出ることに反対したらしい。「らしい」と書いたのは、妨害したのはほかの人間だという証言もあるからである。いずれにしても、騒ぎになり、脱出は失敗に終わった。

「カーネーション事件」は、コンシエルジュリ内に前王妃に好意的な雰囲気があったことを活用した救出計画だった。今回は救出するのはマリー＝アントワネット一人だけだったので計画はかなりスムーズに進行し、ヴァレンヌからの帰還後に何度となく立てられた脱出計画の中でいちばんうまくいった。ほんのもう一歩のところだった。

ルージュヴィルは無事に逃げおおせたが、ミショニは逮捕され、翌年六月に処刑される。リシャール夫妻は解雇され、六カ月間牢獄に入れられた。

この救出未遂事件後、マリー＝アントワネットの独房は建物のいちばん奥のような場所に移された。逃亡が不可能な場所、ということである。扉が二重にされ、面会禁止の措置が取られた。明かりが禁止されたので、昼は窓から若干の光が入るが、夜は真っ暗闇の中で暮らさなければならなくなった。

繰り返しになるが、革命政府の本音は、マリー＝アントワネットを外交交渉の切り札にしたい、ということだった。したがって、オーストリアが思い切った提案をして革命政府に積極的に働きかけたならば、彼女は外交ルートで釈放された可能性が高い。

しかし、オーストリア側が何のイニシアティヴも取らないままに時間だけが過ぎていった。今やフランスは、周りを取り囲むほとんどすべての国々を相手に苦しい戦いを強いられていた。しかも、国内にはブルターニュ地方の保守的農民の大規模な反乱、ジャコバン派との主導権争いに敗れたジロンド派と王党派が結びついた地方諸都市の反乱を抱えていた。国内外の難局に対処するために、戦時非常体制である恐怖政治の機構が着々と整えられてゆく。外国軍と反革命勢力に対する世論の敵意が高まる情勢の中で、マリー＝アントワネットの裁判は避けられない情勢となった。

こうして、前王妃は恐怖政治の最初の犠牲者になるのである。

裁判——最後の闘い

マリー＝アントワネットは革命裁判所で裁かれることになった。当時はまだ革命裁判所はできていなかったが、ルイ十六世が国会という特別の場で裁判にかけられたことを思うと、国王と王妃の扱いには雲泥の差がある。

革命裁判所は「あらゆる反革命的企て、自由、平等、統一、共和国の不可分性、国家の内的および外的安全を脅かすあらゆる行為、王政を復活させようとするあらゆる陰謀」に関わる事件を審理する特別法廷で、控訴・上告はいっさい許されず、ここで下された判決は、即、確定の最終判決であった。

マリー＝アントワネットは、これまでにすでに何度も闘ってきた。というより、王権の権威が揺らいだと気がついたときからは、日々闘いの連続であった。闘いに敗れて法廷に立たされることになったが、裁判は彼女にとって最後の、たった一人の、そして王妃としての名誉をかけた闘いだった。健康を損ねていた上に疲労困憊《こんぱい》していたが、残されたエネルギーを振り絞って革命裁判所と対決しようとする。

本裁判に先立って、十月十二日に予審が行なわれた。非公開で、裁判官と検事が被告人に尋問する。名前を問われて、「マリー＝アントワネット・ロレーヌ・ドートリッシュ」と名乗っている。「ロレーヌ」は父親の旧領で、「ドートリッシュ」は「オーストリアの」という意味である。

裁判所側は、「公金を浪費した」というわかりやすいものから「民衆を飢えさせるために飢饉《ききん》を引き起こす計画を立てた」という荒唐無稽《こうとうむけい》なものまで、マリー＝アントワネットのために様々な罪状を用意していたが、重点を置いたのは反革命容疑であった。王妃が影響力を行使して国王に悪《あ》しき振る舞いをさせたと睨《にら》み、裁判所側はいろいろな反革命的罪を着せようとしていた。「反革命の陰謀で中心的役割を演じた」「亡命貴族、外国軍と連絡を取り合った」「ヴァレンヌ逃亡事件を主謀した」「八月十日にスイス傭兵《ようへい》部隊に抵抗を焚《た》きつけた」等々。しかし、これらの容疑に関して裁判所側はいかなる証拠も持っておらず、書類の中身はほとんどからっぽだった。尋問によって前王妃から何らかの言質《げんち》を取り、有罪を固める証拠を得たいというのが予審の狙いであった。しかし、マリー＝アントワネットは隙を見せなかった。罠《わな》にかけようとする質問もあったが、うまく切り抜けた。二つ例を挙げよう。

「フランスの軍隊にどんな関心を持っていますか？」

「フランスの幸福が私が何よりも望んでいることです」

「あなたの息子が玉座を失ったことを残念に思っているでしょうね？」

「息子の国が幸せである限りは、息子のために何かを残念に思うことはけっしてないでしょう」

予審の終わりに二人の国選弁護人がつけられた。翌々日から裁判が始まるという慌ただしい日程であった。マリー＝アントワネットは、自分のために本気で弁護してくれる人などいないと思っていたが、とくにショヴォー＝ラガルドは非常に熱心に弁護活動に取り組んでくれた。彼には、革命の大立て者マラーを殺害したシャルロット・コルデ（後世「暗殺の天使」

と呼ばれる美貌の女性）の弁護を引き受けたという実績があった。前王妃の弁護を引き受けるのは勇気のいることだった。人々の憎悪を一身に集めているような人間の弁護を引き受ければ、みんなから白い目で見られるだけでなく、日常生活でも仕事上でもいろいろな不利益を被《こうむ》ることになるし、政府にも睨まれることになる。事実、マリー＝アントワネットの弁護を引き受けたために、ショヴォー＝ラガルドは後に逮捕されることになるが、幸いにして恐怖政治の混乱期を無事に乗り切る。

裁判は、十月十四日と十五日の二日間にわたって行なわれた。一日目は午前八時に始まって夜の十一時まで続き、二日目は午前八時から翌朝四時まで行なわれた。

非人間的と言ってよい過密スケジュールだが、革命家諸君の弁護のために付け加えておくと、彼ら自身も普段からこれくらいのスケジュールで動いていた。国会議員たちが夜を徹して議論することは珍しくなかったし、革命の最中枢機関、公安委員会のメンバーたちは一日に十六時間から十八時間も仕事をしていた。

しかし、裁判でマリー＝アントワネットに課されたのは、頑健な者でも倒れてしまいそうなハードスケジュールである。マリー＝アントワネットはすでに病身だったのに、このスケジュールを一瞬の気の緩《ゆる》みも見せずにこなしたのは称賛に値する。

裁判長エルマンと三人の陪席判事が裁判の進行を取り仕切り、検事フーキエ＝タンヴィル

革命裁判所法廷のマリー‐アントワネット

が論告を行ない、一一人の陪審員が有罪か無罪かを判定する。傍聴席は満杯だった。

起訴状の朗読があり、証人喚問に移った。四〇人の証人はすべて検察側の証人だった。弁護人には証人を立てる時間的余裕がなかった。証人の陳述は、二日目の午後まで続いた。裁判所側としては、証言によって前王妃の反革命容疑を固めたかったのだが、証人たちの話は伝聞、噂、臆測《おくそく》によるものばかりで、有罪の決め手となる具体的証言は何もなかった。マリー‐アントワネットは、裁判長や検事の尋問に、予審のときと同じく、揚げ足を取られることもなく、知恵を働かせて適切に力強く答えた。

証人の中で唯一法廷の緊迫感を高めたのは、エベールだけだった。パリ市の幹部でジャーナリストでもあったエベールは、マリー＝アントワネットが息子と近親相姦《そうかん》を犯したという証言を王太子自身から得ていると言って、その詳細を語った。マリー＝アントワネットに関する卑猥《ひわい》なパンフレット類が巷《ちまた》にあふれていたので、こういう話が傍聴人に受けるとエベールは踏んでいた。しかし、あまりにも低レベルな話だったので、かえって傍聴人（女性も多かった）の反感を買い、前王妃に対する共感を呼び覚ます結果になった。後で報告を受けたロベスピエールも「あのエベールの馬鹿が」と怒っている。

証人喚問がすべて終わった後、裁判長に何か付け加えたいことはないかと尋ねられて、マリー＝アントワネットは、証人たちは「誰一人として私に不利な明確な事実を言わなかった」と指摘し、締めくくりに、憲法が国王を不可侵の存在と規定していたことを引き合いに出して次のように述べた――「ルイ十六世の妻にすぎない私に、国王の行為の責任を負わせることはできません。もともと憲法は、国王は自分の行為について責任を持たなくていいと規定してもいたのですから」

フーキエ＝タンヴィルの論告があり、二人の弁護人の弁論があった。ショヴォー＝ラガルドの弁論には熱がこもっていた。

陪審制裁判では、有罪か無罪かの決定権は陪審員団にある。陪審員団が「無罪」と評決すれば、被告人はただちに釈放される。陪審員団が「有罪」と評決して初めて裁判官は刑を宣告できる。

裁判長は、以下の四点に関して陪審員団の評決を求めた。

「1　共和国外部の国々との間に策謀と内通があり、これらの策謀が敵軍に資金を提供し、敵軍をフランス領土内に進攻せしめ、その進軍を容易ならしめたというのは確かか？

2　マリー＝アントワネット・ドートリッシュ、ルイ・カペー寡婦《かふ》は、これらの策謀に関与し、内通していたと認められるか？

3　共和国内部に内戦を起こそうとする密議、陰謀があったのは確かか？

4　マリー＝アントワネット・ドートリッシュ、ルイ・カペー寡婦は、この密議、陰謀に加わったと認められるか？」

陪審員団は、一時間の協議の後、四つの質問すべてに肯定で答えた。「有罪」の評決をしたのである。

この評決にもとづき、裁判長はマリー＝アントワネットに死刑の判決を下した。日付は変わって、十月十六日の午前四時になっていた。

この裁判は「初めに結論ありき」の不当裁判だった。判事も検事も陪審員たちも、最初から決まっていたシナリオどおりに行動したにすぎない。われわれ現代人は、マリー＝アントワネットが敵国と連絡を取り合っていたこと等を知っている。証拠はオーストリアとスエーデンにある。革命裁判所はこれらの証拠をいっさい握っていなかったのだから、法律論的には、裁判所は「証拠不十分により無罪」とするべきであった。しかし、公正な裁判を行なうことが目的ではなかった。国民の憎しみを集めていた前王妃を血祭りに上げることによって不満の捌《は》け口を与えることが目的だった。そしてまた、前王妃の処刑が持つ政治的意義も大きいと考えられていた——戦争中の諸外国に対しては革命のフランスの断固たる決意表明になるし、国内的には反革命派に打撃を与え、革命はさらに確固たるものになる。

死への旅立ち

独房に戻ったマリー＝アントワネットは体力を使い果たしていた。病気の身で、この日も二十時間も法廷に立たされたのである。頭がぼーっとして、何が何やらわからないような状態であったろう。

革命裁判所で下された判決は、即、確定の最終判決だった。そして、死刑判決が出れば、その日のうちに刑が執行される決まりだった。彼女には数時間しか生きる時間が残されていなかった。そこで、最後の力を振り絞ってエリザベトに手紙を書いた。

このときだけは明かりが提供され、紙とペンとインクが与えられた。

結局、実家のオーストリア宮廷は何もしてくれなかった。義理の妹であるエリザベトは最後まで自分たちと苦労を共にしてくれた。だから、最後の思いをエリザベトに託したかったのである。

「十月十六日、午前四時半

妹よ、あなた宛にこの世で最後の手紙を書きます。私は死刑の判決を受けたばかりですが、死刑は犯罪者にとってのみ恥ずべきものなのですから、私の場合は何ら恥ずべきものではなく、あなたのお兄様のところに行くように言われただけです。お兄様と同じように私は潔白ですから、最期の時においても同じ確固とした態度を見せたいと思っています。良心に恥じるものがないときに人がそうであるように、私は平静な気持ちです。でも、かわいそうな子供たちを残してゆくのが心残りでなりません。あなたもご存じのように、私がこれまで生きてこられたのはあの子たちがいてくれたからこそです。そして、あなた、良きやさしき妹よ、友情のゆえに、私たちと一緒にいるためにすべてを犠牲にしてくれたあなたを、なんという境遇の中に残すことになったのでしょうか！」

子供たちの行く末を心配し、二人が結束し、協力し合うことを願って、次のように書く。

「不幸の中にあって、お互いの友情が私たちにどんなに多くの慰めをもたらしてくれたことでしょう！　そして、幸せの中にあっては、友と分かち合うとき、幸せは二倍にもなるのです。そして、自分の家族の中における以上にやさしく、いとしい友をどこに見つけることができるでしょうか？　息子は父親の最後の言葉をけっして忘れてはなりません。私たちの死の復讐をしようなどとはけっして思わないように」

　そして、後に残す人たちに最後の思いを馳《は》せる。

「私は、これまでに知り合ったすべての人たちに許しを求めます。そして、とりわけ妹よ、私が知らずにあなたに味わわせたであろう苦痛について、許しを求めます。私はすべての敵に対して、彼らが私になした悪を許します。伯母たち、すべての兄弟姉たちにさようならを言います。私には友人が何人かありました。永遠の別れになるのだと思うと、そして、友人たちにとってもつらいだろうと思うと、死にゆく私にとってこれがもっとも心残りなことの一つです。でも、これだけは知っておいてほしい、最後の瞬間まで私は友人たちのことを考えていたのだ、と……」

「友人たち」と複数形で言っているけれども、いちばん気がかりであったのはフェルセンだろうとは容易に想像がつく。

　手紙を書き終えると、マリー＝アントワネットはすべてのページに口づけし、牢番のボーに、エリザベトに届けてくれるように頼みながら手渡した。彼女自身も手紙の中で心配していたが、非常に残念なことに、手紙はフーキエ＝タンヴィル、次いでロベスピエールの手元に留め置かれ、エリザベトに渡されることはついになかった。この手紙は現在、パリの国立古文書館に保管されている。

死刑執行人サンソン

着替えをしなければならなかった。普段着ている黒い喪服は人々を苛立《いらだ》たせる恐れがあると当局は言うのであった。かつては整理するにも困るほど夥《おびただ》しい数のドレスを持っていたマリー＝アントワネットだが、このときは白と黒の粗末な服二着しかなかった。白い服もあちこち傷んでいたので、牢番の娘に頼んで繕ってもらった。

出血で汚れていたので下着はどうしても替えたかった。しかし、見張りの憲兵は一人にしてくれなかった。マリー＝アントワネットはベッドと壁の隙間に行き、ロザリーが憲兵とマリー＝アントワネットの間に立って衝立代わりになってくれた。汚れた下着は壁の隙間に潜り込ませるしかなかった。

判事が独房にやって来て、判決文を読み上げた。それから宣誓派の僧侶がやって来たが、宗教的救いの申し出は断わった。非宣誓派の僧侶でなければならなかった。

刑場に向かう準備をすべてすませ、独房を出て「死者の間」と呼ばれるところで待機していると、大柄の男がやって来た。死刑執行人のサンソンであった。すべての死刑囚は、最後はサンソンに身柄をゆだねられる。

ルイ十六世の処刑を執行したのもサンソンである。サンソンはルイ十六世を敬愛し、二度会って親しく話をしたこともあるので個人的にも国王が好きだった。死刑執行人は、人々に忌み嫌われる職業である。先祖代々の家業だから仕方がないと仕事をこなしてきたが、自分は国王に任命されて執行人になったということが心の支えでもあった。その国王を処刑しなければならなくなったのだから、サンソンは煩悶《はんもん》し、前日は一睡もできなかった。処刑終了後、乱れに乱れた心を静めるために、国王のために非宣誓派の聖職者にミサをあげてもらった。もしこのことが明るみに出れば、サンソン自身が死刑になっただろう。死の危険があろうとも、サンソンはそうせずにはいられなかった。国王のための贖罪《しょくざい》のミサは息子にも引き継がれ、サンソン家は一八四〇年まで、四十七年間にわたってミサを続ける。

国王処刑の際は、サンソンの妻は夫の身を心配するだけで精一杯だった。国王救出計画の噂があり、夫が混乱に巻き込まれるのではないかと心配した。家の近くで物音がするたびに、血まみれの夫の死体が送り届けられてきたのではないかとびくびくしたものだった。

今回の王妃の処刑に関しては、サンソンの妻は夫に文句を言った。もうやめてもらいたい、王妃様を処刑するなんてとんでもない、そんなことをすればあなたも共犯者になる、と。そう言われても、サンソンにはどうすることもできない。与えられた命令に従うしかなかった。

死刑囚は、ギロチンの刃の妨げにならないように、髪を短く切られる。女性死刑囚の中には、死刑執行人に無様に切られるのを嫌って事前に自分で髪を切る人もいた。マリー－アントワネットは牢番の娘に髪を切ってもらっていた。サンソンは王妃の両腕を後ろ手に縛《しば》り、ロープの端を持って、中庭に出るように促した。

中庭には粗末な荷車が用意されていた。このような馬車で死刑囚は刑場へ連行されるのだが、これを見てマリー－アントワネットは表情を変えた。これまで、ちゃんとした乗用馬車にしか乗ったことがなかった。ルイ十六世のときは立派な有蓋《ゆうがい》馬車が用意されたので、サンソンは前王妃にも有蓋馬車を用意するべきではないかとフーキエ－タンヴィルに進言したのだが、あえなく却下された。

マリー－アントワネットは踏み台を使って馬車に乗ろうとしたが、踏み台がぐらぐらしていたため、サンソンの手を借りた。馬車に置かれていた椅子に、進行方向とは逆向きに腰を下ろした。

刑場は、ルイ十六世と同じく革命広場。沿道は三万人の兵士によって固められていた。マリー－アントワネットは、かつて八頭立ての煌《きら》びやかな馬車に乗って通ったパリの街を、みすぼらしい荷車に乗せられて刑場へと引かれていった。二十三年前、王太子妃としてフランスに輿入れしてきたばかりの頃は人々の歓呼の声に迎えられたものだったが、この日、聞こえてくるのは悪罵《あくば》と呪詛《じゅそ》の声だけであった。眼の周りに隈《くま》ができ、眼は赤く充血していた。

まだ三十七歳だというのに、老婆のようにやつれ果てていた。

沿道の人出が多すぎて馬車がゆっくりとしか進めなかったため、大して長い距離でもないのに、刑場に着くまでに一時間半もかかった。

マリー＝アントワネットはサンソンの助けを借りて馬車から降りた。処刑台の階段は非常に勾配《こうばい》がきついので、サンソンは引き続き体を支えようとしたが、マリー＝アントワネットは「いいえ、結構です。ありがたいことに、あそこまで行ける力はあると思います」と言って、後ろ手に縛られていたにもかかわらず、一人で処刑台の急な階段を上り始めた。

「ヴェルサイユ宮殿の大階段ででもあるかのように、同じ威厳ある態度で段を上っていった」と『サンソン家回想録』は伝えている。

「さようなら、子供たち。あなた方のお父様のところに行きます」――これがマリー＝アントワネットの最後の言葉であった。

終　章　歴史は流転する

革命期の女性たち

フランス革命は男だけで行なわれたものではない。女性も広範に参加していた。「ヴェルサイユ行進事件」では八〇〇〇人の女性が重要な役割を果たしたし、八月十日のチュイルリー宮殿攻防戦には数千人の女性が加わっていた。対ヨーロッパ戦争が始まってからは、男装して軍隊に潜り込み前線で銃を取って戦った女性も少数ながら存在したが、男たちが戦争に行って手薄になった生産現場で女性たちが活躍した。共感して革命に参入した女性たちのほかに、反革命の側から革命に関わった女性たちも少なくない。恐怖政治期にパリだけでも約二八〇〇人が処刑されたが、この中には三百数十人の女性が含まれていた。

次の新聞記事をご覧いただきたい。一七九三年十一月十九日付の『モニトゥール』という政府系新聞の記事である。マリー＝アントワネットの死から約一ヵ月後の記事、ということになる。

「短時日のうちに、革命裁判所は女性たちにとってけっして無駄なものとはならない大いなる範を示している。というのも、常に公正なものである裁判は、その厳格さのかたわらにいつでも教訓を用意しているものだからである。

マリー＝アントワネット、陰険で野望をたくらむ宮廷に育ったこの女は、フランスにオーストリア王家の悪徳を持ち込んだ。……彼女は悪《あ》しき母親、堕落した妻であり、彼女が滅亡を望んだ人々の呪詛《じゅそ》を浴びつつ死んだ。彼女の名は後世においても永久に嫌悪の的となるであろう。

オランプ・ド・グージュ、激しい想像力を持って生まれてきたこの女は、自分の精神的錯乱を自然の息吹《いぶき》と取り違えた。……彼女は国家的人物となることを望んだが、法はこの女陰謀家が彼女の性にふさわしい美徳を忘れたことを罰したように思われる。

ロラン、遠大な計画を持つ才子、手紙が好きな女哲学者、一時期の女王、金銭ずくの文士たちに囲まれ、彼らに夕食を与え、恩恵・地位・金をばらまいていたこの女は、あらゆる観点から見て怪物のごとき人物だった。

女性諸君よ、あなた方は共和主義の女性となることを望んでいるのか？　それならば、あなた方の夫や子供たちに権利の行使を思い起こさせる法を愛し、法に従い、法を教えるがよい。……服装は質素に、家庭では勤勉であれ。発言しようなどという気持ちで民衆の集会に出向いては断じてならない。が、集会でのあなた方の姿が時には子供たちへの励みとなることもありますように。そうすれば、祖国はあなた方を祝福するであろう」

オランプ・ド・グージュは『人権宣言』に対抗して『女性の権利宣言』を書いた、もっとも強硬な女権論者であった。ロラン夫人は「ジロンド派の女王」と呼ばれ、夫が内務大臣をしていた頃は革命の動向にも影響を与えるような政治力を持っていた。二人とも革命裁判所で死刑判決を受け、オランプ・ド・グージュは十一月三日に、ロラン夫人は同月八日に処刑された。

この新聞記事は、内容が偏見に満ちていることを別にしても、どこかおかしい。どこがおかしいかというと、マリー＝アントワネットは反革命の女であり、オランプ・ド・グージュとロラン夫人は革命の女であるのに、まったく同列に扱われているのがおかしいのである。確かに、オランプ・ド・グージュとロラン夫人はジャコバン派と対立していたが、たとえそうでなくとも、二人とも目につく政治活動をしたがゆえに悪しき女とみなされたのである。十月末に女性の政治行動をいっさい禁じる法令が出ていることからいって、こうした革命指導者たちの考えは明らかである。

目立つ女はすべてダメという社会的風潮があった、ということである。マリー＝アントワネットはいちばん目立つ女であった。彼女に対して常軌を逸した誹謗《ひぼう》中傷がなされた背景には、こうした「女嫌い」という事情もあった。

一方、フランスは女性にやさしい国としても知られている。フランスには「ギャラントリー（女性に対する心遣い）」の伝統がある。女性が表立って政治行動を取らない限りは、あくまでもやさしく接しようとする。それどころか、革命期の男たちには、女性を崇拝したいという気持ちもあった。たとえば、《自由》の象徴は常に女性だった。《自由》が像や絵で表現されるとき、必ず女性の姿で表現されたのである。これは、ドラクロワ描く『民衆を導く自由の女神』、あるいはニューヨークの自由の女神にも引き継がれた伝統的心性であった（自由の女神像は、独立百周年を記念してフランスがアメリカにプレゼントしたもの）。

王家の人々のその後

本来のテーマから少しそれてしまったかもしれないが、マリー＝アントワネットの死の直後に出た新聞記事を例にとって、革命期の女性の社会的地位、社会的境遇について一言触れておきたかった。ともかくも一つはっきりしているのは、「彼女の名は後世においても永久に嫌悪の的となるであろう」という記事の予測は見事に外れた、ということである。

マリー＝アントワネットがいなくなった後、タンプル塔には王妹エリザベト、王女マリー＝テレーズ、王太子ルイ＝シャルルの三人が残された。

エリザベトは一七九四年五月、革命裁判所で死刑の判決を受け、処刑された。国外で反革命活動を行なっていた王弟アルトワ伯爵と手紙のやりとりをしていたことを咎《とが》められた。

一七九四年七月、テルミドール（熱月）のクーデターが起こり、恐怖政治は突然終わる。今度は、いい加減な裁判を行なっていた革命裁判所関係者が裁かれる番になった。エルマンら判事、検事フーキエ＝タンヴィル、何人かの陪審員が死刑判決を受け、処刑された。

王太子は、一七九四年一月以降は、光も差さず、暖房器具もない部屋に一人閉じ込められていた。ドアは釘《くぎ》付《づ》けされて誰も出入りできず、食事だけが差し入れ口から与えられていた。クーデター後、封鎖されていたドアをこじ開けて中に入った人々が見たのは、体中が汚れ、満足に歩くこともできず、簡単な質問にも受け答えできない哀れな少年だった。九歳の子供が、半年間、誰とも会わず、誰とも話さず、暗闇の中に閉じ込められていたのである。肉体的にも精神的にも、完全に健康を損ねていた。ただちに治療が開始され、一時期は快方に向かったこともあったのだが、翌年六月に死亡した。ルイ十六世の処刑後、王党派から名目上の国王「ルイ十七世」とみなされていたが、少年には自分が国王だという自覚はほとんどなかっただろう。

王女は十六歳になっていたし、収監状況も王太子よりはずっとよかった。一七九五年十二月、オーストリアの捕虜になっていた国会議員ら数人と引き替えに王女は釈放され、オーストリア宮廷に引き取られた。タンプル塔に閉じ込められた五人の中で王女一人だけが生き延びたわけである。その後、マリー－テレーズはアルトワ伯爵（後のシャルル十世）の息子アングレーム公爵（従兄《いとこ》にあたる）と結婚したが、子供はできなかった。したがって、マリー－アントワネット直系の子孫はいない。

マリー－アントワネットの理想の恋人フェルセンの消息にも触れておかねばなるまい。故国スエーデンで順調に栄達を遂げ、大元帥になり、もっとも有力な政治家の一人にもなったが、生涯独身であった。もちろん、亡き王妃に対する思いのためである。王位継承をめぐるごたごたがあり、フェルセンはこれに巻き込まれた。デンマークから迎えた王位継承者が突然死亡し、フェルセンが毒殺したという噂《うわさ》が流れた。何の根拠もない噂にすぎなかったのだが、怒った民衆のリンチに遭《あ》い、惨殺された。これが一八一〇年六月二十日のことであり、ちょうどヴァレンヌ逃亡事件と同じ日にあたっていた。

ところで、マリー－アントワネットの心の中では、フェルセンとルイ十六世はどのような位置づけがなされていたのであろうか？

フェルセンは理想の恋人、ルイ十六世は良き夫、女としてのマリー－アントワネットにとっていちばん大事だったのはフェルセン、王妃としてのマリー＝アントワネットにとっていちばん大事だったのはルイ十六世、ということになるのではないだろうか。心の葛藤に悩まされたこともあっただろうが、理想の恋人と良き夫を同時に持てる女性はめったにいないだろう。

生まれながらの王妃

直接的な意味からいえば、「生まれながらの王妃」とは、ずいぶんと不正確な言い方である。マリー＝アントワネットは生まれたときから王妃だったわけではない。オーストリア大公女として生まれ、十四歳でブルボン家に嫁いで王太子妃になり、ルイ十六世の国王即位にともなって十八歳で王妃になった。

「生まれながらの王妃」とは、「王妃であることがいかにもふさわしい女性」「王妃以外にはなり得ないような女性」という意味である。

フランス革命前の時代には、国は王家の私有財産のようなものであり、国王が好きにしていいものだった。マリー＝アントワネットは、そういう時代に生まれ育った。したがって、「王権は神聖にして侵すべからず」という思いは彼女にとって自然なことだった。王権に一般の国民が異議を唱えるなど、とんでもないことだと思ったのも、彼女にしてみれば当然であったろう。国というものは自分たちのものであり、ほかの人間（たとえば革命家たち）が口を差し挟むこと自体が許せないのであった。「国民主権」ではなく「国王主権」でなければならなかった。

彼女にとっては革命前の王政が正しきものであり、そのために革命をつぶし、なんとしてでも元の王政に戻そうとした。

では、彼女は昔を懐かしむだけの愚か者だったのか？

そうではなかった、と私は思う。マリー＝アントワネットは、革命で成立した立憲王政は長続きしないと考えていた。ナポレオン時代をへて王政復古の時代が来るのだから（十六年しかもたなかったけれども）、彼女の考えが間違っていたとも言えない。それに、元の王政に戻ることが彼女にとっては正義であった。したがって、革命と対決することは正義を貫くということ以外の何物でもなかった。フランスと戦争中の敵国と連絡を取ることは、新しい革命の世では国家反逆罪だが、彼女にしてみれば、嫁入り先で困ったから実家に助けを求めた、というにすぎなかった。

マリー＝アントワネット以前には、ヴェルサイユ宮廷でいちばん光り輝いていたのは、王妃ではなく、公式寵姫《ちょうき》だった。国王のほかの愛人たちとの厳しい闘いを勝ち抜いてトップスターになった公式寵姫には、王妃は容貌においても才覚においても到底かなわないのが普通だった。だから、寵姫はもちろん王妃に対してそれなりの礼を尽くさなければならなかったが、宮廷の事実上の女主人は寵姫であって、王妃は寵姫の陰に隠れるような地味な存在でしかなかった。

ルイ十六世には寵姫がおらず、マリー＝アントワネットが名実ともに宮廷の女主人だった。いちばん注目され、いちばん美しいトップスターだった。先輩王妃たちと比べると例外的に目立つ特異な王妃だったが、国王が愛人を持つことが許容されない現代においては、王妃がいちばんのスターであるというマリー＝アントワネットのほうが、人々が抱く王妃のイメージに合っている。

最後の王妃らしい王妃という意味で、彼女は一時代を画する女性だった。二度とふたたび返ることのない時代を象徴する女性だった。

「忌むべき王妃」から「歴史の人気者」に

彼女はいくつもの誤りを犯しただろう。けれども、罪と罰という観点から言うと、彼女が受けた罰は罪に比べて不当に重すぎた。「堕落しきった色情狂」とか「フランス人の血に飢えた反革命の権化《ごんげ》」とか言われたが、こんな非難が正当化されるようなことは彼女は何もしていない。

プチ・トリアノンにしても、当時は公金無駄遣いと非難されたが、現代においては十八世紀に流行した田園趣味を伝える貴重な文化遺産になっているし、ビジネス的に見ても重要な観光資源であり、投入された資金をはるかに上回る利益を国にもたらしている。

マリー＝アントワネットは、国王の背後にそっと寄り添うような伝統的王妃像からはかけ離れていたために当時の人々には評判が悪かったが、宮廷儀礼に反逆して自由に生きようとしたことには近代的女性の側面があり、現代人は反感を抱くどころか、親近感を覚える。

栄耀《えいよう》栄華に包まれていた最初の頃と比べると、彼女の最期はいかにも悲惨なものだった。それでも、一七九二年八月十日までは王妃として宮殿に住んでいた。生活が際だって悪くなるのは、同月十三日にタンプル塔に収容されてからである。こうしてみると、彼女の三十八年の生涯で悲惨であったのは、最後の一年二カ月だけ、ということになる。ただし、タンプル塔においても、処刑台の上においてさえも、自分はフランス王妃であるという自覚を持ち続けていたことは間違いない。

マリー＝アントワネットは「国は王家のもの」から「国は国民のもの」へと大転換する歴史の変わり目にたまたま遭遇してしまった。このために数々の不幸を味わわされることになったが、人間として大きく成長もした。「不幸のうちに初めて人は、自分が何者であるかを本当に知るものです」という言葉は、無自覚に遊び呆《ほう》けていた頃にはけっして口にし得ない言葉である。

彼女には、革命と真っ向から対決するのは避け、妥協してもっと平穏に生きる選択肢も残されていた。しかし、立憲王政の王妃として生きることを潔《いさぎよ》しとしなかった。それは彼女にとっては紛《まが》い物の王妃であり、「本当の王妃」しか眼中になかったからである。もし、ものわかりよく革命と妥協したならば、断頭台で果てることもなく生涯を全《まっと》うしたことであろうが、この場合、彼女はいつしか忘れ去られ、今のような人気を得ることはなかったであろう。たとえ身を滅ぼすことになろうとも、あくまでも自分の信じる「本当の王妃」であり続けようとした生き様が、後世の人々の共感を誘った。「美しく敗れる」という美学を貫いたのである。栄華を極めた王妃から一介の死刑囚へという生涯をたどったことによって、マリー＝アントワネットは悲劇の主役としての栄光を手にしたのであった。

あとがき

もし、私がマリー＝アントワネットと同じ時代に生きていて、彼女と話ができるような境遇にあったとしたら、私はなんとかして彼女を救おうとしたことだろう。

しかし、どうやって？

まず、革命の時代について説明を試みただろう。歴史が大きく変わろうとしている時代に遭遇したのだと。これは、一人の人間がどうこうできるようなものではないのだと。とりあえずは、新しい時代に順応すべきだと。

これでは、ミラボーやバルナーヴが言ったこととあまり変わりがない。ミラボーにしてもバルナーヴにしても、抜きんでた政治力があり、弁も立つ人間である。そういう人たちが言ってもダメだったのだから、私のようなやわな人間の言うことをマリー＝アントワネットが聞くはずがない。

説得がダメなら、次なる手段は、無理にでも彼女を安全な地に退避させる、ということだ。一七九〇年の夏から秋にかけての時期、サン＝クルー城に滞在していた頃なら、一時的避難が成功する可能性が高かった。これは彼女が実際にパリ脱出を決行する一年前の時期にあたる。その後の事態の推移を考えると、脱出するなら、この時期をおいてなかった。これはその後の経緯を知っているからこそ言えることであって、この頃は、彼女自身はまだ事態を楽観的に見ていたので、脱出する気はなかった。したがって、彼女の意向を無視し、誘拐してでも決行するしかない。彼女は私より意志強固で行動力のある人だ。その彼女を意向に反して救済するのは、とてつもなく難しいだろう。この場合、最終的には家族が一緒になることが絶対条件である。そうでないと、いったん脱出に成功しても、彼女はパリに戻ろうとするだろう。いずれにしても、私一人では無理であって、強力な助っ人が必要だ。そんな仲間が見つかるだろうか……。

と、こんな妄想をしつつ認めざるを得ないのは、彼女を救出することに成功しない可能性のほうが高かった、ということだ。我ながら、情けない。

ギリシャの哲学者アリストテレスに『詩学』という著作がある。二〇〇〇年以上も前に書かれたものだが、岩波文庫版の解説には「神・運命あるいは道徳観などの、ギリシア文学の伝統的要素を捨象することによって、文学理論としての普遍性を獲得した」と書かれている。現在でも第一級の文学理論として通用している、ということなのだろう。この本の中で悲劇の主人公にふさわしいのはどのような人物かが述べられている。この場合、「悲劇的人生」とか「悲劇的出来事」とかいうふうに使われる悲劇ではなく、舞台で上演される劇のことである。アリストテレスによれば、悲劇の主人公にふさわしい人物とは、「よい人」でも「悪人」でもなく、「中間にある人」なのだという。

「このような人は、徳と正義においてすぐれているわけではないが、卑劣さや邪悪さのゆえに不幸になるのでなく、なんらかのあやまちのゆえに不幸になる者であり、しかも大きな名声と幸福を享受している者の一人である」（松本仁助・岡道男訳）

この定義は、マリー＝アントワネットにぴったりではないか、と私は思った。

最後に、中公新書編集部の並木光晴氏に感謝の言葉を述べておきたい。本書は、原稿の完成が遅れるという状況の中で、氏の奮闘があって日の目を見たものである。

二〇一四年八月

安達正勝

マリー＝アントワネット略年譜

年号	年齢	事項
一七五四年		八月二十三日、ルイ＝オーギュスト（のちのルイ十六世）誕生
一七五五年	○歳	十一月二日、フランツ＝シュテファンとマリア＝テレジアの第十五子としてウイーンに誕生
一七五六年	一歳	フランス・オーストリア間でヴェルサイユ条約が締結される（外交政策の大転換）
一七六五年	十歳	八月十八日、父フランツ＝シュテファン死去
一七七〇年	十五歳	四月二十一日、フランス王太子ルイ＝オーギュストに嫁ぐためウイーンを出発 五月十六日、ヴェルサイユ宮殿内で結婚式を挙げる
一七七四年	十九歳	五月十日、ルイ十五世死去。ルイ十六世が国王に即位。王妃となる この頃、ルイ十六世からプチ・トリアノンを贈られる
一七七六年	二十一歳	七月四日、アメリカ独立宣言
一七七七年	二十二歳	四月十九日、兄ヨーゼフ二世がヴェルサイユに来訪
一七七八年	二十三歳	十二月十九日、長女マリー＝テレーズ＝シャルロットを出産
一七八〇年	二十五歳	十一月二十九日、母マリア＝テレジア死去
一七八一年	二十六歳	十月二十二日、長男ルイ＝ジョゼフを出産
一七八五年	三十歳	三月二十七日、次男ルイ＝シャルルを出産

		八月、首飾り事件が発覚
一七八六年	三十一歳	**七月九日、次女マリー－ソフィー－ベアトリスを出産**
一七八七年	三十二歳	二月、名士会が開かれる
一七八八年	三十三歳	**十二月二十七日、マリー－アントワネットが初めて閣議に出席**
一七八九年	三十四歳	五月五日、三部会がヴェルサイユで開会 六月三日、長男ルイ－ジョゼフ死去。次男ルイ－シャルルが王太子に 六月十七日、第三身分の議員たちが「国民議会」を宣言 六月二十日、第三身分の議員たちが「憲法が制定されるまでは解散しない」という決意を誓い合う（球技場の誓い） 七月九日、国民議会が「憲法制定国民議会」と改称 七月十一日、財務監ネッケル解任 七月十四日、バスチーユ要塞が陥落（フランス革命勃発） 八月四日、国会で「封建制廃止」が宣言される 八月二十六日、『人権宣言』採択 十月五日、武装した女性を中心とする約八〇〇〇人がパリからヴェルサイユに向かって行進（ヴェルサイユ行進事件） **十月六日、国王一家がパリに移送される**
一七九〇年	三十五歳	七月十二日、聖職者市民憲章が国会で可決。八月二十四日、ルイ十六世が同憲章を認可 **六月から十月にかけて、国王一家、パリ郊外のサン－クルー城に滞在** 七月十四日、シャン－ド－マルス公園で全国連盟祭が開催される

一七九一年	三十六歳	六月二十日、国王一家がパリ脱出を決行。翌日、国境手前のヴァレンヌで阻止される（ヴァレンヌ逃亡事件） 八月二十七日、オーストリア皇帝とプロシア国王が連名で革命への干渉を表明（ピルニッツ宣言） 九月、フランス史上初の憲法が制定される（一七九一年憲法） 九月三十日、憲法制定国民議会が解散 十月一日、立法議会が発足
一七九二年	三十七歳	三月、ジロンド派内閣が成立 四月二十日、フランスがオーストリアに宣戦布告（対ヨーロッパ戦争の始まり） 六月十三日、ジロンド派大臣が国王により罷免される 六月二十日、パリの民衆がチュイルリー宮殿に乱入し、国王を前に数時間にわたり示威行進 七月三十日、マルセイユ連盟兵団がパリに到着 八月十日、王政が倒れる **八月十三日、国王一家がタンプル塔に移送される** 九月二日、九月虐殺事件（―七日） 九月二十日、フランスがヴァルミーの戦いでプロシアに勝利 九月二十一日、立法議会が解散し、国民公会が発足。王政廃止を正式に宣言 十二月十一日、ルイ十六世の裁判が始まる
一七九三年	三十八歳	一月十五日、ルイ十六世に有罪判決。二十一日に死刑執行 三月十日、革命裁判所が設置される

		四月六日、公安委員会が設置される 六月二十四日、一七九三年憲法が採択される 八月二日、マリー - アントワネットがタンプル塔からコンシエルジュリに移送される 九月、恐怖政治の組織化が始まる 十月五日、革命暦が制定される 十月十二日、マリー - アントワネットの裁判の予審。十四日、本裁判が始まる 十月十六日、マリー - アントワネットの死刑が確定。即日、革命広場で執行（満三十七歳と十一カ月）

安達正勝（あだち・まさかつ）

1944年（昭和19年），岩手県に生まれる．フランス文学者．東京大学文学部仏文科卒業．同大学大学院修士課程修了．フランス政府給費留学生として渡仏し，パリ大学などに学ぶ．

著書『マラーを殺した女』（『暗殺の天使』改題，中公文庫，1996年）
『二十世紀を変えた女たち』（白水社，2000年）
『ナポレオンを創った女たち』（集英社新書，2001年）
『死刑執行人サンソン』（集英社新書，2003年）
『フランス反骨変人列伝』（集英社新書，2006年）
『物語 フランス革命』（中公新書，2008年）
『図解雑学 フランス革命』（ナツメ社，2010年）
『フランス革命の志士たち』（筑摩選書，2012年）
ほか

訳書『ナポレオンの生涯』（ロジェ・デュフレス著，文庫クセジュ，2004年）
『バルザック　三つの恋の物語』（オノレ・ド・バルザック著，国書刊行会，2019年）
『サンソン回想録』（オノレ・ド・バルザック著，国書刊行会，2020年）

マリー・アントワネット
中公新書 *2286*

2014年9月25日初版
2023年10月20日再版

著　者　安達正勝
発行者　安部順一

本文印刷　三晃印刷
カバー印刷　大熊整美堂
製　　本　小泉製本

発行所　中央公論新社
〒100-8152
東京都千代田区大手町 1-7-1
電話　販売 03-5299-1730
　　　編集 03-5299-1830
URL https://www.chuko.co.jp/

Published by CHUOKORON-SHINSHA, INC.
Printed in Japan　ISBN978-4-12-102286-8 C1222

中公新書刊行のことば

いまからちょうど五世紀まえ、グーテンベルクが近代印刷術を発明したとき、書物の大量生産は潜在的可能性を獲得し、いまからちょうど一世紀まえ、世界のおもな文明国で義務教育制度が採用されたとき、書物の大量需要の潜在性が形成された。この二つの潜在性がはげしく現実化したのが現代である。

いまや、書物によって視野を拡大し、変りゆく世界に豊かに対応しようとする強い要求を私たちは抑えることができない。この要求にこたえる義務を、今日の書物は背負っている。だが、その義務は、たんに専門的知識の通俗化をはかることによって果たされるものでもなく、通俗的好奇心にうったえて、いたずらに発行部数の巨大さを誇ることによって果たされるものでもない。現代を真摯に生きようとする読者に、真に知るに価いする知識だけを選びだして提供すること、これが中公新書の最大の目標である。

私たちは、知識として錯覚しているものによってしばしば動かされ、裏切られる。私たちは、作為によってあたえられた知識のうえに生きることがあまりに多く、ゆるぎない事実を通して思索することがあまりにすくない。中公新書が、その一貫した特色として自らに課すものは、この事実のみの持つ無条件の説得力を発揮させることである。現代にあらたな意味を投げかけるべく待機している過去の歴史的事実もまた、中公新書によって数多く発掘されるであろう。

中公新書は、現代を自らの眼で見つめようとする、逞しい知的な読者の活力となることを欲している。

一九六二年一一月

中公新書 日本史

2189 歴史の愉しみ方　磯田道史
2455 日本史の内幕　磯田道史
2295 天災から日本史を読みなおす　磯田道史
2729 日本史を暴く　磯田道史
2579 米の日本史　佐藤洋一郎
2389 通貨の日本史　高木久史
2321 道路の日本史　武部健一
2494 温泉の日本史　石川理夫
2671 親孝行の日本史　勝又基
2500 日本史の論点　中公新書編集部編
1617 歴代天皇総覧（増補版）　笠原英彦
2302 日本人にとって聖なるものとは何か　上野誠
2619 もののけの日本史　小山聡子
1928 物語 京都の歴史　脇田修・脇田晴子
2345 京都の神社と祭り　本多健一

2654 日本の先史時代　藤尾慎一郎
2709 縄文人と弥生人　坂野徹
482 倭国　岡田英弘
147 騎馬民族国家（改版）　江上波夫
2164 魏志倭人伝の謎を解く　渡邉義浩
1085 古代朝鮮と倭族　鳥越憲三郎
2533 古代日中関係史　河上麻由子
2470 倭の五王　河内春人
2462 大嘗祭―天皇制と日本文化の源流　工藤隆
2095 『古事記』神話の謎を解く　西條勉
1502 日本書紀の謎を解く　森博達
2362 六国史《りっこくし》―日本書紀に始まる古代の「正史」　遠藤慶太
2673 国造―大和政権と地方豪族　篠川賢
804 蝦夷《えみし》　高橋崇
1041 蝦夷《えみし》の末裔　高橋崇
2699 大化改新（新版）　遠山美都男
1293 壬申の乱　遠山美都男

2636 古代日本の官僚　虎尾達哉
1568 天皇誕生　遠山美都男
2371 カラー版 古代飛鳥を歩く　千田稔
2168 飛鳥の木簡―古代史の新たな解明　市大樹
2353 蘇我氏―古代豪族の興亡　倉本一宏
2464 藤原氏―権力中枢の一族　倉本一宏
2563 持統天皇　瀧浪貞子
2725 奈良時代　木本好信
2457 光明皇后　瀧浪貞子
2648 藤原仲麻呂　仁藤敦史
2452 斎宮―伊勢斎王たちの生きた古代史　榎村寛之
2441 大伴家持　藤井一二
2559 菅原道真　滝川幸司
2281 怨霊とは何か　山田雄司
2662 荘園　伊藤俊一

中公新書

日本史

d2

RC 1886 中公新書

世界史

e1

2683	人類の起源	篠田謙一
1353	物語 中国の歴史	寺田隆信
2392	中国の論理	岡本隆司
2728	孫子―「兵法の真髄」を読む	渡邉義浩
7	宦《かん》官《がん》（改版）	三田村泰助
15	科《か》挙《きょ》	宮崎市定
12	史記	貝塚茂樹
2099	三国志	渡邉義浩
2669	古代中国の24時間	柿沼陽平
2303	殷―中国史最古の王朝	落合淳思
2396	周―理想化された古代王朝	佐藤信弥
2542	漢帝国―400年の興亡	渡邉義浩
2667	南北朝時代―五胡十六国から隋の統一まで	会田大輔
2742	唐―東ユーラシアの大帝国	森部豊
1812	西《せい》太《たい》后《こう》	加藤徹
2030	上海	榎本泰子
1144	台湾	伊藤潔
2581	台湾の歴史と文化	大東和重
925	物語 韓国史	金両基
2748	物語 チベットの歴史	石濱裕美子
1367	物語 フィリピンの歴史	鈴木静夫
1372	物語 ヴェトナムの歴史	小倉貞男
2208	物語 シンガポールの歴史	岩崎育夫
1913	物語 タイの歴史	柿崎一郎
2249	物語 ビルマの歴史	根本敬
1551	海の帝国	白石隆
2518	オスマン帝国	小笠原弘幸
2323	文明の誕生	小林登志子
2727	古代オリエント全史	小林登志子
2523	古代オリエントの神々	小林登志子
1818	シュメル―人類最古の文明	小林登志子
1977	シュメル神話の世界	岡田明子 小林登志子
2613	古代メソポタミア全史	小林登志子
2661	アケメネス朝ペルシア―史上初の世界帝国	阿部拓児
1594	物語 中東の歴史	牟田口義郎
2496	物語 アラビアの歴史	蔀勇造
1931	物語 イスラエルの歴史	高橋正男
2067	物語 エルサレムの歴史	笈川博一
2753	エルサレムの歴史と文化	浅野和生
2205	聖書考古学	長谷川修一
2647	高地文明	山本紀夫
2253	禁欲のヨーロッパ	佐藤彰一
2409	贖罪のヨーロッパ	佐藤彰一
2467	剣と清貧のヨーロッパ	佐藤彰一
2516	宣教のヨーロッパ	佐藤彰一
2567	歴史探究のヨーロッパ	佐藤彰一
2769	隋―「流星王朝」の光芒	平田陽一郎

中公新書

現代史

f1

- 2105 昭和天皇　古川隆久
- 2687 天皇家の恋愛　森　暢平
- 2309 朝鮮王公族—帝国日本の準皇族　新城道彦
- 2482 日本統治下の朝鮮　木村光彦
- 632 海軍と日本　池田　清
- 2703 帝国日本のプロパガンダ　貴志俊彦
- 2754 関東軍—満洲支配への独走と崩壊　及川琢英
- 2192 政友会と民政党　井上寿一
- 1138 キメラ—満洲国の肖像（増補版）　山室信一
- 2144 昭和陸軍の軌跡　川田　稔
- 2587 五・一五事件　小山俊樹
- 76 二・二六事件（増補改版）　高橋正衛
- 2059 外務省革新派　戸部良一
- 1951 広田弘毅　服部龍二
- 2657 平沼騏一郎　萩原　淳

- 795 南京事件（増補版）　秦　郁彦
- 84 90 太平洋戦争（上下）　児島　襄
- 2707 大東亜共栄圏　安達宏昭
- 2465 日本軍兵士—アジア・太平洋戦争の現実　吉田　裕
- 2387 戦艦武蔵　一ノ瀬俊也
- 2525 硫《い》黄《おう》島《とう》　石原　俊
- 244 248 東京裁判（上下）　児島　襄
- 2015 「大日本帝国」崩壊　加藤聖文
- 2296 日本占領史 1945-1952　福永文夫
- 2411 シベリア抑留　富田　武
- 2471 戦前日本のポピュリズム　筒井清忠
- 2171 治安維持法　中澤俊輔
- 1759 言論統制　佐藤卓己
- 828 清沢《きよさわ》　洌《きよし》（増補版）　北岡伸一
- 2638 幣原喜重郎　熊本史雄
- 1243 石橋湛山　増田　弘

中公新書

現代史

中公新書

言語・文学・エッセイ

j 1

- 2756 言語の本質 今井むつみ 秋田喜美
- 433 日本語の個性（改版） 外山滋比古
- 533 日本の方言地図 徳川宗賢編
- 2740 日本語の発音はどう変わってきたか 釘貫亨
- 2493 日本語を翻訳するということ 牧野成一
- 500 漢字百話 白川静
- 2213 漢字再入門 阿辻哲次
- 1755 部首のはなし 阿辻哲次
- 2534 漢字の字形 落合淳思
- 2430 謎の漢字 笹原宏之
- 2363 外国語を学ぶための言語学の考え方 黒田龍之助
- 1833 ラテン語の世界 小林標
- 1971 英語の歴史 寺澤盾
- 2407 英単語の世界 寺澤盾
- 1533 英語達人列伝 斎藤兆史

- 2738 英語達人列伝Ⅱ 斎藤兆史
- 1701 英語達人塾 斎藤兆史
- 2628 英文法再入門 澤井康佑
- 2684 中学英語「再」入門 澤井康佑
- 2637 英語の読み方 北村一真
- 1448 「超」フランス語入門 西永良成
- 352 日本の名作 小田切進
- 2556 日本近代文学入門 堀啓子
- 2609 現代日本を読む―ノンフィクションの名作・問題作 武田徹
- 563 幼い子の文学 瀬田貞二
- 2156 源氏物語の結婚 工藤重矩
- 2585 徒然草 川平敏文
- 1798 ギリシア神話 西村賀子
- 2382 シェイクスピア 河合祥一郎
- 2242 オスカー・ワイルド 宮崎かすみ
- 275 マザー・グースの唄 平野敬一
- 2716 カラー版 絵画で読む『失われた時を求めて』 吉川一義

- 2404 ラテンアメリカ文学入門 寺尾隆吉
- 1790 批評理論入門 廣野由美子
- 2641 小説読解入門 廣野由美子

中公新書

芸術

k1

中公新書

地域・文化・紀行

t1

- 285 日本人と日本文化 司馬遼太郎 ドナルド・キーン
- 605 絵巻物に見る日本庶民生活誌 宮本常一
- 201 照葉樹林文化 上山春平編
- 799 沖縄の歴史と文化 外間守善
- 2711 京都の山と川 鈴木康久 肉戸裕行
- 2744 正倉院のしごと 西川明彦
- 2298 四国遍路 森 正人
- 2151 国土と日本人 大石久和
- 2487 カラー版 ふしぎな県境 西村まさゆき
- 1810 日本の庭園 進士五十八
- 2633 日本の歴史的建造物 光井 渉
- 2511 外国人が見た日本 内田宗治
- 1009 トルコのもう一つの顔 小島剛一
- 2032 ハプスブルク三都物語 河野純一
- 2183 アイルランド紀行 栩木伸明
- 1670 ドイツ 町から町へ 池内 紀
- 1742 ひとり旅は楽し 池内 紀
- 2023 東京ひとり散歩 池内 紀
- 2118 今夜もひとり居酒屋 池内 紀
- 2331 カラー版 廃線紀行―もうひとつの鉄道旅 梯 久美子
- 2290 酒場詩人の流儀 吉田 類
- 2472 酒は人の上に人を造らず 吉田 類
- 2721 京都の食文化 佐藤洋一郎
- 2690 北海道を味わう 小泉武夫